公共行政与公共管理
经　典　译　丛

街头官僚

公共服务中的个人困境

[美] 迈克尔·李普斯基（Michael Lipsky） —著—

韩志明 颜昌武 —译—

Street-Level Bureaucracy
Dilemmas of the Individual in Public Service

中国人民大学出版社
·北京·

总　序

当今社会，政府行政体系与市场体系是控制社会、影响社会最大的两股力量。理论研究和实践经验表明，政府公共行政与公共管理体系在创造和提升国家竞争优势方面具有不可替代的作用。一个民主的、负责任的、有能力的、高效率的、透明的政府行政管理体系，无论是对经济的发展还是对整个社会的可持续发展都是不可或缺的。

公共行政与公共管理作为一门学科，诞生于20世纪初的资本主义国家，现已有上百年的历史。在中国，公共行政与公共管理仍是一个发展中的新兴学科，公共行政与公共管理的教育也处在探索和发展阶段。我国公共行政与公共管理教育和学科的发展与繁荣，固然取决于多方面的努力，但一个重要的方面在于，我们要以开放的态度，了解、研究、学习和借鉴发达国家研究和实践的成果。另一方面，我国正在进行大规模的政府行政改革，致力于建立与社会主义市场经济相适应的公共行政与公共管理体制，同样需要了解、研究、学习和借鉴发达国家在公共行政与公共管理方面的经验和教训。因此，无论是从我国公共行政与公共管理教育发展和学科建设的需要来看，还是从我国政府改革实践层面的需要来看，全面系统地引进公共行政与公共管理经典著作都是时代赋予我们的职责。

出于上述考虑，我们于世纪之交开启了大型丛书"公共行政与公共管理经典译丛"的翻译出版工作。自2001年9月本译丛首部著作《公共管理导论》出版以来，迄今已出版著作逾百种，影响了国内公共行政与公共管理领域无数的学习者和研究者，也得到了学界的广泛认可，先后被评为"十五""十一五""十二五""十三五"国家重点图书出版规划项目，成为国内公共行政与公共管理出版领域的知名品牌。

本译丛主要选取国际公共行政与公共管理学界代表性人物的代表性作品，并持续介绍学科发展的最新研究成果。总的来看，本译丛体现了三个特点：第一，系统性，基本涵盖了公共行政与公共管理学科的主要研究领域。第二，权威性，所选著作均是国外公共行政与公共管理大师或极具影响力的学者的代表作。第三，前沿性，反映了公共行政与公共管理研究领域最新的理论和学术主张。

在半个多世纪以前，公共行政大师罗伯特·达尔（Robert Dahl）在《公共行政学的三个问题》中曾这样讲道："从某一个国家的行政环境归纳出来的概论，不能立刻予以普遍化，或应用到另一个不同环境的行政管理上去。一个理论是否适用于另一个不同的场合，必须先把那个特殊场合加以研究之后才可以判定。"的确，在公共行政与公共管理领域，事实上并不存在放之四海而皆准的行政准则。立足于对中国特殊行政生态的了解，以开放的思想对待国际的经验，通过比较、鉴别和有选择的吸收，来发展中国自己的公共行政与公共管理理论，并积极致力于实践，探索具有中国特色的公共行政体制与公共管理模式，是中国公共行政与公共管理学科发展的现实选择。

本译丛的组织策划工作始于 1999 年底，我们成立了由国内外数十位知名专家学者组成的编辑委员会。当年 10 月，美国公共行政学会时任会长，同时也是本译丛编委的马克·霍哲教授访问中国行政管理学会，两国学会签署了交流合作协议，其中一项协议就是美国公共行政与公共管理领域著作在中国的翻译出版。2001 年，中国行政管理学会时任会长郭济先生率团参加美国公共行政学会第 61 届年会，其间，两国学会签署了新的合作协议，并再次提及已经启动的美国公共行政与公共管理领域知名学者代表作品在中国的翻译出版。可以说，本译丛是中美两国行政管理（公共行政）学会与公共管理学术界的交流合作在新阶段的重要成果。

在译丛的组织策划和翻译出版过程中，中国人民大学政府管理与改革研究中心、国务院发展研究中心东方公共管理综合研究所给予了大力的支持和帮助。国内外有关方面的专家学者参与了外文原著的推荐工作。中国人民大学、北京大学、清华大学、中山大学、复旦大学、厦门大学、武汉大学等高校许多该领域的专家学者参与了本译丛的翻译工作。在此，谨向他们表示敬意和衷心的感谢。

"公共行政与公共管理经典译丛"编辑委员会

目　录

第一部分　导　论

　　街头官僚提供奖励和进行惩罚的方式，建构和设定了公众的生活和机遇。 这些方式规定了人们行动的社会（和政治）环境。 因此，每当公众的福利增加时，国家的影响力和控制力也会得到相应的扩张。 作为公共利益的供给者和公共秩序的维护者，街头官僚是政治论争的焦点。 他们常常在两种诉求中被撕扯：一边是服务对象对提高服务有效性和回应性的诉求，一边是公民团体对提高政府服务效能和效率的诉求。

第二部分 工作情境

街头官僚机构往往会陷入平庸的循环中。项目越完善，对公民的需求反应越灵敏，服务需求也就越多。这种更多的需求迫使机构人为地限制服务，或者在缺乏定价机制的情况下向服务对象强加费用。服务质量低劣或者是难以获得服务的代价，一直持续到极端情况下，该机构将恢复到以前对服务对象需求漠不关心的均衡状态。组织越成功，就越有可能遇到这种困境。

第三部分 实践模式

对街头官僚机构的研究可能会和其他研究有所不同，因为在街头官僚机构中，不仅要制定出令人满意的（而非最理想的）决策，而且心理及组织过程也要令人满意。因此，如果想要真正地了解街头官僚机构，我们就必须仔细地探究街头官僚为应对工作上的困难和不确定性，所形成的惯例和带有主观性的回应方式。

第四部分　街头官僚的未来

街头官僚拥有的自由裁量权越大，我们就越不能推断量化指标与服务质量之间的关系。即便是警察逮捕人数或急诊室治疗人数这样看似简单的评估指标，我们也不知道逮捕是否谨慎，或者治疗是否符合适当的标准。经验丰富的管理专家承认，从量化指标推断服务质量，是会产生问题的。但这并不妨碍他们把量化指标作为评估服务质量的替代指标，也不妨碍他们忽视其使用中的推理问题。

译者前言

经过我们的共同努力，这部译作终于完成了。意犹未尽，更忐忑不安。在朱海燕编辑的支持和协调下，我们很荣幸成为本书的译者，并有机会向大家推介李普斯基的这部经典之作。本书是街头官僚研究的开山之作，在政治学、管理学、教育学和社会学等相关研究领域都有非常大的影响，我们将这本书送到大家面前，希望能共同推动方兴未艾的街头官僚研究，为深入研究一线公职人员等提供理论资源。

我们多年前就开始关注街头官僚现象，针对相关问题发表了一定的研究成果，与学术界进行了广泛的互动和交流，并一直密切关注街头官僚研究的进展。早在2017年，我们就从海燕编辑这里领到了翻译任务。但由于工作调动和事务繁多，翻译工作一拖再拖，甚至一度有"流产"之虞，我们深感惭愧和歉疚，也由衷感谢中国人民大学出版社的不抛弃和不放弃。现在译作终于完稿，我们循例写下译者前言，为读者品读这部经典之作做些热身。

一、寻找中国胥吏研究的脉络及其智慧

现实与历史有着种种联系，认识现实需从历史的来龙去脉处加以把握。[①] 放眼世界，历史上的文明古国中，只有中华文明经历5 000年发展而连绵不断，薪火相传。中华民族历史悠久，源远流长，虽历经各种巨大的危机和挑战，依然保持了良好的延续性和连贯性。自秦汉以降，经历魏晋隋唐五代，再到宋元明清，进而走到近代，直至今天。天下大势，分分合合，中华民族坚强地屹立于世界民族之林，不断再造辉煌的文明，形成了独特和深厚的历史传统。从古至今，各朝各代，延续良好的修史传统，构成了中华文化传承的重要主线。"国有史，方有志，家有谱"，早在商周时期，中国就有了史官制度，以鉴前世之兴衰，考当今之得失。史书是中华文明连续发展的重要记录，见证了中华文化绵延不绝，前后相续，汇聚成文明发展的洪流。鉴于往事，有资于治道，以史为鉴，可以通古今，可以知兴

---

① 周雪光.寻找中国国家治理的历史线索［J］.中国社会科学，2019（1）：90－100.

替，可以明得失，深刻而丰富的智慧蕴藏其中。

正所谓，滚滚长江东逝水，浪花淘尽英雄。是非成败，功名利禄，繁华落寞，都已经湮没在泛黄的历史中。揆诸历史，穿越兴衰浮沉的烽火硝烟，二十四史、帝王本纪、公侯世家、将相列传，一张张生动的面孔，一个个充满张力的生命，都在历史的舞台上各领风骚，绽放出不一样的色彩。但这些无非是帝王将相或英雄豪杰的历史，其中有开疆拓土、建功立业、高风亮节、垂范千古的伟大人物，也不乏弄权纳贿、祸国殃民、骄奢淫逸、遗臭万年的反面嘴脸。历史上的著名人物是不可胜数的，历史素材是无限丰富和复杂的，但记录历史的资源和方法却非常有限，因此更多普通人不但没有机会了解国家大事，也没有机会跻身或参与到历史事件中去，更不可能在浩瀚青史中留下自己的印迹。

即便如此，对于国家治乱兴衰的各种关切，使我们不仅看到了位高权重的帝王将相的关键作用、英雄人物创造时势的能力，也关注到了普通的、底层的和不知名的官吏所发挥的重要作用，从日常生活中理解了国家运行。说到底，必须关注具体的或个别的官员的作用。我国很早就建立了中央集权的"大一统"国家，形成了一元化的国家治理传统。然集权制度的运行有赖于人，如钱穆所强调的，制度只有与人事相匹配才能发生相当的作用。[①] 封建王朝在早期自上而下推行一体化的郡县制，发展了高度复杂的官僚体系，需要依靠任命的或聘用的官吏来运行制度，管理国家。国家治乱兴衰的关键是人，是识人、得人和用人，人是具有决定性影响的因素。历朝历代，虽然中央政府直接任命的官员数量是有限的，但各级政府官员或政府部门实际上都聘用大量辅助性的工作人员，尤其是难以计数的基层人员或操作人员，他们的具体名称包括幕宾、书吏、长随、差役、皂吏、刑名师爷、钱粮师爷或捕快等，身份和角色不同，职权也不同。

周雪光认为，始于魏晋南北朝的官吏分途是中华帝国官僚体制在人事制度上的重大变迁，官与吏在职业生涯、等级地位、激励设置等组织制度方面都存在巨大的沟壑。庞大的胥吏群体就像水银泻地一样，寄生于政府部门当中。官吏分途是帝国应对规模治理巨大负荷的结果，是解决委托与代理困难的应对举措，其核心在于集郡县之权力于中央，将实际的治理权下沉到基层。官吏分途及其相应的制度安排和组织行为为中国官僚体制打上了特殊的烙印，也与韦伯式官僚体制形成鲜明对比，这也构成理解中华帝国运行逻辑的关键要素，对于今天探讨中央与

---

① 钱穆．中国历代政治得失［M］．北京：九州出版社，2012：序言 2.

地方关系以及基层政府的运行等问题具有重要的启发意义。① 但进一步的研究则认为，官吏分途的分析框架将基层治理的问题简单化了，官僚体系其实包含了官僚群体、派生群体、雇佣群体三个群体，其中雇佣群体的规模非常大，"更接近古代的吏"，是"看不见的政府"，是决定地方和基层治理绩效的重要因素。②

在不同的历史阶段，"吏"的概念有着大为不同的指向，从中央六部的书吏到各个县衙的差役等，包含很多不同性质的群体，相互之间有很大的异质性。总的来说，胥吏通常是指在官府中经办各类文书的人员、处理具体事务和技术性工作的人员、从事其他杂务的人员等。③ 根据著名学者缪全吉的观点，中国古代的官吏关系经历了三个阶段，分别是从秦到汉，基本的特点是官吏相通，吏服训雅，儒通文法；从魏晋南北朝到隋唐，突出表现为官吏殊途，官员分化明显，胥吏日趋卑下；从隋唐至明清，基本趋势是吏役合流，胥吏日趋壮大等。④ 特别是自宋元以来，随着士大夫逐步占据主流政治精英的地位，官吏之间的分野逐渐成形。两千年中国古代帝制，官僚体制的明线是"士大夫政治"，而与之相辅相成的是"胥吏政治"，胥吏一体，自成体系。顾炎武曾经尖锐地指出："天下之治，始于里胥，终于天子""今夺百官之权而一切归之吏胥，是所谓百官者虚名，而柄国者吏胥而已"⑤。

在古代官僚体系中，官与吏具有严格的上下等级关系，分属于两个相互隔绝的群体，有着不同的人事制度安排，在功名、职位、地位和待遇等方面，都不可同日而语。在等级结构上，胥吏虽然需要服从于上级官员，只是政策或命令的执行者，但他们却"位极贱而为权甚重"。一方面，胥吏处于官僚体制结构的从属地位，职位和地位卑微，是上级命令的执行者；另一方面，他们又掌握着执行政策的权力，是实际权力的拥有者，占据了极为重要的战略位置，也有重要的话语权。⑥ 官员通常是科举或荫庇出身的人，由中央政府正式任命，大多不习法令世务，难以处理刑名事务，对于行政、钱谷、灾荒或盗寇等问题都不了解，而吏是"处官府、职簿书者"，胥则是"任奔走供役使者"，特别是"吏多出于当地"，拥

---

① 周雪光. 从"官吏分途"到"层级分流"：帝国逻辑下的中国官僚人事制度［J］. 社会，2016（1）：1-33.

② 刘建军，马彦银. 从"官吏分途"到"群体三分"：中国地方治理的人事结构转换及其政治效应 对周雪光《从"官吏分途"到"层级分流"：帝国逻辑下的中国官僚人事制度》一文的一个补充［J］. 社会，2016（1）：76-98.

③ 叶炜. 南北朝隋唐官吏分途研究［M］. 北京：北京大学出版社，2009：81.

④ 缪全吉. 明代胥吏［M］. 台北：嘉新水泥公司文化基金会，1969：6.

⑤⑥ 顾炎武. 日知录集释［M］. 北京：中华书局，2020：426，438.

有丰富的地方性知识，长期守家带地处理实际事务，对民情和法规都非常熟悉，甚至可以做到"老吏欺官"，形成了根深蒂固的庞大势力，是决定地方治理或基层治理的关键因素。

大量的研究者看到历朝历代的胥吏及其作用，对此开展了深入的研究。对国家治乱的研究也必须深入触摸政府的日常运作，看到政府运行的底层逻辑。比如瞿同祖在《清代地方政府》中就认为，中华帝国的表面为一人政府，但实际上需靠着庞大的胥吏队伍，才能完成庞杂的衙门事务。他专门分析了州县官的四个辅助集团，分别是书吏、衙役、长随和幕友，认为他们共同辅助州县官行使混沌一体的权力。① 此外，宫崎市定、缪全吉、那思陆、李荣忠、郭润涛、魏光奇、周保明等著名学者，也都有精到而深入的相关研究。缪全吉的《清代胥吏概述》、周保明的《清代地方吏役制度研究》、赵世瑜的《吏与中国传统社会》、加藤雄三的《清代胥吏补缺过程中的交易》、白德瑞的《爪牙：清代县衙的书吏与差役》等著作，都推动了对传统中国地方胥吏的研究，注意到了他们在政策活动、执法过程以及基层管理等方面所扮演的特殊角色和所发挥的特殊作用。

作为政府体系的重要组成部分，广大的胥吏凭借专业技能掌握和行使着巨大的权力，推动了政府机构的实际运行，但也带来了很多弊病。顾炎武等经世学者借史事发论，指出了胥吏在王朝基层的恶劣影响及养痈成患的原因，"州县之敝，吏胥窟穴其中，父以是传之子，兄以是传之弟。而其尤桀黠者，则进而为院司之书吏，以掣州县之权，上之人明知其为天下之大害而不能去也。"② 晚清著名官员郭嵩焘痛心地指出，"本朝则与胥吏共天下耳"③，点明了清朝政府运行的重要特色，那就是遍布在各层级各部门的庞大的胥吏队伍。不管是什么时代，胥吏的政治地位都相对较低，备受有识之士责难和鞭挞，社会地位也比较低微，普遍的形象是操弄权柄，挟制官员，上下其手，徇私枉法，弄权受贿，横行官场，负面的形象根深蒂固。

值得注意的是，虽然过去的研究更多的是关于胥吏的负面形象，认为他们贪腐成性、追求私利、贪得无厌等，比如"唐宋以后，士为业者，不为吏胥，为吏胥者，则市井狡猾、巨家奴隶及犯罪之人，以是吏胥贱"④。历朝历代，不同学者

① 瞿同祖. 清代地方政府 [M]. 北京：法律出版社，2003：65-188.
② 顾炎武. 顾亭林诗文集 [M]. 北京：中华书局，1983：16.
③ 徐珂. 清稗类钞 [M]. 北京：中华书局，2010：5250.
④ 缪全吉. 明代胥吏 [M]. 台北：嘉新水泥公司文化基金会，1969：6.

指责和批评胥吏的观点不胜枚举。但一些研究者也在突破这种简单化的叙事，向人们展示了更加丰富而生动的胥吏形象，比如白德瑞的《爪牙：清代县衙的书吏与差役》将胥吏群体置于具体的地方情景之中，透过日常行政运作的实际状况，对基层衙役等进行了深入的细节描画。清代巴县衙门的书吏和差役们，自己创制并奉行一些非常精细的惯例、规则与程序，以用来对诸如招募吏役新人、内部晋升和分派承办各种有利可图的任务等事项加以规范，同时通过对某些滥用权力的吏役进行内部惩戒的方式，来避免因此招致官员的追究。这些所谓的"房规"或"班规"等惯例或程序，作为胥吏群体内部的行业规范，也为更高层级的官员所认可和维护，还成为解决相关争端或纠纷的依据。①

古代胥吏发展的历史及其研究让我们看到，中国古代的政府是庞大而复杂的体系，包含了非常复杂的组织机构，承担着广泛而复杂的职责，需要不同层次的工作人员。政府不单单是各种令人眼花缭乱的组织机构，也不只有庞杂的政策法规等。组成政府的不仅仅是功名显赫的王侯将相，也不只有引人瞩目的高官显贵，还有大量辅助他们完成具体工作的人员，以及大量直接与社会民众打交道的雇员。这些胥吏群体构成了政府工作人员中的绝大多数，也掌握了政府实际运作的权力。胥吏根据主管他们的官员和上级政府的意志开展工作，遵照法律制度或政策规范履行公务，他们的工作对于政府日常运作非常重要，其中既有专业技能带来的积极效应，也有营私舞弊等问题。

此外，从胥吏的研究中还可以看到，政府运作的核心是人，人是决定政府运作质量的关键变量，决定了政府部门实际上是如何运行的，行政权力是如何行使的，政府能否恰到好处地发挥其应有作用。由于中国古代政府大多时候都保持着黄宗智所说的"集权的简约治理"的性质②，但政府管理又具有事无巨细、大包大揽的"家长主义"传统，因此需要更多的人来做更多的事，胥吏的存在具有显而易见的合理性，但胥吏的膨胀和泛滥又导致了各种各样的问题。特别是，作为一个庞大的社会群体，胥吏的运作既有正式的一面，也有非正式的一面，围绕胥吏的研究有助于从日常关系中揭开政府治理的黑箱，呈现基层政府运行的日常状态，尤其是有利于揭示政策活动或基层治理的底层逻辑。

---

① 白德瑞. 爪牙：清代县衙的书吏与差役［M］. 桂林：广西师范大学出版社，2021：52－115.
② 黄宗智. 集权的简约治理：中国以准官员和纠纷解决为主的半正式基层行政［J］. 开放时代，2008 (2)：10－29.

二、西方街头官僚研究的开山之作

在西方公共行政学的研究源流中，根据政治是"国家意志的表达"，行政是"国家意志的执行"的逻辑思路①，很多学者很早就注意到了基层或一线的官僚在政策执行中的作用，分析了基层或一线官员是如何在夹缝中工作的，也探讨了他们拥有的自由裁量权及其后果。在这些以自由裁量权为中心的研究谱系中，"真正将一线行政人员与自由裁量权行为相联系，并引发众多后续研究的经典作品当属李普斯基以'街头官僚'为名进行的研究"②。其研究主要是从微观层面进行自由裁量权的研究，从而区别于对立法者、决策者和领导人的研究。李普斯基对街头官僚的定义比较宽泛，相关的研究也可以广泛地应用到不同的职业领域，比如社区工作者、公立学校的教师、行政执法人员、警察（狱警）等。不同领域的基层工作者的工作环境及其业务性质差异很大，与中国古代的胥吏（如衙役或书办等）也不完全对应。

综合不同学者的观点，我们认为街头官僚是指在面对面条件下对公民实施管理或提供服务的公共机构的工作人员。与具有较高级别的领导干部不同，街头官僚有着相似的工作环境，处于金字塔式科层体系的最底层，权力很小，地位很低，甚至待遇也相对较低，职业上升的通道非常狭窄。在等级森严的科层体系中，他们只有上级，没有下级，工作都要自己去处理。他们人数非常庞大，占政府机关或公共机构人数的绝大部分，远比上级领导等多得多。但悖论在于，庞大的人数并不意味着他们受到更多的重视，相反还很有可能被遮蔽在权力的阴影中，成为看不见甚至可以忽略的存在。事实上，街头官僚的工作业绩有可能被看成是领导的成绩，是领导者给他们支持和指导的结果，而领导者也可以名正言顺地"占有或侵占"街头官僚的成绩。这既是上下级关系的特性，也表明了这种上下级关系的不对称性。

相对于坐在办公室发号施令或处理文件的公务员，街头官僚是政府机关中做"苦工"的人，他们处于政策过程的末端，在现场对公民执行法律法规、规章制度和上级命令等等。街头官僚工作的一个核心特征是直接与公民（根据不同的情景，也叫当事人/服务对象/相对人）打交道，具有一定的自由裁量权，可以对公民进

---

① 古德诺. 政治与行政［M］. 北京：华夏出版社，1987：12-13.
② 陈那波，卢施羽. 场域转换中的默契互动：中国"城管"的自由裁量行为及其逻辑［J］. 管理世界，2013（10）：62-80.

行赏罚决断，其工作通常直接构成政府机关的产出，可被公民服务对象看到、接触到和体验到。每一次打交道，都是政策执行或公共服务的鲜活案例。街头官僚在国家与社会之间、国家权力与公民权利之间的交界面执行工作任务，其经验、技能、专长及价值观等对于做好工作具有重要意义，工作质量和绩效表现又直接决定着行政能力、政府形象和官民关系等，左右着公众对政府的评价。① 虽然他们在政府体系中的权力小，地位低，但相对于其管理和服务对象，他们又具有无可挑战的权力优势，能直接决断公民的权利和福利。

李普斯基认为，就对街头官僚概念的理解来说，专业主义的概念促使人们去理解差异性，找到不同人群的专业特点，而街头官僚的概念帮助人们锁定这个特殊的群体，探索其内涵或表现出来的共同特性及其趋势。根据街头官僚理论的立场，本书从个体的角度去理解街头官僚，透过警察或教师等职业身份的表象，以及不同领域的业务的差异性，寻找街头官僚正式化角色的共同特性，理清街头官僚的行动特性及其品质。这些共同的特性构成了理解和分析街头官僚的基本框架，也要求人们注意到街头官僚的差异性维度。这包括如何界定街头官僚的角色及其规范，街头官僚如何控制和支配资源，如何实现和落实组织的目标，如何调和相互冲突的目标，如何响应来自服务对象的反馈，如何控制和管理工作环境，尤其是如何应对和化解来自服务对象的挑战，获得有利于街头官僚履行职责的条件，提高街头官僚工作的可控性和有效性。

李普斯基指出，街头官僚始终是在困境中开展服务的，困境来自如何在面对大规模服务对象的基础上，给予差别化或者个别化的响应，提供具有适应性和情境性的管理和服务。街头官僚的使命是落实法律制度，执行政策法规，遵守规则，照章办事。但规则永远是有限的，很难完全覆盖到所有的社会活动，也很难预先规划和设计街头行政的全部可能性，因此，在一般性的（法律或制度）规则和特殊化的个案之间，必然存在着大量需要斟酌的情由及其细节，这就内在地需要酌情考量事理情法，建构了街头官僚自由裁量权，也规定了街头官僚的矛盾性处境。街头官僚机构的实质在于，它们要求公职人员对其他人做出决定。由于服务供给的本质要求人的判断，而人的判断无法被程序化，也无法由机器来替代，街头官僚因此拥有自由裁量权。换言之，面对千差万别的社会事实，街头官僚绝对不是格式化或标准化的机器人，而是有血有肉有情感有偏好的个人，必须根据个人的

---

① 韩志明. 街头官僚的行动逻辑与责任控制［J］. 公共管理学报，2008（1）：41-48，121-122.

经验、知识、技能以及良心来开展工作，微妙地平衡来自不同方面的目标及其诉求，从而遭遇到广泛的行动困境。

正如本书的副标题所显示的，"个人困境"集中体现了街头官僚的业务特性，贯穿全书的各个章节。本书首先向我们展示了街头官僚在政治生活中的重要性，特别是指出了负责执行政策的街头官僚实际上也是政策的制定者。传统的理论告诉我们，政策制定者与执行者是截然分开的，但实际上这是不可靠的。街头官僚在拥挤的办公室和日常境遇中，为应对不确定性和工作压力而开发的手段，实际上构成了其所执行的公共政策。由此，原先的政策制定者已然被淹没在了大量事件与信息中，街头官僚执行政策的过程同时也是其政策再设计的过程。[1] 他们在将各种字面上的法律或政策应用到具体的场景以及个案时，不可避免地具有"二次决策"的权力，需要对具体的事或情进行个性化的裁断。因而，自由裁量权是不可或缺的，也是非常必要的。虽然法律制度对街头官僚设定了限制和约束，以推动管理和服务过程的标准化，但具体的作业往往是高度个性化的，又需要因人因地因事因情而做出选择，在法律和情理之间维持平衡，恰当而周到地与公民打交道。

进一步说，如果从结构的角度来理解，街头官僚的世界俨然是井然有序或井井有条的，组织自上而下地设定了街头官僚的职权及其实现方式，剩下的便是循规蹈矩或照章办事。根据街头官僚组织目标及其政策规则来开展工作的过程，既是顺理成章和水到渠成的，也是高度公开和透明的。但从个体的立场和个案的情景出发，街头官僚必须面对各种各样的冲突和紧张，在纷乱而密集的压力和张力下履行职责。实际的政策冲突不仅是指各种利益集团之间的利益争夺，各个政策部门各自不同的主张、利益和要求，还体现在街头官僚与管理或服务对象之间的日常斗争中。街头官僚以自己的偏好和意志面对公民，履行职权；而公民也根据自己的意愿和要求评判街头官僚的表现。公民希望街头官僚将更多的资源分配给自己，更多照顾到自己的利益和需求，而街头官僚却必须立足于组织的目标，还要考虑到更大范围的服务对象。总之，面对来自政策规范、组织目标及公众需求等多方面的冲击和挑战，身处国家与社会互动界面的街头官僚常陷入"作为之痒"的道德困境中。[2]

必须承认的是，具体的街头官僚个人也许是渺小的，但整体的街头官僚是很伟大的。在凌乱而繁复的作业情境中，面对复杂而多变的服务对象，街头官僚实

---

① 陈丽君，傅衍. 我国公共政策执行逻辑研究述评 [J]. 北京行政学院学报，2016 (5)：37-46.
② 孙斐，王刘娟. 街头官僚的道德困境：一个文献综述 [J]. 公共管理与政策评论，2021 (3)：158-168.

际上是以一己之力把国家或政府扛在肩上，反映了特定的国家意志、政策要求和官员形象。街头官僚具有广泛的选择空间，能够决断服务对象的权益，甚至是直接约束、惩戒或控制服务对象，决定着服务对象的福利及其命运。但随着法律和制度赋予服务对象更多的权利，尤其是给予执法对象更多的权利，街头官僚不得已更多地照章办事，寻求制度规则的保护。因为"对程序的依赖（也）是公务员逃避责任的一种方法。当发生错误的时候，他们至少可以主张是按照既定程序进行的"①。问题在于，街头官僚实际上不仅人微言轻，而且资源有限，他们不是在做自己想做或是上级让他们做的事，而可能只是在做他们能做的事。②在现场应对和处理服务对象的过程中，街头官僚甚至也没有办法得到合理的指导，不知道如何来处理工作上的挑战和难题。

各种考验街头官僚的问题，不仅在于街头官僚如何对待和处理相关服务对象，而且还在于相关服务对象如何才能更好地影响街头官僚。几乎所有的相关服务对象——既可以是上级主管，也可以是服务对象——都积极地利用自身的地位、权利和资源来影响街头官僚，以达成其公开的或隐晦的目标。比如上级通过价值标榜、确定目标、制定标准和进行考核等方式来约束街头官僚，要求街头官僚严格执行法律或政策，提高管理和服务的水平，包括不要将矛盾上交、敷衍应付以及逃避责任等；由于街头官僚工作涉及很多危险的挑战，同侪则期望各自完成本职工作，必要时相互提供帮助，甚至是保守某些特殊的业务秘密，以共同对抗外界的审查；社会公众则期望街头官僚不仅是循规蹈矩的政策执行者，而且应该奉行专业主义的思维，树立利他主义的情怀，主动利用他们的知识和技能，为服务对象提供优质的待遇和保障。

重要的是，不仅街头官僚在工作中面临个人选择和行动的困境，经常出现行动的悖论，而且作为街头官僚的管理或服务对象，公民也面临广泛的个人困境。个人通常是街头官僚的工作对象，是被动的、不得已的和非自愿的，在与执行相关政策的街头官僚打交道时，通常只能被动接受他们提供的信息、管理和服务，甚至还必须根据他们的安排来行动。而服务的内容不只是福利、便利和支持，还包含管制、制裁与惩戒等。这就造成了公民的服务需求与街头官僚的服务供给之间持续的紧张。当公民遇到问题或困难的时候，需要街头官僚的帮助和支持，消

① 青木昌彦，奥野正宽. 市场的作用 国家的作用 [M]. 北京：中国发展出版社，2002：42.
② Brodkin E Z. Inside the welfare contract: Discretion and accountability in state welfare administration [J]. Social Service Review, 1997 (1)：1-33.

费街头官僚提供的服务，就会形成两者之间相对良好的关系。当公民存在违规或违法的行为时，街头官僚的执法往往会约束或制裁个人，限制甚至剥夺个人的权益，因此必然容易引发激烈的冲突。所以，街头官僚也因其工作性质或业务内容而具有友好性或不友好性。

总之，街头官僚的研究不仅是对这一特殊人群的理论研究，也是人本主义思维在公共服务范畴中的落地，是从人及其关系的角度探讨公共服务过程中微妙而重要的较量、权衡和考量。如何才能提供优质的公共服务当然是很重要的，而什么人来承担和履行公共服务的职责同样是很重要的。以个人行动及其环境或境遇为取向的研究，可以深入解读和剖析公共服务过程，其中无所不在的紧张情形甚至冲突关系，构成了街头官僚分析的主线与核心，赋予了相应的理论研究以强烈的现实性与紧张感。而治理资源的不足、法律规范的抵牾、组织目标的错乱、个人能力的欠缺以及服务对象的不配合等，则是各种紧张和冲突问题的来源，进而衍生出广泛的不确定性。正如人们经常看到的那样，大量街头官僚在压力下做事，面临多方面的约束或限制，经常是风里来雨里去，甚至要做出许多个人牺牲，虽然他们为社会公众干了很多苦差事，但未必能得到公众的支持和感谢。

有关组织的研究还指出，在不确定性情境中，决策者只有有限的理性，寻求的可能是令人满意的决策，而不是最佳的解决方案。① 李普斯基也指出，街头官僚机构不仅要制定出令人满意的决策，心理和组织过程也要令人满意。不管是改变服务对象的想法，还是重建自己的意识形态，街头官僚始终面临着效率与责任等冲突性价值的拷问，相关的决策及其行动也要从这里找到依据。这就将研究聚焦到街头官僚发展出来的常规和惯例以及大量具有主观性的行动方式上来。其中主要的机制就是建立常规化的措施，简化工作任务，以控制复杂程度，提高业务过程的可控性，具体包括限量配给服务，对使用与需求进行限制；根据鉴别分类法，区分不同的服务对象，提供差异化的服务；想方设法控制服务对象及其情境，避免服务对象团结起来，寻求合理和合法的控制手段。正是这些手段和方法能够让街头官僚可以相对满意地应付和处理其工作，尤其是可以避免被问责的消极后果。

越是深入街头官僚的真实世界，就越是能够清楚地看到，街头官僚的工作是非常凌乱的，且不可能是完美的，甚至也没有必要去追求完美。在街头官僚作业的复杂环境中，充满了不同形态或不同程度的紧张和冲突，包括违法乱纪问题、

---

① 西蒙. 管理行为［M］. 北京：北京经济学院出版社，1988：61-77.

滥用权力问题、以权谋私问题、不恰当的区别对待问题、漠视服务对象诉求问题以及工作倦怠问题等，呈现出高度混杂凌乱的局面。在具有高度可变性的互动情境中，街头官僚的行动及其选择既具有显著的个人特点，也具有某些普遍特征，比如更加重视有较高道德价值的人，而不一定是最需要服务的服务对象。人们期望街头官僚能够公平对待服务对象，但偏袒和不平等反而是普遍存在的现实。通过以个人为中心的研究策略也可以看到，社会分配的任务及其要求是无限的，能否成功处理服务对象的问题是不确定的，而无条件的风险又是不可能的，所以很多街头官僚都会去寻找更有回报和奖励的机会。当然，在按照个人选择来设置和处理工作的过程中，街头官僚既要为自己的行动寻找合理化的解释，也要确保自己能够避免挑战、失控和麻烦。

正如李普斯基所分析的，街头官僚的工作充满了紧张，甚至是显而易见的悖论。可以说，街头官僚提供公共服务的过程就是权衡多重价值目标的过程。[①] 在实际工作中，他们必须考虑一些基本的价值目标，比如效率、公平、责任、透明、诚实以及情理等等。[②] 而这些目标都存在着因为个体、规则、关系或情境性差异而产生的不兼容性，其根源在于外部对街头官僚提出了可能是相互矛盾的要求，而且街头官僚自身也会在复杂的情境中进行个人化的选择，寻找经验或理论上的舒适区。其中，在组织目标和个人目标之间存在着各种各样的紧张，工作的目标与个人的能力也存在着紧张，响应某些服务对象的时候可能会忽略其他服务对象，声称遵守规则的操作实际上可能是拒绝服务对象的特殊要求。街头官僚既需要规则来支持工作，塑造角色，提升效率，也依赖于规则来保护自己，避免冲击，实现公平。尤其是，当遇到他们无能为力的挑战和问题时，街头官僚也会出现难以排解的无力感和挫折感。虽然人们期望街头官僚努力满足社会各方的要求，但他们实际上可能只是在自认为合理的范围内自在地工作。

三、近年来街头官僚的研究趋势及其进展

2000 年以来，国内学者开始关注街头官僚概念。叶娟丽和马骏在《武汉大学学报（哲学社会科学版）》2003 年第 5 期发表了《公共行政中的街头官僚理

---

① Steenhuisen B, van Eeten M. Patterns of coping with inconsistent demands in public service delivery [J]. Administration & Society, 2013 (9): 1130 - 1157.

② de Graaf G. The bright future of value pluralism in public administration [J]. Administration & Society, 2015 (9): 1094 - 1102.

论》一文，引入了街头官僚的概念及理论，介绍了街头官僚理论研究的缘起、发展历程以及状况等，引发了学者的广泛关注。这篇文章随后经修改收录到马骏和叶娟丽撰写的《西方公共行政学理论前沿》一书中，这本书进一步梳理了西方街头官僚研究的源流及发展趋向。① 受到这些文献的影响和启发，一大批国内学者开始使用街头官僚的概念，转入对具体领域的街头官僚的研究，如街头官僚处于多重冲突的"夹缝"之中②，城管执法人员及其行政受众在场域转换中的种种默契互动③，食品监管执法领域中街头官僚的政策变通行为④，以及居委会在小区冲突中的组织自主性问题，等等。⑤ 其中，韩志明的研究从空间和时间两个维度，总结和阐释了街头官僚的执法工作界面和时间配置逻辑。⑥ 此外，特别值得一提的是，高校相关专业，包括管理学、行政管理学、公共管理学、社会学、政治学以及法学等专业的硕士博士学位论文将不同类型的街头官僚及行动作为研究对象，推动了街头官僚研究的发展。

其实，在此之前，有关乡镇基层干部的研究很多，这些研究虽然没有使用街头官僚这个概念，但也聚焦于基层的或一线的政府工作人员。具体的成果体现在政策执行⑦、基层政府与群众的关系以及乡镇或村级的领导干部⑧等方面。"三农问题"毫无疑问是党和国家高度重视的重大战略问题，涉及非常广泛的政策领域，其中也存在矛盾冲突，受到新闻媒体的广泛关注，引发了理论研究者的思考。与此同时，计划生育政策作为基本国策，构成了广大基层干部日常工作的重要内容，也形成了压力机制，决定了基层治理的基本生态，构成了理论研究的重要元素。这些是围绕基层干部的研究，具体的研究议题则涉及村民自治、党群关系、干群矛盾、政策执行、组织建设、素质能力、反腐倡廉、选拔晋升、教育培训等。

———————————

① 马骏，叶娟丽．西方公共行政学理论前沿 [M]．北京：中国社会科学出版社，2004：91-101．

② 颜昌武，刘亚平．夹缝中的街头官僚 [J]．南风窗，2007 (9)：20-22．

③ 陈那波，卢施羽．场域转换中的默契互动：中国"城管"的自由裁量行为及其逻辑 [J]．管理世界，2013 (10)：62-80．

④ 刘鹏，刘志鹏．街头官僚政策变通执行的类型及其解释：基于对 H 县食品安全监管执法的案例研究 [J]．中国行政管理，2014 (5)：101-105．

⑤ 李春生，韩志明．街头官僚组织自主性的激活及其驱动机制：以 T 小区维修资金冲突案例为例 [J]．公共行政评论，2022 (6)：78-95，198．

⑥ 韩志明．街头官僚的空间阐释：基于工作界面的比较分析 [J]．武汉大学学报（哲学社会科学版），2010 (4)：583-591；韩志明．街头官僚的时间政治：以基层执法人员的工作时间为例 [J]．甘肃行政学院学报，2017 (2)：4-16，124．

⑦ O'Brien K J, Li L J. Selective policy implementation in rural China [J]. Comparative Politics, 1999 (2): 167-186.

⑧ 张静．基层政权：乡村制度诸问题 [M]．杭州：浙江人民出版社，2000：175-207．

从过去 20 余年的情况来看，直接针对街头官僚的研究，包括对党和政府基层或一线工作人员的研究，已经有了持续而显著的增长，相关成果的关注度日渐提升。这主要表现在如下几个方面：首先，相关研究成果越来越多，标题中包含街头官僚字眼的论文——既包括期刊论文，也包括大量学位论文——数量从每年寥寥几篇发展到数十上百篇，许多重要文献被引用的次数也逐年增长；其次，诸如政策执行、执法冲突、自由裁量权和公共服务动机等议题的理论研究，虽然并没有直接使用街头官僚概念，但研究的对象或主体都是典型的街头官僚，也参考和借鉴了街头官僚研究的成果；再次，不仅政治学或公共管理学（公共事业管理）等学科强化了对街头官僚的研究，法学、社会学和管理学的研究也跟进了相关的议题，形成相互呼应和相互佐证的局面；最后，街头官僚研究覆盖的党和政府工作人员的范围也越来越宽，具体包括城管、食品安全监管人员、税务人员、基层卫生工作者、社区工作人员、基层公务员以及教师等。

值得深思的是，当代中国官僚研究的兴起绝不是偶然的，对街头官僚理论的兴趣也不是凭空而来的，而是多方面因素综合作用的结果，尤其是体现了当代中国国家治理的巨大转型，反映了理论研究者为现实寻找答案的理论情怀，也见证了广大理论研究者务实而可行的研究策略。

首先，这是国家治理转型升级的理论表达。在过去的数十年中，中国坚持改革开放，推动经济和社会的快速发展，不仅经历了持续的、史无前例的、大规模的城市化进程，大量人口从农村进入城市；也经历了从相对集中的单位制社会到高度分散的原子化社会的深刻转变，从各个维度提出了社会管理和公共服务的新要求；还经历了从政府单中心的管理迈向多元主体参与治理的重要转变，国家治理的形态及其运行逻辑都有了巨大的变化。正是在这个背景下，国家治理的职责权限更加错综复杂，政府管理和执法的责任更加繁重，社会治理的难题和挑战也纷至沓来。尤其是对于城市社会中普遍存在的棘手问题，比如环境卫生、食品安全、违章建筑、摆摊设点以及基层治理和社区治理等问题，国家权力更多指向和聚焦到具体的个人及其网络上来。这些问题不仅要有人管，能管起来，还要能管得住，管得好。相应地，各种政策执行或行政执法的问题随之而来，构成了国家治理转型的重要内容。

毋庸置疑，现代国家的使命不仅仅是实现有效的管理，还包括提供量多质优的公共服务。国家提供公共物品及服务的能力更是其合法性的重要来源。[①] 对于各

---

① 赵鼎新. 国家合法性和国家社会关系 [J]. 学术月刊，2016（8）：166-178.

级政府及其职能部门而言，不仅需要与时俱进，更多地承担起相关的管理和服务责任，还需要聘用更多的工作人员，如编外人员、聘用人员、临时工以及辅警或协管等来履行相关的责任和使命，他们是政策执行或公共服务体系的重要行动者。不管具体的政策规范是什么，也不论管理的操作标准是什么，各种政策项目或管理事项最后都需要基层工作人员去执行、贯彻和落实，去打通管理和服务的"最后一公里"或"最后一百米"，甚至是"最后一米"。在这个过程中，作为政策执行者或服务提供者的街头官僚就具有了执行上的主动性和优先性，对于政策和项目的实施具有决定性的意义，既决定了国家的宏大政策目标能不能最终落地，也直接影响到目标群体的体验感和获得感。近年来，随着党和国家提出治理重心下移的要求，基层治理或社区治理就具有了更加积极进取的意义，构成了街头官僚研究重要的故事来源，也需要得到理论的响应。

其次，这也折射出理论研究者面对社会问题的理论情怀。改革开放以来，经济体制的转轨和社会结构的转型，加快了国家-社会同构关系赖以存在的制度性因素的消解。[①] 从过去单位体制的情况来看，大大小小的单位构成了社会管理的基本单元。正是依靠单位这种独特的组织形式，中国完成了对各种分散、杂乱要素的整合，建立了一种新型的社会政治秩序。[②] 这也使得很多社会管理问题都可以在单位内部得到解决。但在社会急剧转型的过程中，个人从单位体制中解放出来，成为原子化个人。从生老病死到吃穿住行等，个体开始直接面对国家，与政府及其工作人员进行互动，形成了沉重的治理负荷，也衍生出各种各样的矛盾纠纷。而在经济和社会发展的进程中，社会治理的复杂性也日益提升，政策的决策和执行问题变得更加重要，国家的"有形之手"伸向社会的各个角落，既带来了显而易见的管理效能，也出现了广泛的治理失败。在社会治安、民生服务、城市管理以及社区治理等领域，都衍生出大量的矛盾纠纷，群体性事件也时有发生。其中基层工作人员处于矛盾冲突的前线，是影响矛盾冲突解决的关键变量，受到了广泛的关注。

需要指出的是，当前中国的街头官僚研究主要聚焦于对城管执法、市场监管、警察执法或社区治理等问题，这构成了理解街头官僚研究兴起的基本立场，也是

---

① 文军，高艺多.社区情感治理：何以可能，何以可为？[J].华东师范大学学报（哲学社会科学版），2017（6）：28-36，169-170.

② 刘建军.中国单位体制的构建与"革命后社会"的整合[J].云南行政学院学报，2000（5）：24-30.

研判街头官僚研究未来走向的重要依据。在当代中国快速城市化的进程中，公共安全、社会治安、基层治理和社区治理的重要性日益突出，成为影响公共秩序的基础性问题，社区治理的决策及其行动直接影响到城市治理的任务和目标，很多矛盾冲突往往也与社区治理的问题密切相关。同样，在城市发展的进程中，市场监管、市容市貌或街面管理的问题也非常突出，如各种脏乱差问题。各地市场管理、街面管理及其执法构成了城市治理的重要内容，从早期的摊贩治理问题到当前的数字化执法等问题，城管不仅是城市管理相关政策的重要执行者，也是政府管理及执法的重要力量，不可避免地会引发矛盾冲突。特别是经过网络化和信息化的加持，这些问题更多暴露在社会公众面前，引发了强烈的社会舆论反响，也激发了理论研究者的灵感。

最后，这也是研究者务实研究策略的集中体现。没有调查就没有发言权，调查研究是谋事之基、成事之道，是做好各项工作的基本功，理论研究更是如此。在哲学社会科学相关学科的研究中，理论研究的基本要求是深入现实生活，开展持续而深度的调查研究。唯其如此，才能够把脉社会发展的方向，掌握相关的数据资料等，真正做出有价值的研究成果。那么，对于相关学科来说，选择街头官僚，把理论研究聚焦到既普通又特别的街头官僚身上，无疑是具有可行性的研究策略。因为，对于大多数的研究者而言，高层决策者、领导者或管理者及其行动，很难被局外人所了解。研究者难以掌握必要的信息，根本不了解相关的情况，因此理论研究无从谈起，更别说产出高质量的研究成果。正是在这种背景下，对于大多数研究者来说，尤其是对于许多硕士或博士研究生而言，选择开展街头官僚的研究，至少是比较容易进行调研的，是可以获得相关资料的，也是经验上比较容易理解的。

进一步说，对于更高层级的党和政府领导人的研究，研究者不仅面临着资料和经验短缺的瓶颈，也很容易暴露研究者对现实的无知，还容易带来不确定的风险。毕竟，普通的研究者要想了解党和政府领导人的情况，是非常困难的，而对高层的决策者"指手画脚"，大多数研究者既不具备这方面的能力，也没有相关的条件。因此，当各地城市管理的一线工作者浮出水面，走向前台，成为网络舆论的焦点，进入社会公众的视线，也就带来了理论研究的热潮。区别于极远的想象世界与极近的个体本身，有关街头官僚的研究可以算得上是项飙所说的"附近"①，

---

① Xiang B. The nearby: A scope of seeing [J]. Journal of Contemporary Chinese Art, 2021 (2-3): 147-165.

以此为中心来认识社会，有助于培养将"源于周遭情境的个人困扰"与"关于社会结构的公共议题"相联系的想象力①，进而反思公共生活，检验宏大理论，参与社会讨论。作为普通研究者，针对市场监管、城管执法或社区工作等的研究既能进得了场，找得到相关的资料，又能尽情展现个人的家国情怀、抒发激浊扬清的使命感。此外，作为生活中的个人，理论研究者也有着自身特有的经验和认知，这些日常经验很多都是与街头官僚联系在一起的，包括愉快的办事经历和不愉快的被执法遭遇等，这些反过来支持了理论研究者的信心。

总之，街头官僚人数众多，事务繁杂，覆盖了政府管理的各个领域，嵌入政府治理、社会管理和公共服务等各个环节，是政府运行必不可少的基础性组件，更是政策执行链条上的终端元件。正如李普斯基在本书中揭示出来的，作为政府庞大的官僚体系的"螺丝钉"，街头官僚个人始终面临着广泛的困境，具体包括价值的紧张、权力的撕裂、目标的矛盾、角色的冲突、规范的张力、多元化的抵牾等。但这些冲突实际上不仅存在于街头官僚身上，也体现在更高级别的领导干部身上。由于街头官僚直接面向服务对象进行作业，业务内容及其场景有着巨大的可变性，也包含了大量可调整、可考量和可选择的因素，因而街头官僚的工作必然具有"在钢丝上跳舞"的性质，要处理大量预期的或非预期的困境。这些困境体现了政策执行的复杂性，也表明了社会内在的矛盾性，还显示了个人身份与组织角色之间的紧张性。这些冲突形形色色，具有不同的性质，有政治性的，有社会性的，有组织性的，还有技术性的，甚至还有个体性的。其中有些是个人能够避免和消除的，而有些则是个人甚至是组织都难以承受的。这些都注定了街头官僚也是敏感而尴尬的存在。

在当今数字化时代，信息技术的快速发展也给社会治理领域带来了革命性的变化。② 数字技术的全方位嵌入改变了街头官僚的工作环境③，大量街头官僚正在成为某种意义上的系统官僚或"屏幕官僚"④，依靠系统和屏幕来处理工作，大量的时间和精力都是在应付系统的或屏幕的作业。但他们工作的核心内容仍然是落

① 米尔斯.社会学的想象力［M］.北京：北京师范大学出版社，2017：1-32.

② 米加宁，章昌平，李大宇，等."数字空间"政府及其研究纲领：第四次工业革命引致的政府形态变革［J］.公共管理学报，2020（1）：1-17，168.

③ 林荣全.数字化时代街头官僚的责任性：分析框架与研究展望［J］.电子政务，2021（10）：92-104.

④ Bovens M，Zouridis S. From street-level to system-level bureaucracies：How information and communication technology is transforming administrative discretion and constitutional control［J］. Public Administration Review，2002（2）：174-184.

实和执行相关法律或政策，是与服务对象打交道，面对面开展工作。这个过程中既有大量规范化和标准化的元素，也有无数难以结构化和体系化的内容，双边甚至多边互动的过程也并不像看上去那样条理清楚，井然有序，而是包含了大量矛盾性的研究议题，其中宏观的问题或者是国家权力的拓展问题，或者是国家与社会的关系问题，或者是政策执行力的问题；微观的问题或者是个人话语的交流及其生成，或者是数字技术对自由裁量权的影响，或者是心照不宣的眼神交流等，都构成了有血有肉的故事，都蕴含了独特的叙事，给服务对象及其社会关系带来重要的影响，这些都需要广泛而深入的研究。

应当承认，街头官僚领域是生动而鲜活的领域，包含广泛和丰富的研究议题，也有大量精彩的情节和故事，是显而易见的理论研究的典型富矿。从实践上来说，如何监控街头官僚的职权，防止小微权力的滥用，提高其业务技能，提高政策的执行力，提高薪酬和待遇，提升工作绩效，避免职业倦怠等，都是需要解决而又难以解决的问题。从理论上来说，街头官僚研究包含了许多基础性的议题，包括如何遵从和执行规则，如何建立个体的自主性，如何避免价值冲突和利益冲突，如何提高情绪劳动的价值，乃至如何理解选择性执行或避责行为的逻辑及其影响因素等。未来的研究也许更多地要与数字化技术深度结合起来，寻找数字街头官僚特殊的行动逻辑；更多地深入街头官僚个人，根据个人特性及其网络来分析个人是如何有效作业的；根据不同层面、不同领域及其治理的特点，紧扣街头官僚的个体化冲突，寻找恰当的优化方案等。这些都有待学界诸君共同努力。

需要指出的是，本书作者主要是立足于西方国家的政治和社会语境，来开展对街头官僚组织行为、个人选择以及社会心理的分析，其中许多观点都具有明显的西方话语特质，不具有一般性和普遍性意义。特别是，街头官僚与服务对象的面对面互动不仅是由政治体制和法律制度规定的，是典型的政治或法律问题，也受到社会传统和文化心理的深刻影响，是常见的社会或文化问题。因此，对于街头官僚的解读和思考都必须扎根于本土网络，在正式制度和非正式制度交错的复杂网络中去探求问题的答案。故此，还请各位读者在学习的过程中注意到中西方语境的巨大差异性，避免简单粗暴的"复制"或"照搬"，而应进行批判性的思考和借鉴。

本书是两位译者精诚合作的结果，第一章至第七章主要由韩志明初译，第八章至第十三章主要由颜昌武初译。在初译的基础上，两位译者相互交换进行了校译和修订，最后又分别进行了统稿。此外，初稿的翻译也离不开多位研究生的帮忙，他们分别是李春生、刘羽晞、叶倩恩、杨郑媛、杨怡宁、王恩媚和张田田。本书的翻译得到了许多学界同人的指导和支持，在此一并致以衷心的谢意！最后，还要特别感谢苏文贤与江吟梓，他们的杰出工作让我们获益匪浅。[①] 当然文责自负，翻译中的纰漏和不足之处，责任由我们两位译者承担，还请同人不吝赐教，批评指正！

译者谨识

---

① Lipsky M. 基层官僚：公职人员的困境 [M]. 台北：学富文化事业有限公司，2010.

前　言：公共服务中的个人困境

　　某种程度上，本书是在探寻个体公职人员在公共服务中的作用，我将这些公共服务部门称为街头官僚机构。它们包括学校、警务部门、福利部门、下级法庭、法律服务办公室和其他机构，其工作人员直接与公众打交道，并在决定对公众的奖励或惩罚上具有广泛的自由裁量权。

　　本书试图展示人们是如何在这些重要领域体验公共政策的。社会分析家们常常对组织和政府的行为进行一般性解释，但很少具体解释作为个体的公民和公职人员如何受到这些行为的影响、个体行为汇聚在一起时如何引发这些行为，或者这些行为如何以及何以会被个体行为所再现。例如，有研究令人信服地指出，公共福利管理具有能将人们寻求福利援助的程度降至最低的效果。但是，由于福利工作者通常不会明确地劝阻福利受益者提出申请（尽管有时这种情况确实存在），我们需要知道福利工作者的哪些行为会导致影响福利参与的系统性偏见。同样地，我们知道，尽管官方明文规定，服务机构不能因为偏袒某些服务对象而牺牲其他服务对象的利益，但是仍然有官僚一贯这样行事。要了解这些组织如何以及为什么做出违背自身规则和目标的行为，我们需要知道组织中的员工是如何体验这些规则的，以及他们还承受哪些其他压力。

　　本书以对公共服务组织的集体行为的观察为基础，提出了一个基于个体公职人员体验的街头官僚机构工作理论。我认为，街头官僚的决定、他们确立的工作惯例，以及他们为应对不确定性和工作压力而开发的手段，实际上构成其所执行的公共政策。我认为，对公共政策的最佳理解，不应限于立法机构或高层行政官员的顶层办公室，因为在某些重要方面，公共政策实际上是在嘈杂的办公室和街头官僚的日常境遇中所形成的。我认为，政策冲突不仅表现为利益集团之间的争执，还体现为个体公职人员与公众之间的斗争——后者对前者的工作或质疑，或服从。

　　街头官僚在希望组织生活更加符合自己的偏好和承诺时常常会遇到冲突，这也是公职人员、服务对象和广大公民对街头官僚机构的体验之一。例如，人们在入职公共部门特别是街头官僚机构时，总是带着服务社会的期许。人们之所以选择教师、社会工作者、公设辩护律师、警察等职业，某种程度上是因为这些职业是有益于社会的。然而，这些职业本身的性质，妨碍他们实现理想的工作构想。如大班教学，或庞大的工作量，以及资源匮乏，加上工作方法的不确定性和服务对象的不可预测性，使得他们作为服务工作者的愿望落空。

理论上，通过培训，街头官僚能够响应其所服务或面对的服务对象的个性化需求或特征。但在实践中，他们必须将服务对象视为一个无差别的整体，因为他们的工作要求不允许提供个性化服务。教师本应因材施教；但在实践中，他们必须开发一套管理全班学生的技能。警察本应回应当下的案件；但在实践中，他们必须开发一套识别和应对各种类型冲突的技能，并根据案件的类别采取不同的处理方式。在最好的情形下，街头官僚能发展出一套良性的大规模处理模式，这或多或少地允许他们公平、恰当和成功地与公众打交道。在最坏的情形下，他们屈从于偏见、刻板印象和例行公事，以服务于自身或所在机构的目的。

一些街头官僚早早地结束了公职生涯，或者早就磨灭了工作热情。可以肯定的是，那些留下来的人，往往会在工作中成长，其技能也日臻完善，但他们也会调整自己的工作习惯和态度，降低对自己、对服务对象、对公共政策潜力的期望值。最终，这些调整使人们可能接受这样的观点，即服务对象所获得的是当前情况下官僚所能提供的最好的服务。

工作习惯和态度上的妥协往往会被合理化，这表明公职人员变得更加成熟、更了解实际的和政治的状况，或者对问题本质有了更现实的评估。但是，这些合理化只是概括了对公共服务机构中突出的结构性限制。从绝对意义上讲，它们并不是"真实的"。从心理上放弃帮助每个孩子读书的愿望的老师，可能是屈服于对教育现状的私下评估。但这种妥协丝毫不能反映个别孩子的学习潜力或教师的教学能力。这种潜力是存在的。正是学校教育系统或教育官僚组织教导人们，孩子是沉闷的或不求上进的，教师必须放弃他们对教育的公开承诺。

同样地，司法系统"教导"警察必须不近人情，并对青少年的不服从迹象做出强烈反应；法官无法做出明智的决定，或将被告送入能够帮助罪犯或阻止日后犯罪的机构。尽管在任何个别情况下，深思熟虑的、有用的决定和干预都不矛盾，但该系统仍"教导"青少年犯罪问题的棘手性。

街头官僚可能是在一个腐败的服务环境里度过其职业生涯的。他们相信自己在不利情形下力所能及地做到了最好，并在工作结构所规定的限度内发展出了挽救服务与决策价值的技能。他们形成了对自身工作与服务对象的看法，从而缩小了自身和工作限制与服务理想之间的差距。即便这些工作实践和取向助长了服务理念的扭曲，或使得公职人员假公共服务机构之名来操纵公民，但它们仍然得以持续。

教师、警察或福利工作者是否应该寻找其他工作，而不是延续不公平、无效或有破坏性的公共做法？如果他们这样做了，就会将服务对象留给那些对服务理念更少关心和更不感兴趣的人。这将意味着放弃某些领域，在这些领域，公职人员一直试图有所作为或有望取得进展。

他们是否应该留下来，继续为声誉不佳，有时甚至是残酷无情的公共机构效力？如果当前的模式重演，这就意味着要与犬儒主义和现实的工作环境进行一场注定失败的斗争，并眼睁睁地看着服务理想转成为个人利益的斗争。

他们是否应该从内部努力改变其机构处理公民事务的条件？这条路似乎最难坚持，且受制于另一种危险，即将差异的幻象误认为重大改革的现实。

街头官僚机构的结构也使服务对象面临行动上的困境。公共服务的消费者一旦决定或被指派到一个居住地，就无法选择他们将接受的公共服务，只有极少例外发生。他们必须接受所在社区的学校、法院和警力。如果他们是穷人，还必须接受社区在医疗卫生、福利、公共住房和其他福利项目上的安排。在与这些机构接触的过程中，他们必须在如下两者之间取得平衡：作为公民，他们要维护自己的权利；作为服务对象，他们要接受公共机构试图施加给他们的义务。作为公民，他们应该争取自己应得的全部权利；作为服务对象，他们认为自己有义务根据感知到的资源限制和机构的组织需求来调整自己的要求，尽管显而易见的是，例外的情况经常发生，也经常会找到额外的资源，但服务对象也认识到，如果不能成功地主张自身权利，就可能付出代价。

在诸如医疗、教育、司法、住房和收入等最为紧迫的问题上，当有证据和经验表明他们的希望将得不到回报时，服务对象就会被动地寻求公共机构的善意干预。如果服务对象是穷人，且在族裔、民族和语言背景上与大多数公职人员有所不同，那么行动的困境就尤为突出。我是不是应该等待时机并服从机构的程序，尽管我持有保留意见？我这样做的风险在于不能获得公职人员对我的特定需求和担忧的关注。我是不是应该大声疾呼，要求我的权利？我这样做的风险在于因扰乱办公程序而招致公职人员的敌意。

服务对象在试图通过集体行动获得适当的服务时也会经历类似的不确定性。一名组织他人抗议学校行为的家长，或是挑战福利政策的福利领取者，即使他意识到了集体回应的可能性，也可能被贴上一个"不可靠的麻烦制造者"的标签，而麻烦制造者不应该获得优待。

公众所面临的最后一个困境是，他们被不断地（或许是隐晦地）要求对公共服务进行评估。这种情况发生在一些集中的场合，如关于学校预算的全民投票；也发生在一些分散的场合，如某个提案和其他对公共服务性质和质量不满的表达。事实上，在美国许多限制州和地方支出的立法举措，在很大程度上被理解为对政府绩效与社会服务低效的冲击。

有哪些替代性政策选择呢？当所有的"脂肪"都从机构预算中被削减，所有的"浪费"都被消除后，基本的选择依然存在：进一步实现政府职员与公众间互动的自动化、系统化和规范化；随波逐流，以成本效益和预算控制为名，支持减少服务和提高标准化程度；或在需要酌情干预或参与的服务中，确保或恢复人际互动的重要性。

在教学、护理、治安和审判活动中，能消除多少人为干预？事实是，在公共服务领域，一定要有人来做出决定，要有人来与其他公民打交道。从社会的角度讲，要把和人打交道时做出决定和酌情干预的活动，甩给机器和程序化的形式，我们还没有做好准备。然而，如果公众对街头官僚的工作效率和质量抱有巨大的且通常是理所当然的不满，那么，我们又怎能倡导更多地关注街头官僚的干预和自由裁量的角色呢？

相反，我将街头官僚的问题定位于其工作结构中，并试图找出能够更好地支持一个重组后的公共部门的条件，该部门致力于提供适当服务和尊重服务对象，并更有可能造就更多有效的服务供给者。在发展街头官僚机构的框架时，我发现了一些迥然不同的职业（比如警察和社会工作者）的共同特征。对街头官僚机构的分析，有助于我们确定在不同的职业环境中，哪些与人打交道的方式是共同的，哪些是独特的。

此外，这种本质上的比较方法，使我们能够系统地就不同服务领域的明显差异提出问题。例如，认识到所有街头官僚机构都需要控制服务对象，这使人们对警察诉诸武力有了更多的理解，同时也提出了这样的问题：在警察的工作环境中，究竟是什么使得控制服务对象成为一个主导性议题？

"专业主义"概念最重要的一个贡献，就是促进人们更好地理解诸如医生和护士之间的差异，同样，街头官僚机构的概念，应鼓励探索公共服务中的重要差异，并有助于理解它们共同的中心趋势。然而，这种方法是有代价的。一些读者可能会发现，他们会被本书中提到的概括性观点的例外情况所困扰。可以预料的是，对中心趋势的阐述，如对街头官僚机构的描述，不可能匀质地适用于所有个案。希望读者在这一点上能包容我。

　　街头官僚是公共支出的主要收受方，在地方层面的公共活动中占有很大比重。公众通过他们直接与政府打交道，在一些重要方面，他们的行为构成政府所提供的政策。我首先总结了街头官僚在当前政治生活中的重要性，并解释了这些通常被认为负责执行政策的低阶公职人员何以能被理解为政策"制定者"（本书第一部分）。然后，我讨论了街头工作的共同特征，并探讨了这些结论对服务对象结果、组织控制和员工满意度的影响（第二部分）。

　　只有尽力理解街头工作的共同特征是否会导致共同的行为结果，才能检验街头官僚途径的效用。本书在探讨这个一般性问题时，参照了如下内容：限量配给服务的街头倾向、控制服务对象和工作情境，以及开发各种心理倾向，以减少公职人员期望与实际服务结果之间的不协调性（第三部分）。最后，本书评估了财政危机对街头官僚的影响，并讨论了改革和重建这些关键公共职能的可能性（第四部分）。

致　谢

1969 年，我为一本研究警察的书写书评，激发了我对街头官僚共同的工作特征的研究兴趣。同年，我写了一篇题为《建立一种街头官僚理论》（Toward a Theory of Street-Level Bureaucracy）的论文（随后得以正式发表），该文记录了我关于街头官僚理论的最初想法和思考，主要探讨了工作结构对于建立公众与公职人员之联系的重要性。

本书呈现了我在上述论文中想要建立的理论。本书重申了此前的部分观点，极大地扩充了此前的论述，并加入了许多全新的思考，比如财政危机对街头官僚机构的影响。

本书得到了罗素·塞奇基金会（Russell Sage Foundation）的大力资助（资金拨付给麻省理工学院-哈佛大学城市研究联合中心），并先后得到了威斯康星大学贫困研究所、华盛顿大学政治科学系和公共事务研究生院的热情帮助。在那段时间里，华盛顿大学的研究生、马萨诸塞大学波士顿分校公共与社区服务学院的学生，以及麻省理工学院的研究生，也对我了解街头官僚机构多有裨益。

许多朋友和同事通过交谈、写作或表达个人兴趣与支持的方式对我的工作给予了帮助。特别感谢 Robert Alford、Gary Bellow、Murray Edelman、Willis Hawley、Ira Katznelson、Jeanne Kettleson、Margaret Levi、Hannah Lipsky、David J. Olson、Jeffrey Pressman、Martin Rein、Charles Sabel 和 Aaron Wildavsky。许多学者对像街头官僚机构一样运作的公共服务进行了有益的探讨，我在本书的注释中记录了他们的贡献。尤其要感谢 Martha Wagner Weinberg，之前她是我的研究助理，勤勉而富有创造力，多年后成为我在麻省理工学院的重要同事。

本书的许多思想火花是我和 Carl Hosticka、Jeffrey Prottas 和 Richard Weatherley 在合作中迸发出来的，他们在罗素·塞奇基金会的资助下成为我的研究助理。我为这种合作感到骄傲，并深深感谢他们对我们的共同事业的洞见与贡献。

本书深受 Suzanne Lipsky 的影响。她对本书做出了许多贡献，其中之一就是，她认识到并分析了人们维系和恢复其人性光辉的潜力，虽然人们也在助长压迫性社会制度或成为其压迫对象。

第一部分

Street-Level Bureaucracy

导　论

第一章

街头官僚的关键角色

当前，公共服务人员在美国社会中占有一个关键性的位置。尽管他们通常被认为是低阶公职人员，但政府"提供"的服务实际上就是由他们的行为构成的。此外，若将他们的个体性决策汇聚在一起或相加，就变成了政府决策。无论政府政策是提供诸如福利或公共住房之类的"物品"，还是为了确认诸如"罪犯"或"精神病病人"之类的某种身份，公职人员的自由裁量行为无外乎政府项目的奖励和惩罚，或决定谁能获得政府提供的权益。

大多数公众不是通过给国会议员写信或参加校务委员会会议的方式来和政府打交道的，而是通过他们自己的老师或孩子的老师，或是通过在街头或巡逻车上的警察。每一次打交道，都是一个政策执行的案例。

本书所说的"街头官僚"（street-level bureaucrats），是指在其工作过程中与公众直接打交道，并在执行公务的过程中拥有实质性裁量权的公职人员。如果某一公共服务机构中街头官僚占有很大比例，那我们就可称之为"街头官僚机构"（street-level bureaucracies）。典型的街头官僚有老师、警察和其他执法人员、社会工作者、法官、公共律师和其他法院工作人员、卫生工作者及其他在政府项目内提供服务的公职人员。从事这些工作的人往往有很多共同之处，因为他们有相似的工作环境。①

街头官僚提供奖励和进行惩罚的方式，建构和设定了公众的生活和机遇。这些方式规定了人们行动的社会（和政治）环境。因此，每当公众的福利增加时，国家的影响力和控制力也会得到相应的扩张。作为公共利益的供给者和公共秩序的维护者，

---

① 这些定义是分析性的。它们不仅关注那种名义上的职务性角色，也关注特定工作情形的特征。因此，并不是每个街头官僚都为某个街头官僚机构工作（例如，作为街头官僚的一种类型，为城市更新机构工作的拆迁专家，多为规划师、建筑工人和其他技术人员）。相反，并不是所有的街头官僚机构的雇员都是街头官僚（例如，福利部门的档案人员或执行常规文书任务的警察就不是街头官僚）。街头官僚机构的概念最初是我在 1969 年为美国政治科学协会年会准备的一篇论文——《建立一种街头官僚理论》——中提出的。该文经修改后收录于 Willis Hawley and Michael Lipsky, eds. , *Theoretical Perspectives on Urban Politics* (Englewood Cliffs, N. J. : Prentice-Hall, 1977), pp. 196 - 213。

街头官僚是政治论争的焦点。他们常常在两种诉求中被撕扯：一边是服务对象对提高服务有效性和回应性的诉求，一边是公民团体对提高政府服务效能和效率的诉求。由于街头官僚的工资在政府的非国防性支出中占有很大比例，因而，对政府预算规模的任何质疑都会迅速转化为对公共服务范畴和内容的关注。公共服务人员的集体力量也在不断地增强和巩固，因而，在涉及公共服务范畴的论争时，他们已经成为一支相当独立的力量，能够应对那些影响他们的身份和地位的争议。

街头官僚在有关公共服务的政治论争中成为主导性话题，有两个一般性原因。第一，关于政府服务的适当范围和焦点的争论，本质上都是围绕公职人员的范围和职能展开的。第二，街头官僚对公众的生活有着相当大的影响。这种影响可以分为几种不同类型。比如他们使公众适应对政府服务的预期，适应其在政治社会中的地位；决定谁获得政府的奖励或惩罚；审查公众在政府服务项目中得到的待遇（服务）。因此，在一定意义上，街头官僚在公民与国家的关系上，充当着隐性调解员的角色。简言之，他们手握打开公民身份某扇大门的钥匙。

关于公共服务范围与本质的冲突

依据经验，我们知道教师、福利工作者和警察分属于组织形态和动机各不相同的公共组织。因此，他们的观点也各不相同。但是，如果我们以他们是否与公众直接打交道、他们在公众生活的重要方面是否拥有自由裁量权为划分标准，我们就会发现，有相当大比例和数量的公职人员都具有这些工作特性。在美国所有从事国内事务的公职人员中，街头官僚占据了相当大的比例。州和地方政府雇用了大约 370 万人从事地方学校工作、50 多万人从事警察事务、30 多万人从事公共福利工作。在地方政府雇员中，公立学校的人员占了半数以上。在全体教职员工中，教师大约占到了 2/3，而在剩余的岗位中，许多人或是转岗行政的前教师，或是社会工作者、心理医生和图书管理员，他们都在学校里提供直接服务。在 320 万名非教育工作类型的地方政府雇员中，约有 14% 是警务工作者。在州和地方政府的非教育领域，每 16 名雇员中就有 1 人从事公共福利工作。① 在所有这些领域，

① U. S. Bureau of the Census, Public Employment in 1973, Series GE 73 No. 1 (Washington, D. C.: Government Printing Office, 1974), p. 9. 见 Alan Baker and Barbara Grouby, "Employment and Payrolls of State and Local Governments, By Function: October 1973," *Municipal Year Book*, 1975 (Washington, D. C.: International City Managers Association, 1975), pp. 109 - 112, table 4/3. 另参见 Marianne Stein Kah, "City Employment and Payrolls: 1975," *Municipal Year Book*, 1977 (Washington, D. C.: International City Managers Association, 1977), pp. 173 - 179. 上述数字已被调整为全职雇员人数。为了评估服务供给的公共承诺，全职雇员是比总就业人口更为合适的统计数据，因为后者包括许多非全职雇员。

大多数工作由负责与公众打交道的人承担。

在地方政府余下的工作人员中，其他类型的街头官僚占了很大的比例。即使美国统计局（U. S. Census Bureau）并未提供与我们的研究目的相匹配的职位分类细目，我们也能推断，在 110 万名卫生工作者[①]、5 000 名公设辩护律师[②]、各类法院系统的雇员和其他公职人员中，许多人甚至绝大多数人都扮演了街头官僚的角色。一些大城市雇用了数量惊人的街头官僚。例如，芝加哥的在校教师有 26 680 人，这个数量比芝加哥许多郊区城镇的人口还要多。[③]

还有一个办法可以用来测量公共部门雇员中街头官僚的重要性，就是看用于支付其工资的公共资金的数额。1973 年，用于公共教育的资金，占所有地方政府工资的一半多。在这笔资金中，近 80％ 是用于支付教师工资的。在地方政府的非教育类公共工资支出中，警察的工资约占 1/6。[④]

在过去的 25 年里，公共雇员数量的增长大多发生在街头官僚层级。从 1955 年到 1975 年，公共雇员数量增加了一倍多，这主要是因为战后的"婴儿潮"和需要照顾的老年人越来越多，增加了各州和地方政府在教育、健康和公共福利方面的活动。[⑤]

街头官僚机构是极度劳动密集型组织。它们的职责就是通过其雇员提供服务，其运营成本也反映了它们对受薪雇员的依赖。因此，政府在教育、治安或其他社会服务上的花费（当然不包括收入维持拨款，或对监狱和看守所犯人的维持拨款），大部分都直接用于支付街头官僚的工资。例如，在大城市，超过 90％ 的警务支出用在工资支付上。[⑥]

---

① Jeffry H. Galper, *The Politics of Social Services*（Englewood Cliffs，N. J.：Prentice-Hall，1975），p. 56.

② Lois Forer, *Death of the Law*（New York：McKay，1975），p. 191.

③ *New York Times*，April 4，1976，p. 22.

④ Baker and Grouby，"Employment and Payrolls of State and Local Governments."

⑤ *New York Times*，July 10，1977，p. F13.

⑥ 据《市政年鉴》调查，在 4 个人口超过 100 万的城市中，警察部门的人员支出占总支出的比例平均为 94％，且没有低于 86％的。人口较少的城市也表现出同样的趋势。以上数据来自 David Lewin，"Expenditure, Compensation, and Employment Data in Police, Fire, and Refuse Collection and Disposal Departments," *Municipal Year Book*，1975，pp. 39-98，table 1/21。这一变化在人口较少的城市显得尤为明显，因为基数更小，且在较小基数的城市进行资本投资时，人员支出占总支出的比例的变动幅度更为突出。街头官僚机构的公共支出以个人工资为主要形式，这在教育行业也得到了证明。例如，在标准大都会统计区（Standard Metropolitan Statistical Areas）的所有非资本性教育支出中，超过 73％用于个人服务（即工资）。参见 Government Finances，Number 1，Finances of School Districts，1972 U. S. Census of Government（Bureau of the Census，Social and Economic Statistics Administration，U. S. Department of Commerce），table 4.

街头官僚的工资构成了公共服务成本的主要部分，不仅如此，街头官僚所从事的公共服务的范围也在不断扩大。慈善曾是私人部门的职责，如今，联邦政府必须回应穷人对收入的需求。过去，私人组织负责提供诸如治安、教育、卫生等服务，如今，公共部门在这些领域承担起责任。此外，在所有这些领域，政府不仅取代了私人组织，也扩展了公共组织的责任范围。这明显地表现在：公众对公共安全与保障的期望不断提高，学校的职责范围扩大到婴幼儿照料和成人终身教育，公众要求获得他们负担得起的医疗卫生服务。[①]

公共安全、公共卫生和公共教育也许仍然是难以企及的社会目标，但在过去的一个世纪里，它们已成为政府应负有积极责任的领域。社会福利领域中这种公共责任的转换，使一些人意识到，在现代美国社会，人们"拥有"的东西，主要来自他们要求政府给予的"慷慨援助"；人们对这种"新财产权"的诉求，应该作为一种公民权利受到保护。[②] 在这些公民权利方面，街头官僚扮演着关键的角色。他们或是通过服务直接提供公共福利，或是在公众与其新的但绝非安全的财产之间充当中介者。

人们越穷，街头官僚对他们的影响就越大。的确，这些公职人员所处的位置，很可能使他们成为贫穷问题的一部分。设想一位住在公屋里的福利受益人，为了让儿子复学而向法律服务律师寻求援助。她的儿子因频繁与警察冲突而被停学。她被困在一张街头官僚的网中，这些街头官僚对她的态度各不相同，但都宣称是为了她的"利益"和"公共利益"而行事。[③]

那些无力在私人部门购买服务的人，如果真的想要获得这类服务，就必须向政府寻求帮助。事实上，如果穷人穷得无力购买服务，就能从政府获得帮助，这可被视为社会进步的一个标志。

因此，当社会改革者寻求改善穷人处境的方案时，他们常常落脚于对街头官

---

① 许多分析家都讨论了服务业在经济中日益增长的作用。参见 Daniel Bell, *The Coming of the Post-Industrial Society*: *A Venture in Social Forecasting* (New York: Basic Books, 1973); Alan Gartner and Frank Reissman, *The Service Society and the Consumer Vanguard* (New York: Harper & Row, 1974); Victor Fuchs, *The Service Economy* (New York: Columbia University Press, 1968). 关于公共福利的转型，参见 Gilbert Steiner, *Social Insecurity* (Chicago: Rand McNally, 1966), chap. 1; 关于公共安全，参见 Allan Silver, "The Demand for Order in Civil Society," in David Bordua, ed., *The Police*: *Six Sociological Essays* (New York: John Wiley, 1967), pp. 1 – 24.

② Charles Reich, "The New Property," *Yale Law Journal*, vol. 72 (April, 1964): 733 – 787.

③ Carl Hosticka, "Legal Services Lawyers Encounter Clients: A Study in Street-Level Bureaucracy" (Ph. D. diss., Massachusetts Institute of Technology, 1976), pp. 11 – 13.

僚地位的讨论。福利改革者倾向于将服务供给与关于支持性支出的决定区分开来，或者主张设计一种负所得税制，以便将社会工作者排除在福利分配之外。对于法院案件的积压问题，人们常常建议增加法官人数来加以解决。早期儿童教育在很大程度上能为其日后的成就打下基础——这一认知导致了在现有机构内外开发新项目（如"赢在起跑线"项目），以提供丰富的早期儿童体验。

在20世纪60年代和70年代初，政府对社会问题的模式化反应，就是委任一群街头官僚来处理这些问题。穷人被剥夺了平等进入法庭的权利？那就为他们提供律师。不能平等地获得医疗卫生服务？那就建立社区诊所。不能获得受教育的机会？那就发展学前教育强化项目。与减少收入不平等相比，通过街头官僚来解决问题要容易得多，破坏性也小得多。

近年来，用于街头官僚的公共支出不断增长，公职人员从中获益颇丰。[1] 他们的工资水平经历了从寒酸到体面再到令人艳羡的发展。同时，以街头官僚为主的公职人员，通过发展工会和准工会组织，确保了对其工作环境的空前控制。[2] 例如，尽管学校时常因增加纳税人的成本而遭到抨击，但教师和其他教职人员总是能够保住其职位，甚至能够增加其人手。尽管学龄儿童的数量在下降[3]，学校教职员工的比例却持续攀升。这种发展趋势可以佐证以下观点：诸如教师和警察这样的街头官僚，是一个健全社会所必需的。[4]

财政危机影响了很多城市，尤其是纽约，最近又影响到克利夫兰和纽瓦克。这一危机也提供了一个机会，让我们能评估公共服务人员在面对巨大压力时保住饭碗的能力。由于太多的市政预算属于刚性的、强制性的支出项目——比如债务支出、养老金计划和其他人事福利、依合约规定的强制性加薪、维护支出保证、能源购买等等——因此，能削减的地方就是那些服务部门，其支出的绝大部分都

---

① 参见皮文（Frances Piven）令人信服的文章，她在文章中提出，社会服务工作者是20世纪60年代关注城市和穷人的联邦项目的主要受益者。Piven, "The Urban Crisis: Who Got What and Why," in Richard Cloward and Frances Piven, *The Politics of Turmoil* (New York: Vintage Books, 1972), pp. 314 – 351.

② J. Joseph Loewenberg and Michael H. Moskow eds., *Collective Bargaining in Government* (Englewood Cliffs, N. J.: Prentice-Hall, 1972). A. Laurence Chickering, ed., *Public Employee Unions* (Lexington, Mass., Lexington Books, 1976); Margaret Levi, *Bureaucratic Insurgency* (Lexington, Mass.: Lexington Books, 1977).

③ 这种下降是出生率较低和学龄人口规模周期性的反映，而这最早可追溯到第二次世界大战后的人口爆炸现象。参见以下著作中关于可服务性比率的部分：Baker and Grouby, *Municipal Year Book*, 1975, pp. 109ff.

④ 这一观点在目前仍然是适用的。然而，作为对这一趋势的回应，旨在消除服务中介和服务供给者的项目——如负收入税和住房补贴——均已获得支持。财政短缺使公众注意到有关其中一些服务领域的边际效用的问题。

是工资支出。虽然许多公职人员在此次危机期间已遭到解雇，但很重要的是，他们经常会进行游说、谈判和劝诱，以便把这种冲击降到最低。[①] 他们的诉求得到了公众的支持，因为公众担心街面警力的减少导致社区不安全，也担忧垃圾车的减少会导致街道肮脏不堪。他们得到了学生家长们的支持，因为家长们担心，如果教师被解雇，他们的孩子获得的专业教育就会不如过去。虽然许多公职人员及其亲属在裁员问题上投了赞成票，但这不会影响他们的论点。[②]

公共服务部门的增长，标志着福利国家在最大限度地扩张。服务部门渗透到人类需求的每个领域，并在每个确定的领域中不断生长。这并不是说人们的需求得到了满足，而是说服务型国家（service state）的兴起突破了公共责任与私人事务之间的屏障。

城市财政危机的焦点主要在公共服务部门，在目前资源短缺的情况下，这从根本上对服务型国家的优先序提出了挑战。在此挑战中，自由主义者已加入财政保守主义者的阵营。当然，他们并不会直接提出批评，比如质疑20世纪发展起来的公共服务和公共责任是否恰当，等等。相反，他们运用迂回战术，认为公职人员的增加及其对收入明显的且不可逆转的需求，威胁着政治秩序的自主性、灵活性和繁荣程度。从公共预算不平衡的角度来看，关于公共服务适当范畴的论争，很有可能在对整个社会服务结构所提出的挑战与质疑中被忽略掉。

与公众打交道时的冲突

前已述及，街头官僚之所以招致争议，是因为要改变政策，就离不开对街头官僚话题的讨论。街头官僚容易成为公共论争焦点的第二个原因，在于他们与公众打交道的即时性及其对公众生活的影响力。街头官僚所执行的政策，大多数是即时性且个人化的。他们通常当场做出决定（尽管有时他们试图避免这样做），并且他们的决定完全落在某个（些）个体身上。与此相反，一项城市更新计划可能会破坏一个社区，代之以新建住房和各类住户，但是，这项计划是有延迟性的，也有不同的阶段，其执行通常也会远离社区居民的日常生活。

---

① 想想纽约市警察的情形，他们在 1976 年 10 月同意无薪加班，以使一群新手巡逻员免遭淘汰，参见 *New York Times*，October 24，1976，p. 24。

② 最能显示有组织的服务人员的力量及其所获得的相关利益群体的支持，莫过于纽约州议会推翻了州长凯里（Hugh Carey）对所谓的斯塔维斯基法案（Stavisky bill）的否决权。这项法案是在对削减纽约市预算予以广泛关注时制定的，它要求该市在财政崩溃后的三年内，在教育方面的支出不少于危机前的三年，从而更多地束缚了该市财政管理者的手脚。参见 *New York Times*，April 4，1976，p. E6；April 18，1976，p. E6。

街头官僚做出的决策，通常是再分配性的和资源配置型的。通过确定福利受益者的资格，他们会增强某些公民对政府物品和服务的权利，相对地以全体纳税人和那些其请求被否决的公民的权益为代价。通过增加或减少低收入人群可获得的福利，街头官僚调节了再分配的程度，而这部分支出则是由较富裕群体来承担的。

从另一种意义上讲，街头官僚在政策执行过程中所做出的决定，影响着公众的生活机会。将某人选定为或视为福利受益人、少年犯还是高成就者，将会影响该人与他人的关系，也会影响该人的自我评价。因此，街头官僚的决定开启（或延续）了一个社会过程，我们可以从中看到许多自我实现的预言的案例。被判定为少年犯的孩子会形成相应的自我认知，并把自己与其他"犯人"归为同类，这就增加了其按照这种早期的定位来行事的可能性。被老师认为在学习上有天赋的孩子，和那些具有同样智力水平但不被老师认可的孩子相比，在学习上的表现会更优秀。[1] 与那些拥有相同的可支配收入但没被纳入福利接受范围的人相比，福利受益人更愿意寻求或接受较差的居住环境。[2]

街头官僚工作环境的一个决定性方面，是他们必须处理服务对象对其决定的个人反应，无论他们将如何处理。我们说人们的自我评价会受到街头官僚行为的影响，也就是说人们会对政策做出反应。这并不限于潜意识的过程。街头官僚机构的服务对象会对真实的或感知到的不公正做出愤怒的反应，想办法讨好街头官僚，并对街头官僚的决定做出感激和欣喜或愠怒和冷淡的反应。电信公司、车辆管理局或其他政府机构的工作人员对公众的诉求或请求背后的个人情况一无所知，因而处理事情时漫不经心、例行公事，这是一回事；公众与某位街头官僚面对面交流时，至少希望能够得到坦诚的、带有同情心的倾听，却遭遇推诿、区别对待和"官僚主义"（贬义），这是完全不同的另一回事。简言之，街头官僚的工作实况，与理想官僚组织中非人情化的超然决策相去甚远。[3] 而在街头官僚机构中，关键性决策的对象——公众——确实会因这些决策而有所改变。

街头官僚也是公民反馈的焦点所在，因为街头官僚的自由裁量权打开了一扇

① 关于这部开创性的著作，参见 Robert Rosenthal and Lenore Jacobson, *Pygmalion in the Classroom* (New York: Hoit, Rinehart and Winston, 1968)。

② Martin Rein, "Welfare and Housing," Joint Center Working Papers Series, no. 4 (Cambridge, Mass. : Joint Center for Urban Studies, Spring, 1971, rev. Feb. 1972)。

③ 关于官僚客观性在应对服务对象方面的重要性，参见 Peter Blau, *Exchange and Power in Social Life* (New York: John Wiley, 1964), p. 66。

可能性之门：他们将站在公众的立场上，友善地对公众做出回应。他们对"公共利益"具有普遍而广泛的义务，这使得人们有理由期待每个官僚在对待服务对象时，都能够采取一种友善的或有益的态度。因此，在一个由庞大的且非人情化的机构掌握着重要奖励、惩罚和机会的世界里，其工作定义的模糊性让人们期待街头官僚能够为其仗义执言。

以上讨论有助于解释围绕街头官僚提供个性化服务而展开的持久性论争。同时，政府服务要通过街头官僚来提供，这一特殊的本质有助于解释为何街头官僚会在当下成为社区冲突的焦点，以及为何他们会在可预见的未来仍然是这种冲突的焦点。自1964年以来，最为激烈的社区冲突一直集中在学校和警察部门，集中在卫生部门和福利机构的回应性上，此种情况绝非偶然。[1] 它们正是公共奖励和惩罚的源头所在。它们就公众奖惩做出个性化决策，因而成为公众抗议的主要目标。正如皮文和克洛尔德（Richard Cloward）所说的那样：

> ……公众总是在某个具体情形中体验剥夺感和压迫感，这种体验不是某个大型的、抽象的过程的最终产物，正是这种具体体验把公众的不满转换成针对特定对象的特定怨恨。……（例如）那些接受救济的公众，体验到的是在破旧的房子里等待着那些具体办事人员的施舍。他们没有体验到美国的社会福利政策……换言之，正是公众的这种日常体验，形塑了他们的不满，确立了他们需求的尺度，指明了他们发泄怨恨的目标。[2]

公众是以个体的身份来体验这些官僚机构的，但在学校、警察局或社区诊所这些地方，关于个体的政策都是以集体的方式来组织的。这些行政安排向公众表明了一种可能性，如果能够控制（至少能够影响）这些组织的结构，就会影响公众个体所获得的服务的品质。因此，要使社区组织的努力获得成功，我们需要两个先决条件：其一，人们期盼和相信参加集体活动能够带来个人福利；其二，有一个明确的、可接近的、可以批评的集体目标。[3]

社区行动聚焦于街头官僚机构，这明显是出于对社区特质的关切。社区中的

---

① 参见 National Advisory Commission on Civil Disorders, Report (New York: Bantam, 1968)；Peter Rossi et al., *Roots of Urban Discontent* (New York: John Wiley, 1974)。

② Frances Fox Piven and Richard Cloward, *Poor People's Movements* (New York: Pantheon, 1977), pp. 20 - 21.

③ Michael Lipsky and Margaret Levi, "Community Organization as a Political Resource," in Harlan Hahn, ed., *People and Places in Urban Society* (Urban Affairs Annual Review, vol. 6) (Beverly Hills, Calif.: Sage Publications, 1972), pp. 175 - 199.

主导性机构有助于形塑社区认同。它们或许会对主导性社区群体（这一直是波士顿地区高中的传统角色）有所回应，或许会对居民们所偏好的社区概念和社区身份认同置之不理，甚至加以反对，比如有些学校会刻意忽视西班牙裔少数族群的传统。无论是源于某种明确而特定的不满，还是对社区机构的普遍的关切，公众抗议街头官僚的行为，可能有如下几个原因：他们对这些机构太过熟悉；这些机构在社区福利方面具有重要作用；他们认为这些机构对公众不够负责。

最后，街头官僚作为行使社会控制功能的政府代表，在调节和管控冲突方面起着重要的作用。公共福利的受益者必须与公职人员有所互动，后者通常会对前者的某些行为有所要求。这些受益者必须对公职人员的这些要求有所预设，从而调整自身行为。此外，他们对其所享受的服务与提供服务的街头官僚，也必须抱有"适当的"态度。在其他一些互动情境中，教师必须传达与贯彻学校的期望，如发展一种对学校教育、自我和效能的适当的态度。警察传达的是对公共行为与权威的预期。社会工作者传达的是关于公共福利和福利受益者身份的预期。

对街头官僚的社会控制功能的评论，需要在讨论公职人员在社会中的地位时予以展开。在减缓经济制度对那些非主要受益者的冲击，以及促使人们接受主流的经济和社会机构的缺陷和不足方面，公共服务部门扮演着关键角色。在处理吸毒者、小偷、抢劫犯和其他因经济状况不佳而违法的人时，警察、法院和监狱明显地扮演着这种角色。在使人们适应经济秩序和为不同社会阶层的人提供可能的机会上，学校也起到了类似的作用。扩大公共救助和就业方面的项目，有利于减缓失业的冲击，缓和公众的不满情绪；当就业机会增加时，这些项目就要酌情缩减。此外，此种公共方案的设计和执行都是为了传达这样一个信息：要尽量避免依赖福利的情况发生，工作报酬再低，也比依赖政府救济好。人们同样可以看到"反贫困战争"中公共政策的双刃剑作用：社会服务和社区行动的公共收益使社区机构获得社会资源；潜在的持不同政见者会就这些利益进行争夺，而普通公民也会对这些利益产生依赖。①

福利国家的扩张，对一些人来说，就是最大限度地为公民提供服务；对另一

① 奥康纳（James O'Connor）对"合法性"的讨论及其关于国家服务部门之作用的一般性看法，参见 O'Connor, *The Fiscal Crisis of the State* (New York: St. Martin's, 1973)。关于特定政策部门的社会控制职能，参见 Samuel Bowles and Herbert Gintis, *Schooling in Capitalist America* (New York: Basic Books, 1976); Frances Fox Piven and Richard Cloward, *Regulating the Poor* (New York: Pantheon, 1971); Galper, The Politics of Social Services; Richard Quinney, *Criminology* (Boston: Little, Brown, 1975); Ira Katznelson, "Urban Counterrevolution," in Robert P. Wolff, ed., *1984 Revisited* (New York: Alfred Knopf, 1973), pp. 139 – 164.

些人来说，则是国家在尽力延伸其社会控制的范围。街头官僚之所以成为论争的焦点，是因为他们恰好扮演了这种服务与控制的双重角色。我们是要为降低行政成本和减少受益人的麻烦，而放宽对公共福利申请的审查，还是应加强对福利申请的审查，以控制福利滥用和防止福利受益人趁机占便宜？福利改革就因陷入此种分歧而夭折。此外，青少年行为矫正和心理健康建设工作，也因陷入如下争议而难以向前推进：是以成本效益和康复为出发点而否定大型管控机构，还是为避免放纵那些尚未矫正好的"离经叛道者"造成庞大的社会成本而保持对他们的严密监督？简言之，街头官僚同样处于论争的中心，因为各持己见的社会大众认为，以维护公共秩序和接受现状为名义的社会控制，才是政府所应促成的社会目标，而各种旨在削弱街头官僚作用的提议（如取消对福利资格的审查、减少假释人员等等），都与这些社会目标相抵触。

公开论争的另一个焦点，则集中于适当的社会控制的种类上。当前对于矫正政策的各种争论，比如自动量刑、对惩罚的"强硬"观点或更具感化倾向的做法等等，反映了狱政管理严厉程度的争议。在教育实践中，公众也是争议不休，一派认为应采用较为宽松的纪律政策和更灵活的教导方式，另一派则认为应采用严苛的惩罚措施和更传统的教导方式。另外一个围绕适当的社会控制争议不休的话题是，是否应将异常行为加以"医学化"，即是否应将医疗方法用于治疗异常行为。如果答案是肯定的，那么在发生破坏性的异常行为时，就应由医生介入治疗，而不是交由严格执行纪律者来处理。

从公众的角度看，街头官僚的角色像政府的职能一样宽泛，公众在日常生活中也密切地接触街头官僚，因为他们需要与一线的教育管理人员、纠纷调解员和卫生服务人员打交道。从整体的角度看，街头官僚占据了公共资源的很大份额，人们希望他们在公共服务供给与合理的公共支出负担之间找到恰当的平衡点。从个体的角度看，街头官僚承载着公众对政府公平的和有效的服务的期望，由于他们身处的位置，他们能清楚地看到有效干预的局限性，看到因海量工作任务而导致的回应性的不足。

第二章

作为政策制定者的街头官僚

街头官僚在两个相互关联的方面进行政策制定。他们在与公众打交道时有着广泛的自由裁量权。当他们行动一致时，其个人行为就会叠加成组织行为。本章旨在说明，街头官僚的角色常常使得其能在与公众打交道时制定政策。随后的章节里，我们将探讨街头官僚层面制定政策的意义。

街头官僚的政策制定者角色以其职位的两个相互关联的方面为基础：相对较高的自由裁量权；源于组织权威的相对自主权。

自由裁量权

与绝大多数组织中的基层员工不同，街头官僚在决定其机构所提供的奖励或惩罚的性质、数量和质量方面，拥有相当大的自由裁量权。[1] 警察决定逮捕谁、释放谁；法官决定谁可以获得缓刑、谁将被加重判罚；教师决定谁将被停学，谁将继续念书，他们还会就谁是可教之才做出微妙的决定。关于街头官僚自由裁量权的最具代表性的例子，也许来自纠治领域。狱警通常会对他们认定是"沉默无礼"的囚犯提出不利的指控。显然，对于出现"摆臭脸"现象的原因的解释，是件相当主观的事。[2]

这并不是说街头官僚不受规则、条例和上级指令的约束，或不受其职业规范和行业惯例的约束。相反，福利水平、资格认定、规则的性质、条例和服务等公共政策的主要维度都是由政策精英和政治与行政官员所决定的。行政人员、职业规范和社群规范也影响街头官僚的政策制定。这些影响因素，不仅构成了街头政策的主要维度，也决定了各地公共计划的标准化程度。

---

① 参见 Chris Argyris, *Integrating the Individual and the Organization* (New York: John Wiley, 1964), pp. 35–41。

② Frank L. Morris, Sr., "The Advantages and Disadvantages of Black Political Group Activity in Two Northern Maximum Security State Prisons" (Ph. D. diss., Massachusetts Institute of Technology, 1976), p. 40.

就街头官僚的专业程度而言，显然他们能够行使相当大的自由裁量权。通常来说，人们期望专业人员能在其专业领域内行使自由裁量权。他们在其专业领域内拥有话语权，也相对不受制于上级的监督或服务对象的审查。[①] 然而，即使是非专业性的公职人员，也能行使相当大的自由裁量权。例如，福利和公共住房机构的公职人员，即便其自由裁量权受到规则和相对严密的监督的约束，在决定服务对象能否获得福利方面，他们仍能行使一定的自由裁量权。

事实上，规则可能会阻碍监督。规则看上去不仅相当庞杂还自相矛盾，因此执行者只能选择性地执行或援用某些规则。在大多数公共福利部门中，条例就像是一本包罗万象的百科全书，与此同时，这些条例还在不断变更中。在这种情形下，除了最基本、最基础的资格性规定外，我们无法指望其他的规定会一成不变。法律和规章对警察的行为准则做出了非常详尽的规定，以至于公众期望他们能选择性地执行法律，因为警察在执勤期间，不可能将他们发现的所有违规行为都予以惩处。[②]（就像医生和神职人员一样，他们被要求随时待命，随时准备投入工作之中，即使是假期也不能例外。）同样，对联邦民权合规官员来说，因其所承担的职责大大超出了其拥有的资源，所以，他们可以自行决定事务的优先序。[③] 规则和责任的激增似乎只是与街头官僚所享有的自由裁量权的大小有关。[④]

虽然街头工作中的自由裁量权无处不在是显而易见的，但要记住一件重要的

---

① 对一些分析者来说，专业的决定性特征，就是能拥有自由裁量权，以便做出处理服务对象有关事务的决定。依此观点，街头官僚无疑是专业人员。参见 Albert Reiss, *The Police and the Public* (New Haven: Yale University Press, 1971), p. 122。

② 对于某些规则，参见 James Q. Wilson, *Varieties of Police Behavior* (Cambridge: Harvard University Press, 1968), p. 31; David Perry, *Police in the Metropolis* (Columbus, Ohio: Charles Merrill, 1975), p. 168。也参见塞克斯 (Gresham Sykes) 对于狱警困境的讨论，这些狱警接到正式的命令，要求他们在发现违法案例时，必须介入干预，参见 Sykes, *The Society of Captives* (Princeton, N. J. : Princeton University Press, 1958)。

③ 例如，卫生、教育和福利部 (1953 年成立，1979 年被拆分为教育部和卫生与公共服务部。——译者) 的民权办公室，有责任去监控以下潜在违规行为：在 16 000 所公立学校校区、2 800 家高等教育机构以及 30 000 家健康与社会服务机构当中，是否出现了任何违反 1964 年《民权法》第六章的种族歧视行为；而在同样的区域内，是否有违反 1973 年所颁布的《职业康复法》第 504 款的歧视残障者的行为；在 1 500 家健康教育机构当中，是否出现违反了《公众健康服务法》第 799A 款的性别歧视行为，以及在护理学校当中，是否出现违反了第 745 款的性别歧视行为；在 16 000 所公立学校当中，是否出现了违反 1972 年颁布的《教育法修正案》第九章的性别歧视行为；联邦承包商是否有违反《行政命令》第 11 246 条的歧视行为，为数众多的承包商在 863 所高等学校的校园之内，以及超过 35 000 个其他地点当中，是否出现了任何的歧视行为。参见 Virginia Balderama, "The Office of Civil Rights as a Street-Level Bureaucracy," unpublished seminar paper, University of Washington, March, 1976。

④ 依据佩里 (David Perry) 与索诺夫 (Paula Sornoff) 的报告，在美国加州地区，社会福利人员与服务对象之间的行为，必须受到相关条例的约束。此外，一般的警察有义务去执行约 30 000 条联邦、州以及地方的法律规定。参见 Perry and Sornoff, "Street Level Administration and the Law: The Problem of Police Community Relations," *Criminal Law Bulletin*, vol. 8, no. 1 (January-February, 1972), p. 46。

事：在公共服务领域，街头官僚与公民打交道的某些时刻，其自由裁量权是相对有限的。比如，被指派执行交通任务或负责枪支申请许可的巡警，可能会与公众打交道，但在执行这些任务时，他们很少行使自由裁量权。自由裁量权是一个相对的概念。由此可见，自由裁量权越大，对自由裁量权的分析就越能帮助我们理解公职人员的行为特性。

如果取消公职人员的自由裁量权，那么，这里讨论的许多问题在理论上将不复存在，因而，人们会纳闷：为什么自由裁量权仍然是街头官僚工作的特征呢？答案在于：街头官僚工作的某些特征，使得我们不容易甚至不可能大幅减少其自由裁量权。这些特征涉及复杂的任务，而就这些复杂的任务来说，无论多么详尽地阐明其规则、指南或指令，都无法穷尽其可能的选择。这可能与下列原因中的至少一个相关。

第一，街头官僚的工作环境往往是相当复杂的，因此难以简化为格式化的做法。比如，警察不可能随身携带一本如何干预公民行为的指南，尤其是当他们面对具有潜在敌意的公民的时候，指南更是难以派上用场。如果此类指南真的被发布的话，那么他们可能不愿意走上街头执法，或者不愿意介入有潜在危险的情境。[1] 同样，当代的教育观点也不支持向老师提供有关教学内容与教学方式的详尽指导，这是因为"因材施教"的教育观念占据了上风。

第二，街头官僚的工作环境常常要求他们对环境中的人为因素做出反应。他们之所以拥有自由裁量权，是因为人们认为，街头官僚的工作需要敏锐的观察和判断，而这种观察和判断不能简化为格式化的做法。统一的判决有助于减少刑事司法系统中的不公平现象，但我们也希望法外开恩，能对个别违法行为特殊处理。[2] 就像我们希望教师能够发现每个儿童的独特潜力。简言之，在某种程度上，社会不仅期望其公共机构保持公正，还希望它们能够对特殊情况保有同情心，并予以灵活处理。[3]

第三，自由裁量权不太可能被取消更多的是因为与公民打交道的基层工作人员的职能，而不是因为工作任务的性质。自由裁量权不仅能增强基层工作人员的

---

① 警察声称，如果公民审查委员会有权惩治他们在忙乱困惑情境之下所做的错误决定，就会降低他们主动介入许多纷争的意愿，而且公民也不一定会感谢他们的介入。

② 关于针对青少年犯实施统一量刑做法的讨论，参见关于青少年司法标准项目的调查报告（*New York Times*，November 30，1975，p. 1）；关于成年违法者，参见 *New York Times*，October 16，1977，p. 1。

③ 参见 James Q. Wilson，"The Bureaucracy Problem，" *The Public Interest*（Winter，1967），pp. 3 - 9。

自尊，也能使服务对象相信，这些工作人员掌握着通往他们福利之门的钥匙。不管是对工作人员还是对服务对象来说，街头官僚根本无法划定国家干预的界限，即使如此，保留街头官僚的自由裁量权，还是有助于增强福利国家的合法性。

此种在同情心与灵活性以及公正与严格的规则适用间寻求恰当平衡的做法，体现了公共服务改革的辩证法。改革者有时想限制工作人员的自由裁量权，有时又想增加其自由裁量权。为了让未经训练的人员能更有效地派遣救护车，卫生规划人员开发了一套有助于识别健康紧急状况的标准化程序，以使紧急情况下的派遣程序更为合理化。① 与此同时，其他卫生规划人员试图用健康方面的专业人员取代那些未经培训的工作人员，以确保能对潜在病人的健康问题有更高的敏感度。② 引入规范化学习材料，是为了让教师从繁重的教学任务中解放出来，能有更多的时间与学生进行密切互动，此外，规范化学习材料也能让全体学生受益，因为它有利于激发学生的学习动力，可以让学生自行调整学习节奏。但是后来人们发现这种创新是有缺陷的，因为它忽视了教师对学生的反馈，鼓励的是一种团队化的学习模式，不利于个性化学习模式的发展。③ 街头官僚的工作任务在很大程度上仍将保持复杂性，而人的干预行为也被认为是有效服务供给的必要条件，因此，自由裁量权仍将是许多公共服务工作的特点。

源于组织权威的相对自主权

绝大多数分析家想当然地认为，基层工作人员的工作或多或少会与人们的期望相一致。组织理论家们认识到，在命令与执行命令之间，总会有某种偏差，但这种偏差通常源于沟通不足或组织成员的目标与组织目标存在分歧（后一种原因并不是十分重要）。无论如何，这类麻烦通常被认为是无足轻重的，因为组织可以解决。

上述看法部分源于这样一种认识：包括公共机构在内的各种组织，其基层员工的行为呈现一种合作关系。大多数员工认同权威的正式结构的合法性，而他们

---

① 参见 Keith Stevenson and Thomas Willemain, "Analyzing the Process of Screening Calls for Emergency Service" (Cambridge, Mass.: Operations Research Center, Massachusetts Institute of Technology, September, 1974), Technical Report TR-08-74。

② 参见 Interviews with Administrative Personnel, Veterans Administration Hospital, Bedford, Mass., August, 1974。

③ 参见 Fred Hechinger, "Where Have All the Innovations Gone?" *New York Times*, November 16, 1975, p. ED30。

在组织中所处的位置，使得他们不宜提出异议。

倘若员工与上级的目标不一致，那又当如何？组织中的低阶公职人员经常不认同上级的观点和偏好，因此在某些方面，不能认为他们是在朝着既定的组织目标努力。比如，当他们不是因对组织目标有认同感而被招聘时、当他们认为"上级"的命令缺乏合法性时或者当他们抱着"上有政策，下有对策"的想法时，他们都不是在为组织目标而奋斗。可以设想：如果下级的利益与上级的利益相冲突，即使是上级的奖惩措施也不足以起主导作用，低阶公职人员就会表现出明显的不服从。①

组织的不同层级本质上是相互冲突而不是相互呼应和支持的，在某些时候，这一看法更为恰当地反映了事实。② 有时以下的做法更为有用，即视下级为具有迥然不同的利益的群体，且他们拥有追求其利益的资源。在此，政策声明与实际的政策执行之间的差异是可以预期的，也是可以预测的。当我们寻求解释这些差异时，不应指望从合规体系的失效或缺陷中找到答案，而应从工作情境的结构中去寻找，因为员工们"对抗性的"利益正是从这种结构中产生的。

在这种组织中，政策的执行可能会符合上级的利益，但这种情况应被理解为是组织中的对立观点相互调适以及共享利益的结果。不过，在这种情况下，要么是不同层级的潜在利益冲突被压制，要么是这种利益冲突对一方或双方都是无关紧要的。这种方法认为，要找出共同的利益是困难的，因此，他们会转而去寻找一套机制，用来协调一些在本质上是对立的、有分歧的利益。③

在组织中，当低阶公职人员拒绝合作时，他们会采用如下一些方式，例如不工作（长期旷工、辞职）、对组织实施侵害（偷窃、欺骗、故意浪费）以及在工作

① 此处所要强调的重点在于结构上的解释，低阶公职人员所拥有的个人目标，也有可能与政策目标不一致。参见 Donald Van Meter and Carl Van Horn, "The Policy Implementation Process: A Conceptual Framework," *Administration and Society*, vol. 6, no. 4 (1975), pp. 482-483。

② 这里引用达伦多夫（Dahrendorf）的观察来进行分析，相比于假定社会单位倾向于稳定、整合以及相互依赖，假定在社会单位中普遍存在着冲突，将更有助于了解某些政治事件。达伦多夫认为，冲突关系是无法避免的，这是因为社会单位中普遍存在权威关系，涉及主从关系。然而，虽然就阶层的形成与发展的分析而言，达伦多夫比较偏好压迫的观点，但是，就一般的目标而言，他无法在两个社会动态模型——整合（消除差别待遇）模型和压迫模型之间做出选择，也许强调冲突的模型适用于此处所描述的情境，而系统整合的模型适用于政策分析的其他面向。参见 Ralf Dahrendorf, *Class and Class Conflict in Industrial Society* (Stanford, Calif.: Stanford University Press, 1959), chap. 5。

③ 在这些段落当中发展出来的观点，在以下文章中有更详细的描述："Standing the Study of Public Policy Implementation on Its Head," in W. Dean Burnham and Martha Wagner Weinberg, eds., *American Politics and Public Policy* (Cambridge, Mass.: Massachusetts Institute of Technology Press, 1978), pp. 391-402。

· 17 ·

上表现出消极的态度（疏离、冷漠）等个人策略。[1] 工作人员可以利用集体资源采取非合作性行动，如成立工会，或是在集体谈判协议、公务员制度规定下行使权力。这些不合作的集体策略将会导致工作人员缺乏动力并呈现出最低水准的工作表现。[2]

这些不合作的形式，损害了组织达成目标的能力，而原因则是在于工作人员不愿竭尽全力地为组织工作。如何使员工的个人需求、物质需求或心理需求与组织的需求相吻合，这是管理方面的挑战的核心问题。因此，解决员工缺勤的问题关系到如何在保持生产率的同时提高员工的工作满意度。

然而，在低阶公职人员和组织之间还有另一类冲突，这些冲突不仅源于工作人员的个人需求，还源于他们在组织中的位置。与其他角色一样，人们也会预期街头官僚有相应的利益[3]和行为。街头官僚的利益可能与他们所属机构中其他人的利益明显不同。此外，他们的角色的某些特点使他们有可能表现出这些差异。利益的差异以及出现这些差异的可能性，使得我们可以从冲突的视角来分析街头官僚的结构性地位。[4]

在接下来的简短讨论中，首先要考虑的是街头官僚与高层官员在目标和取向上的冲突的本质。然后分析街头官僚抵抗组织指示的能力。[5]

街头官僚与管理者的差异

一般而言，低阶公职人员与管理者在工作优先序上不同。（较低层级）工作人

---

[1] Argyris, *Integrating the Individual and the Organization*, pp. 59 - 67.

[2] 对于公职人员缺乏动力的问题，参见 Eric Nordlinger, *Decentralizing the City* (Cambridge, Mass.: Massachusetts Institute of Technology Press, 1972), chap. 3；E. S. Savas and Sigmund Ginsburg, "The Civil Service—A Meritless System?" *The Public Interest*, no. 32 (Summer, 1973), pp. 70 - 85。

如何维持工作人员在机构当中的参与度问题，是组织理论的经典议题，如需了解较早时期的重要分析，参见 James March and Herbert Simon, *Organizations* (New York: John Wiley, 1958)。

[3] 参见 Dahrendorf, *Class and Class Conflict in Industrial Society*, p. 178。

[4] 范米特（Van Meter）和范霍恩（Van Horn）指出，对于成功地执行政策来说，"政策执行者的处置权"是非常关键的。下列的讨论详细说明了两种情况，而他们宣称，在这两种情况下，政策执行者将会抗拒执行政策：当所要执行的政策与他们对于自我利益的感知冲突时，以及当政策威胁到组织特权和他们渴望维持的程序时。参见 Van Meter and Van Horn, "The Policy Implementation Process: A Conceptual Framework," pp. 482 - 483。

[5] 此种讨论在某种程度上必然是概要式的讨论。举例来说，如果将街头官僚机构视为低阶公职人员及管理者形成的组织，就未免有些简化了。在这些讨论当中，"管理者"这个词语是指直接面对街头官僚、对其具有直接管辖权的人（例如，公共福利机构的一名主管、负责某个辖区的一名警察，或是未细分部门的公立学校的一名校长）。"目标"是指这名主管负责完成的工作任务。我们有必要以上述方式来进行说明，是因为在一个复杂的官僚组织当中，任何一名主管本身都是一名更上层主管的下属。组织与层级最低的员工之间所存在的目标差距，在经过某些调整与修正之后，也可以应用于层级最低的主管与其上级之间的关系。

员的兴趣在于，如何将工作所造成的危险和不适感降到最低，以及如何使收入和个人满意度最大化。然而，对于大部分管理者而言，只有在低阶公职人员的优先序与生产力和效率相关时，他们才会对此产生兴趣。在街头官僚机构中，低阶公职人员与管理者之间不是并无二致，而是存在天壤之别。有人以前提过，工作人员的服从程度会受到他们所认为的管理者命令的合法性程度的影响。街头官僚可能认为管理者发布指令的权力是合法的，但他们可能认为管理者提出的政策目标是不合法的。那些被要求参加补偿性教育计划但并不认同这项计划的教师，或是那些不再能逮捕酒后闹事者的警察，可能会以各种方式抵抗这些政策目标。

街头官僚的利益与管理者的利益产生分歧的原因之一，就是街头官僚需要迅速处理数量庞大的工作，同时希望自己能免受真正的威胁和心理威胁。事实上，街头官僚必须在工作量庞大但资源不足的情况下行使自由裁量权。这意味着他们必须走捷径和简化程序以应对他们所肩负的责任与压力。但是街头官僚所摸索出的应对机制（请参阅第三部分）通常不被其所在机构的管理者认可。

管理者所感兴趣的，是能达成与机构目标一致的结果。但是街头官僚所感兴趣的，是他们在处理工作时所使用的方式能与他们自己的偏好一致，以及那些能够得到严厉惩罚支持的机构政策。这样的惩罚需要被约束。如果每一件事情都要得到优先权，那就不存在有优先权的事情。工作处理程序是非正式机构的结构中的一部分，尽管这种程序可能与机构政策相左，但它对于机构的维持却是必要的。①

这是一种相当矛盾的情况。低阶公职人员摸索出的应对机制，虽然与机构政策要求相左，但实际上，这些机制对于机构存在又是不可或缺的。例如，残暴行为与警察政策是相悖的，但对监督管理者而言，在某种程度上对警察的暴行视而不见是必要的，因为这样才能够说服警察们冒着被攻击的危险去执行任务。街头官僚角色有一个利益诉求，即确保完成工作。但管理者却完全是结果导向的，他们所在意的是工作表现、确保工作表现所需的成本、处理工作时可能让他们遭受严格审查的环节。

街头官僚角色的另一个利益需求是，他们希望维持和扩大他们的自由裁量权。管理者试图限制工作人员的自由裁量权，以确保能够获得某些结果。但是街头官僚常常认为管理者的这种行为是不合法的，而且在某种程度上，街头官僚成功地

---

① Argyris, *Integrating the Individual and the Organization*, p. 36.

反抗了管理者。的确，在一定程度上，街头官僚（包括警察、教师、社会工作者、护士、医生、律师）期望自己能够做出重要的自由裁量决定，而许多管理者致力于制定服务规范，这些行为被街头官僚等认为是不合法的。在某种程度上，这种情况的例子很多。在此种情况下，低阶公职人员会产生不服从行为，但这并不意味着限制街头官僚的行为是不合法的。街头官僚有一些职业地位的要求，但他们也有官僚地位的要求，即需要遵守上级的指示。但是，这的确也意味着，街头官僚将他们的利益与管理者的利益区分开来，同时他们也将会致力于捍卫自己的利益。①

街头官僚显著地培养出行使自由裁量权并牢牢守住他们过去一直享有的自由裁量权的能力。因为对于街头官僚而言，维系、强化自由裁量权是非常重要的。因此，我们对此做一些详细的说明是有一定用处的。

近期，下级法院的法官一直鼓励发展出大量可以用来替代监禁的方法。这从本质上来讲使法院转向社会工作转介服务。在马萨诸塞州和其他地方，下级法院的法官可以将被判有罪的人转介到许多社会改造计划中。如果这些被判有罪的人能够成功完成这些计划，他们的刑期将得到免除。这些社会改造计划包括向初犯提供咨询、工作培训和安置帮助，还包括为酗酒者、危险驾驶者、吸毒者提供适当咨询。此外，法官也可以将违法者指派到精神科医生、社会工作人员、缓刑监督官以及其他人员那里去接受他们的帮助，这也是替代监禁的一种方案。人道主义者和许多法官认为，相比于产生威慑作用，监狱将会制造更多违法可能，因为送到监狱的违法者将会接触到更多经验老到的恶棍。实用主义者则认为，对于有前科的罪犯来说，法院已经变成反复出现的旋转门一样的存在，没有威慑作用。

对于法院观察者而言，这些社会改造计划明显减轻了法官的负担。现在，法官能够做出看似具有建设性的决定，而不是只在将人送进监狱或者释放未受惩罚的犯罪嫌疑人这两种不具吸引力的替代方案之间选择。波士顿地区实施的审前转移计划，间接证明了社会改造计划能够满足关键机构的需求。但这些社会改造计划却被法官过度使用，使其难以发挥效用。有时候法官甚至忽略了极为重要的初步访谈，或者相对严格的资格要求，没有考虑到使这些社会改造计划的效果最大化。行政官员依赖法官来执行转介工作和延续计划，因此当法官转介太多服务对

---

① 如需更多相关信息，可见以下对于街头官僚的影响力来源的论述：Jeffrey Prottas, *People-Processing: The Street-Level Bureaucrat in Public Service Bureaucracies* (Lexington, Mass.: Lexington Books, 1979)。

象或者不合适的人给他们时，他们也很难拒绝。①

退伍军人管理局（VA）医院系统是一个很好的官僚机构，因为它在一个受严格监管的组织中，雇用了医生这种卓越的专业人士。这个国家（美国）提供社会化医院系统给贫困的退伍老兵，这个系统演化出一系列极度复杂的规则。这是因为国会对这个系统的关注，他们向退伍军人提供住院服务，保持严格的成本核算，不与私人医疗机构去竞争（尤其是在过去）。过去，退伍军人管理局医院系统的目的是提供住院服务，而将诊疗咨询业务留给私人医院的医生。因此退伍军人管理局医院被禁止以门诊的方式来治疗病人（退伍军人管理局医院不接受诊断咨询业务）。然而这与医生的职责是相抵触的，因为医生的职责就是针对病人的状况，采取合适的治疗措施。需要治疗但不需住院的病人很多，在这种情况下，给这些人提供住院服务，相当于挤掉其他人入院的机会。

然而，这项局限于住院退伍军人服务的规定，有一个例外。如果退伍军人属于"入院前照顾"（PBC）类别，即他们在预期入院接受治疗之前，就需要得到健康照顾（例如，手术前的血液检测），那么这些退伍军人可以得到例外的治疗。虽然现在 PBC 有多种限制和要求，但它只让那些有明确入院时间的病人得到这种服务。从传统上来看，在这些 PBC 名单中，实际上有入院资格的病人比例很低。由于无法依据自己对病人情况所做出的判断采取最优的方法去治疗病人，许多医生对于这样的限制感到愤怒。然而，他们只能假定这些病人需要入院，并以门诊的方式为病人提供治疗。当退伍军人管理局引进一项门诊保健（AHC）政策，并首度允许治疗门诊病人时，这种假定得到了支持。当 AHC 人数稳定上升时，PBC 的人数急剧减少。在某一所医院里，AHC 在此计划推行的前 5 个月里接收了 148 名病人，而在这段时间里，PBC 的人数从 122 名下降到 73 名。51 名病人直接转移到 AHC 计划中。② 回顾过去，尽管机构努力限制医生的自由裁量权，但医生似乎能够利用当时的官僚结构，将他们关于合适的治疗方式的观点强加于机构。

街头官僚也会利用现有的条例和行政规定，来规避限制其自由裁量权的改革。1968 年 12 月，为了应对来自住房和城市发展部（Department of Housing and Urban Development）的压力，波士顿住房管理局（BHA）通过了新的租户选择指导意见，旨在确保住宅计划中的种族融合。该计划利用了所谓的"1-2-3 规则"。

---

① 本段是根据个人的观察、与法庭人员的对话、与波士顿法庭资源计划的基层公职人员长期进行的讨论所写成的。

② 参见 Jeffrey Prottas，*People-Processing*，chapter 3。

为了削减工作人员的自由裁量权，1－2－3规则规定，只能向有资格的住户提供空缺率最高的三个住房计划中的住所。如果申请人拒绝接受管理机构提供的住所，那么此申请人的申请表就会被移到等待名单的最后一位。

但是，BHA的融合计划并没有取得成功。许多住房管理局的工作人员反对将人们分配到他们不愿居住的地方。这些工作人员特别关注传统上受青睐的服务对象群体：老年人、居住在"更好的"的BHA项目中的贫穷白人。改革无法成功的一个原因是，住房管理局工作人员的工作非常繁重，以至于他们无法实施适当的行政控制，因此对申请表的处理变得一团糟，那些打算偏袒某些合格申请者的工作人员便有机可乘。如果住房管理局的官员愿意的话，他们可以利用1－2－3规则的例外条款，以极度自由的方式来解释住房安排的弹性规则。这些官员自愿给符合他们偏好的合格申请者提供咨询，告诉他们如何将他们的申请表列入紧急事项或是具有高优先性的类别。与此同时，他们按惯例处理其他人的申请资料。申请表在处理过程中，经常会遗失或是被错放，因此，住房管理局的工作人员可以找到他们青睐的申请人的档案资料，并对其加以处理，而其他申请人的档案资料仍然无法得到受理。同时，公共住房管理局的管理者的行为也促成了机构这种偏心的做法，他们未能及时向中央办公室报告空房的出现，也没有在有空房时通知合格申请者。尽管在当时有其他更好的住房，他们也只提供没有吸引力或不安全的住房。因此，在工作压力和工作人员希望继续为特定对象服务的双重影响下，尽管出台了用来消除自由裁量权的新规，但自由裁量权仍保留下来。[1]

纽约市官员为减少福利受益者而准备了一份战略报告，从这份报告中，我们可以窥见街头官僚试图通过操纵法律漏洞来阻挠改革。它表明管理者意识到缺少工作人员合作的机构改革是具有局限性的。这份报告认为，机构无法大幅度缩短服务对象信息被接收的时间，部分原因在于"福利机构工作人员走出办公中心，到人们的家里，或在大街上，收取他们的申请表，而（在现行的联邦法规里）人们可以在机构的办公室内、在自己家里，或者在任何合适的场所通过电话、邮件提出申请"[2]。

街头官僚本能地想要保留自由裁量权的一个具有戏剧性的例子，就是纽约州

---

[1] 参见 Jon Pynoos, "Breaking the Rules: The Failure to Select and Assign Public Housing Tenants Equitably" (Ph. D. diss., Harvard University, 1974)。

[2] 参见 "Budget Bureau Recommendations for Saving in the Welfare Budget," March 24, 1969, p. Ⅳ－6 (作者本人所留存的档案)。

民众对某项法令的反应。该项法令由当时的州长洛克菲勒（Nelson Rockefeller）发起，该法令对毒品贩卖者施加强制性的、严厉的监禁刑罚，而对那些携带少量毒品的人给予相对较轻的处罚。可以预料的是，一些被逮捕的人并不是法律旨在阻止的贪婪的毒品贩卖者。例如，对美沙酮上瘾的吸毒者偶尔会出卖一定剂量毒品。这一法令使得法官们陷入了一个两难的境地，他们认为对于这项罪行而言，强制性的最低刑期（美沙酮兜售者的刑期是终身监禁）太严厉了。在这些案件中，纽约地区的检察官库（Richard Kuh）开始尝试不一样的做法：他在起诉这些所谓的毒贩时，并不是以贩毒的名义，而是根据他所认为的罪行严重程度来找到相符的罪名。以这种方式，地方检察官通过提供一个公正的法院制度所需的自由裁量行为，来应对这种旨在消除自由裁量权的立法。①

　　街头官僚和管理者的利益存在着持续性差异，而引起此种差异的另一个原因是，街头官僚必须不断地和服务对象互动，而且这种互动有着程度各异的复杂性。现代官僚机构通过做出对公平和平等标准的承诺（通常是口头上的）这一方式获得合法性。但是街头官僚经常面临这种问题，即当他们处理相似的服务对象的事务时，采取了明显不平等的处理方式（他们也意识到，这种不平等的处理方式是一种明显不公平的情况）。官僚机构所关注的个人特征（年龄、性别、居住地、收入水平等）不能完全体现个人的差异性，因此，有时候这件事本身就不大公平。公共住房管理人员认为，人们对于公共住宅的需求程度并不仅限于申请资格规定的类别。教师也认为，虽然所有孩子都应该得到他们的关注，但有些孩子比其他孩子需要更多的关注。

　　公平的标准不足以决定（街头官僚对服务对象）关注的程度，而且街头官僚也像其他所有人一样，对某人是否值得关注持有自己的看法。相比于其他有资格的人，公共住房管理者可能更同情长者。住房督察员可能同情房东的困境，尽管在该机构的正式结构中并不鼓励这种偏心。②

　　在某些情况下，依据个人特征而采用相应的服务标准可能是合适的。街头官僚享有相当大的自由裁量权，有一部分原因是社会不希望以牺牲对个别情况的回

---

　　①　根据库的说法，他是根据法律当中的一般性条款来起诉罪犯的，这个条款允许检察官使用自由裁量权，以确保能够以合乎人道以及合理的方式处置罪犯。参见 New York Times，June 19，1974，p. 1。在这一天，有 87 位美沙酮"贩卖者"因为他的决定而被以较轻罪名起诉。

　　②　参见 Pietro Nivola，"Municipal Agency：A Study of the Housing Inspectional Service in Boston"（Ph. D. diss.，Harvard University，1976，chap. 7）。

应为代价，来接受计算机化的公共服务、严格资格标准的限制。纽约地方检察官因其规避强制性判刑要求而受到赞誉。而当退伍军人管理局医院的医生为不需要住院的病人分配入院前照顾身份时，他们可以说是为了病人，对抗了医疗实践上的限制。显然，自由裁量权给街头官僚提供了代表服务对象介入事务以及区别对待服务对象的机会。然而，即使在最好的情况下，官僚机构在提供个性化服务方面仍然非常矛盾。在最坏的情况下，这是管理者和工作人员在目标上存在持续性冲突的根源。

抵抗的资源

通常，低阶公职人员总是拥有极少的资源，但他们可以利用这些资源来抵制管理者的目标，或者是成功地使管理者不得不利用少量的奖励来换取他们的服从。不考虑别的，招募或者训练一位工作人员的成本可以说是相当高的，因此工作人员总是能够利用某种程度的不顺从行为来威胁他们的上级。如果不存在上述情况，那么在管理方面就不会有任何问题。

当前，公共服务人员享受着集体资源带来的好处，这也大大巩固了他们的地位。公务员制度大幅降低了管理者操纵奖惩以诱使街头官僚提高绩效的能力。公务员制度中关于晋升的规定最初是为了消除晋升方面的偏见，然而这些规定似乎与它们所声称要测量的技能无关，也因此消除了对优秀表现的激励。根据公务员制度的规定，对工作人员进行解雇或降级的成本往往很高，以至于管理者通常宁愿留用工作人员，也不愿忍受一段漫长的仲裁期。因为在此期间，这个有争议的岗位是空缺的，或者更糟的是，仍由被指控不称职的人担负其职责。这种做法导致了公共服务绩效水平一般。在某些情况下，公职人员所组成的工会在集体协商过程中，会加入额外的保障措施来回击管理者反复无常的决策。

然而，这并不意味着管理者对工作人员没有控制权。虽然正式制裁对管理者来说要付出高昂的代价，但试图免受制裁的工作人员也要付出高昂的代价。管理者还可使用他们所掌握的自由裁量权，例如关于升迁或调动，以及轮班和工作分配的建议来掌控工作人员。他们还可以促进或阻碍单个工作人员的努力，如决定放某人一天假、要求某人加快处理工作的速度、让一份工作变得令人向往或令人恐惧。

在某些情况下，低阶公职人员会因为处在组织中的关键职位而获得额外的资源。社会学家梅凯尼克（David Mechanic）曾指出，在适当的条件下，有几个因素会影响低阶公职人员的权力。这些因素包括素质和特征，如专业技能、对某件事情的兴趣和付出努力的意愿、个人魅力等。这些影响因素也包括结构方面的考虑，如其在组织内所处的位置，这一位置会影响他们对信息的掌握程度，以及对于组织工具的掌控能力。① 这些资源增强了低阶公职人员的权力，甚至使得较高层级的工作人员变得更加依赖他们。② 因为个人特征的有效性在很大程度上取决于工作人员在组织中所处的位置，所以情境特征是最让我们感兴趣的。

街头官僚掌握一定的专业知识，而且他们在某些政策领域内，确实也会受到尊重。（他们或多或少会表现出个人特质来增强自己的影响力。）但真正影响管理者对其下属依赖程度的，是街头官僚所掌握的自由裁量权，以及他们作为实际政策制定者的地位。街头官僚所行使的自由裁量权需由上级批准，这意味着为了展示他们的能力和实力，管理者需要高度依赖下属，而又无法广泛地干预街头官僚的工作。

工作人员可以采取措施对付那些对他们态度不好的监管者，如拒绝执行某些类型的工作、仅做很少的工作、僵化地执行工作以败坏管理者的名声。例如，警察会拒绝接受他们不喜欢的指挥官做出的逮捕某人的命令，也会拒绝走部门规章的捷径以早日达到目标，或者故意严格而全面地执行交通或停车法规，以激怒公众，来使上级难堪。③ 对于那些本应由监管者负责的决策，低阶公职人员也可能会拒绝代为决策，从而使得主管者付出某种代价。医生以非正式的方式将药物剂量决定权授予病房照顾者④，或者法官以非正式的方式将判刑权力交给缓刑监督官。这些行为都是把权力交给体系内的下级工作人员，从而使管理者自己的工作能进行得更为顺畅。

我所描述的街头官僚与管理者之间的关系具有两个主要特征。第一，这种关系在很大程度上被认为是存在内在冲突的。街头官僚的角色目标是处理服务对象问题，而其角色定位是尽量扩大自主权。在这种情境下，管理者的角色目标是做好工作人员的管理，以增加工作单位的整体成就，而其角色定位则是尽可能减少工作人员的自主权。第二，这种关系是相互依赖的。因此，如果管理者对工作人

---

① David Mechanic, "Sources of Power of Lower Participants in Complex Organizations," *Administrative Science Quarterly*, vol. 7, no. 2 (December, 1962), pp. 349 - 364.

② Ibid. , p. 352.

③ 参见 Jonathan Rubinstein, *City Police* (New York: Farrar, Strauss, Giroux, 1973), chap. 2。

④ 参见 Thomas Scheff, "Control over Policy by Attendants in a Mental Hospital," *Journal of Health and Human Behavior*, vol. 2 (1961), p. 97, cited in Mechanic, "Sources of Power," p. 363。

员的工作表现感到满意，他们会试着去尊重工作人员的偏好。在某种意义上，所有工作关系都存在着一种互惠的关系。然而，相比于其他工作情境，在街头官僚这一情境中，低阶公职人员通常拥有更多的资源。因此，产生互惠关系的可能性就更大了。

这里所描绘的街头官僚机构的工作人员和管理者的图像，相比于通常分析政策制定和执行问题时所描述的图像，有着相当大的差异性。遵从机构的目标可能仍然是管理问题，但是街头官僚拥有使用他们自己的资源来抗衡组织的能力，因而这个问题变得更复杂了。一般而言，这些资源中的一些资源对于公共服务人员来说是很普遍的，而一些资源则内含于他们享有广泛自由裁量权的政策执行者的身份中。

当政策传递者与管理者之间的关系是既冲突又互惠时，政策执行分析必须质疑这样的假设，即权威的影响力是从高层流向低层，以及实现机构目标是因为内存于其中的共同利益。在对这种情况进行分析时，我们需要首先了解工作情境，以及政策执行者的优先序，也要通过再度结合传统奖惩和动机的方式，去了解这些工作所面临的限制因素。

第二部分

Street-Level Bureaucracy

工作情境

引 言

街头官僚机构一直因无法提供及时和适当的服务而受到批评。向与人打交道的官僚机构寻求服务的经历，被许多人诟病为非人性化的，除了那些在该标签下工作的人外，其他人提到"人性化服务"（human service）一词时，经常是带有讽刺意味的。①

僵化且反应迟钝的行为模式持久存在，源于街头官僚在特定的工作环境中享有重大的自由裁量权。像其他政策制定者一样，工作的环境决定了他们感知问题和制定解决方案的方式。街头官僚的工作环境由一些共同条件构成，这些条件产生了共同的实践模式，并影响着这些模式的方向。从根本上说，正是街头工作的共同情境背景，允许我们对这些关键的一般政治和社会角色及其产生的运作政策加以概括。②

根据定义，街头官僚的工作特征是：具有相对较高的自由裁量权，以及经常与公众打交道。通常，他们在工作中还会遇到以下情况：

1. 相对于要求执行的任务而言，资源长期不足。

2. 对服务的需求日趋增加，以适应供给的增加。

3. 他们对其所在机构的目标期望往往是模棱两可、含糊不清或相互冲突的。

4. 以目标实现为导向的绩效是不可评估的，即使可评估，通常也是非常困难的。

5. 服务对象通常是非自愿的；部分原因是，大多数服务对象不是主要的官僚参照群体。③

---

① 有关从服务对象角度对街头官僚机构的生动描述，参见 Paul Jacobs, *Prelude to Riot* (New York：Vintage，1968)；Joseph Lyford, *The Airtight Cage* (New York：Harper & Row, 1966)。

② 最近两项关于政策制定的研究侧重于决策背景的重要性，特别是缺乏资源和不确定性。它们是：Martha Wagner Weinberg, *Managing the State* (Cambridge, Mass.：Massachusetts Institute of Technology Press，1977)；Douglas Yates, *The Ungovernable City* (Cambridge, Mass.：Massachusetts Institute of Technology Press，1977)。

③ 在本次讨论中，"服务对象"一词用于指与街头官僚互动的主体。与常见用法相比，这会产生一些问题。例如，"服务对象"一词通常用于指代街头官僚为其服务的人。在这个意义上，警察的服务对象是受保护的人（或一般公众），而不是互动的主体，如盗贼和抢劫犯。此外，服务主体也有通用词，使"服务对象"看起来很尴尬（例如，医生的病人、教师的学生）。然而，考虑到所有的困难，提及"服务对象"而不是"主体"看起来似乎不那么迂腐，并且能更真实地指出本研究的综合目标。我相信读者会在这一点上赞同我。

关于描述低级别组织参与的各种术语的含义的讨论，参见 Amitai Etzioni, *A Comparative Analysis of Complex Organizations* (New York：The Free Press，1961), pp. 17 - 21。

除了最后一项可能是个例外，某种程度上，上述特征都是依据街头官僚的定义得出的。然而，这些特征值得详细阐述，因为它们引发我们感兴趣的各种行为。

请注意，这些工作条件并不是普遍存在的。例如，可能的情况是，在一个拥有稳定的、同质性高的白人人口的小城市，其福利部门足够大，能够为受助人提供相对全面的社会服务，并从该市相对同质的政治文化中获得相对明确的工作目标。就业和家庭模式可能就是这样，它们在福利角色上没有太大的变动。在这种情况下，与在一个大型的、更具异质性的中心城市里的社会工作者相比，人们可能期待该部门的社会工作者的行为截然不同。

这里给出的分析，取决于上述工作条件的存在。如果由于某种原因，这些特征不存在了，那么分析可能就不太适当，但理解这种情况何以会出现是有启发性的。如果法律服务办公室鼓励其工作人员一次只处理4～5个案件，以便最大限度地提高每个案件的准备工作的质量，那么这些工作人员的行为，就会与其在一家要求更高的办公室工作时表现出的行为有所不同。

第二部分详细讨论了这些工作条件，并分析了它们对提供自由裁量式社会服务问题的影响。第三部分以此为基础，探讨了街头官僚为应对其工作中固有的困难和模糊性而发展出的机制。

第三章

资源问题

官僚一般是在有限的时间和信息下做出决策的。决策者通常会受到以下因素的限制：获取与其资源相关的信息的成本、吸收信息的能力、信息的无效性。[①] 然而，由于主体（人）的复杂性，以及做决定的频率或速率不同，街头官僚的工作通常来说具有相对较高的不确定性。对于街头官僚而言，可靠的信息是昂贵且难以获得的，而且高负荷的业务、偶发性的事件以及不断推进的决策迫使他们采取行动时，甚至无法考虑寻求更多信息投入是否更有利。相比之下，其他官僚至少有时还能够计算一下，是否应该进一步努力以获得信息的边际增长。实际上，一些组织可能根本不存在资源短缺的困扰。[②]

资源不足不仅是一个理论上的问题，也是一个非常现实的问题。这是因为，公众认为资源是可操纵的，因而会受到计划中的变化的影响。但是，正如我们将要看到的，情况并非如此。

街头官僚机构会采用多种形式，提供相比实际需要更少的资源来给工作人员。其中两个最重要的形式是：员工与服务对象的比例；案件与时间的比例。

相对于街头官僚的职责而言，他们的案件负担量是非常大的。比起案件的数量，案件处理的实际情况更为重要，因为员工通常无法在这样的案件负载量下，很好地履行其被委托的职责。公设辩护律师有时会在还没访谈他们的服务对象，或者仅是短暂地与他们进行交流的情况下，就上庭为他们辩护。法律服务律师可能需要负责80~100名服务对象的案件，但他们通常只能积极处理其中的十多个案

---

① Anthony Downs, *Inside Bureaucracy* (Boston: Little, Brown, 1967), p. 3.

② Sheldon Messinger, "Organizational Transformation: A Case Study of a Declining Social Movement," *American Sociological Review*, vol. 20, no. 2 (1955), pp. 3 – 10.

件。① 社会工作者无法达到福利工作中所规定的到服务对象家中拜访的要求，而且文书工作繁重，以至于他们每天都要处理这些积压的工作。②

下级法院法官通常被案件所淹没，这导致被告人开庭的时间往往会被推迟几个月。法官必须想办法在公平和平等的限制范围内适应加速审判的压力。③ 尽管司法标准大致相同，但审理轻罪的下级法院的案件数量可能比重罪法院多得多。

对于教师来说，过度拥挤的教室（供给不足）意味着他们无法提供良好教学所需的个人化关注。学生教师比过高也意味着教师必须花更多的精力维持秩序，对学习活动的关注将相应地减少。

对于警察来说，明显的资源限制是时间——收集信息的时间、采取行动的时间。一名警察在酒吧制止一场斗殴，因为没有时间确定谁是挑起方，因此必须对双方都进行逮捕。④ 射击无辜者的警察，似乎没有时间去进行最低限度的确定，因为他们害怕平民获得武器的后果。在有生命危险的情况下迅速做出决定，是警察在工作实践中持职业保守主义的重要根据。警察改革者无法充分处理警察的内心诉求，即他们需要最大限度的自由裁量权来保护自己，即使他们的快速反应可能会引起寻求自我保护的行为。而公民则因为警察对某种情况的明显过度反应感到愤怒。

显然，负荷过高会影响决策所花的时间。一名听取重罪和轻罪的法院观察员发现，72%的案件是在一分钟或更短的时间内处理完的。⑤ 即使没有生命威胁，街头官僚也必须快速地做出决策，因为他们在服务对象面前的犹豫不决将会被理解为无能或缺乏权威，并对随后与服务对象之间的互动产生影响。

---

① Carl Hosticka, "Legal Services Lawyers Encounter Clients: A Study in Street-Level Bureaucracy," Unpublished (Ph.D. diss., Massachusetts Institute of Technology, 1976).

② Don Zimmerman, "The Practical Basis of Work Activities in a Public Assistance Organization," in Donald Hansen, ed., *Explorations in Sociology and Counseling* (New York: Houghton Mifflin, 1969), pp. 245 – 249, cited in Jeffrey Prottas, *People-Processing: The Street-Level Bureaucrat in Public Service Bureaucracies* (Lexington, Mass.: Lexington Books, 1979), p. 17.

③ 在选定的城市中，每位法官每年的典型案件量是：明尼阿波利斯地区法院（Minneapolis District Court），700 件；匹兹堡普通法院（Pittsburgh Common Pleas Court），1 263 件；芝加哥预审法院（Chicago Preliminary Hearing Court），2 666～7 000 件。参见 Martin Levin, "Delay in Five Criminal Courts," *Journal of Legal Studies*, vol. 4, no. 1 (January, 1975), table Ⅰ, p. 88. 注意，这些数字适用于重罪案件。

④ 参见 John H. McNamara, "Uncertainties in Police Work: The Relevance of Police Recruits' Backgrounds and Training," in David Bordua, *The Police: Six Sociological Essays* (New York: John Wiley, 1967), pp. 168 – 177.

⑤ Maureen Mileski, "Courtroom Encounters: An Observation Study of a Lower Criminal Court," *Law and Society Review*, vol. 5, no. 5 (May, 1971), p. 479.

还有其他的组织因素会影响街头官僚的工作。过度强调杂务，例如填写表格或制订课程计划，会影响服务对象可用的时间。一个社会工作者花费他 60% 的时间做文书工作，那么他与服务对象互动的时间将会相应地减少。[①] 支持服务（秘书、文员、调查员、接待员）会影响街头官僚为服务对象服务的时间的多少。然而，努力将街头官僚从日常事务中解放出来，以使他们可以参与工作中更重要的方面，并不一定能减少他们与工作相关的压力，或提高员工与服务对象之间的互动质量。[②] 下一节将详细阐述其中的原因。

街头官僚在开展工作时也可能缺乏个人资源。他们可能缺少工作培训或缺乏工作经验。例如，新手警察必须经过长时间的非正式学徒训练，才能得到更有经验的警察的充分接受和信任。[③] 刚进入法律服务领域的法学院毕业生，通常没有接受过与服务对象如何互动的训练，也不清楚服务对象可能会遇到哪些法律程序方面的问题。

街头官僚经常在个人资源不足的情况下开展工作，即使这种不足的原因部分在于工作的性质，而不是个人的失败。考虑到目标的模糊性和特定社会服务所需的技术，有些工作无法正常完成。确定工作是否"适当"，受到不确定性和与他人隐性谈判的影响。例如，虽然社会工作者、精神病学家和监狱官员负有改造罪犯的责任，但是他们对于使用哪些技术或方法来大幅降低刑事再犯率，并没有达成共识。[④]

从管理层的角度来看，街头官僚是应用于一项任务的资源单位。但由于他们的任务性质，员工以个人的身份来体验他们的工作环境。街头官僚以个人身份来回应的一个重要方面是他们平常工作时所承受的压力。

这一行为在警察身上表现得最为明显，他们的行为通常只能用其规避危险的本能来解释。他们始终在暴力的威胁下工作，并且这种暴力的威胁是随时随地的。

① Zimmerman, "The Practical Basis of Work Activities in a Public Assistance Organization."

② 韦瑟利指出，文书工作还可以保护员工免受服务对象的伤害，缓解其工作压力。员工的工作会因会见服务对象而被打断，但许多员工享受这种被打断的情形，因此许多员工实际上依赖于作为工作应对手段的文书工作的流程化——这有助于缓解其工作压力。

③ 关于从菜鸟向老手过渡的很好的讨论，参见 John Van Maanen, "Working the Street: A Developmental View of Police Behavior," in Herbert Jacob, ed., *The Potential for Reform of Criminal Justice* (Beverly Hills, Calif.: Sage, 1974)。

④ 参见 James Q. Wilson, *Thinking About Crime* (New York: Basic Books, 1975), chaps. 3, 8。

因为威胁是不可预测的，所以它始终存在，尽管威胁实际出现的可能性非常低。[1]警方不仅要防范威胁，还要判断威胁存在的可能性。他们往往对态度和举止表现出忏悔的违法者比较宽容，但对那些表现出不尊重迹象的罪犯比较严厉或进行惩罚。[2] 事实上，在一定程度上，警察经常测试罪犯是否尊重警方的权威，以确定他是否可能有不适当的态度，以及是否更有可能抵制权威。[3] 惩戒人员面对类似的情况，会发展自己的机制来建立控制。[4]

心理压力源于身体威胁。1976 年，纽约市 25 240 名警察中有 1 500 人因心理原因接受正式审查，包括酗酒问题。[5] 执法人员并不是唯一需要考虑工作中是否有人身危险的低阶公职人员。根据美国参议院小组委员会的一份报告，在 1974 年至 1975 年间，美国有 70 000 名教师声称，他们遭到学生的人身攻击而受到严重的伤害。这个数据可能比实际情况更少，因为教师一般是不被鼓励举报暴力事件的。布洛赫（Alfred Bloch）博士评估并治疗了 200 多名洛杉矶市中心的在工作中受到攻击的教师，并将他们经历的这些心理冲击比作战场创伤。[6]

身体伤害的威胁是街头官僚工作威胁中最引人注目的一面。但实际上，街头官僚和服务对象之间的所有互动都以某种方式聚焦于员工维护权威和获得服务对象尊重的需要。在教师被上级指示首先要将建立纪律作为成功教学的前提条件的情况下，这点是最明显的。[7] 然而，它通常也是街头官僚的特征（更深入的讨论见第九章）。

即使没有暴力威胁，街头官僚也倾向于最大限度地减少工作压力。最近的一项研究发现，相对较差的心理健康与街头工作的三个指标——资源不足、超负荷（例如，高案件负荷、过度拥挤的教室）和角色模糊之间存在显著的相关性。[8]

---

① 参见 Wilson，*Varieties of Police Behavior*（Cambridge，Mass.：Harvard University Press，1968），pp. 19 - 20。

② Carl Werthman and Irving Piliavin，"Gang Members and the Police," in Bordua, ed.，*The Police：Six Sociological Essays*，p. 74.

③ 例如，参见 William A. Westley，"Violence and the Police," *American Journal of Sociology*，vol. 59（August，1953），p. 39；Werthman and Piliavin，"Gang Members and the Police," p. 93。

④ Gresham Sykes，*The Society of Captives*（Princeton，N. J.：Princeton University Press，1958）.

⑤ Georgette Bennett-Sandler and Earl Ubell，"Time Bomb in Blue," *New York*，March 21，1977，p. 47.

⑥ Alfred M. Bloch，"The Battered Teacher—A New Form of Combat Neurosis," unpublished paper dated March 27，1976.

⑦ Howard Becker，"Social Class and Teacher-Pupil Relationships," in Blaine Mercer and Edwin Carr, eds.，*Education and the Social Order*（New York：Holt，Rinehart and Winston，1957），pp. 278 - 279；Bernard Kelner，*How to Teach in Elementary School*（New York：McGraw-Hill，1958），p. 19.

⑧ B. L. Margolis et al.，"Job Stress：An Unlisted Occupational Hazard," *Journal of Occupational Medicine*，vol. 16，no. 10（Oct.，1974），pp. 659 - 661. 有趣的是，心理健康和工作条件之间最一致的关系发生在另外两个指标上：员工能力的利用不足和不参与影响自己工作的决策。

当街头官僚认为自己可能会受到当局或者其他人（其负面评价可能会产生有害的结果）的审查时，他们也有一定程度的压力。柯克汉姆（George Kirkham）的证词很好地说明了这一点，他是一名法学院教授，承担了为警察角色做准备和体验这一角色的任务。柯克汉姆强调压力感和必须匆忙做出决定之间存在相互作用。

> 作为一名警察……我发现自己被迫在几秒而不是几天的时间内做出最关键的选择：开枪还是不开枪，逮捕还是不逮捕，追捕还是放走对方——让我觉得难以摆脱的是，我可以肯定那些有大量时间进行分析和思考的人，随时准备评判和谴责我采取的或者不采取的任何行动……①

这些观点表明，解决资源不足问题的突出性，不仅取决于对服务的需求和可用的资源，还取决于个体对解决这些问题的方案是否满意。

需求与供给：为什么资源在街头官僚机构中总是匮乏的

大多数行政长官声称他们的组织没有足够的资源，或者至少受到资源限制的阻碍。拒绝联邦收入分享基金的地方政府是一般规则的例外，它们认为自己能获得并且能够利用额外资源。然而，街头官僚机构和某些其他政府机构长期存在资源限制。这些机构实际上从来没有得到过充分的资源，也许就不可能得到充分的资助。那么，为什么会这样呢？

街头官僚的工作设置的一个明显特征是，服务需求往往会增加，以利用供给。如果提供了额外的服务，需求将增加以消费这些服务。如果获得了更多资源，那么，利用这些资源以提供额外服务的压力就会出现。

长岛高速公路交通模式的发展，在这里非常有说服力。在这条臭名昭著的高速公路上，为了缓解高峰时段的拥堵，交通工程师增加了额外的车道。每增加一条车道，就会略微缩短到纽约市的行车时间，但是增加车道又吸引了更多人使用这条路。因而，这种额外的交通设计使公路恢复了拥堵。利用率会持续提高以利用道路空间的供应，直到通勤时间回到之前的水平。尽管有了更大交通容量的道路，但在高峰时段又回到了相同程度的拥堵。

---

① George Kirkham, "What a Professor Learned When He Became a Cop," *U. S. News and World Report*, April 22, 1974, p. 72.

经常可以观察到，当公共服务扩大时，利用率会提高。医院急诊室经常不堪重负，因为它们提供免费医疗，也因为在其他健康资源（如家庭医生）越来越少的情况下，它们提供了一个能轻松获得治疗的途径。① 精神卫生中心发现，它们做得太成功了，已经引起公民的大量响应，这导致它们不得不削减服务。② 增加法官并不一定会减少法院的延误，因为有了更多的法官后，法庭可能更能容忍律师的拖延策略，从而恢复案件提交审判所需的漫长时间。③ 邻里多元服务中心的工作人员发现，他们必须放弃系统化的服务对象招募计划，因为新项目的服务需求量非常大，具有压倒性，所以寻求新项目是没必要的。④

服务需求的一个维度是定量的。公众对某些公共服务的期望和需求，是随着时间的推移而增加的。例如，就警察而言，社会期望他们介入更多的社会冲突——跨种族暴力、黑人间的相互攻击、家庭纠纷、少年司法——比 40 年前的情况更多。⑤ 受到医疗技术和健康保险发展的影响，公众对个人医疗保健服务的期望随着时间的推移而大幅增加。

一般来说，对公共服务的需求是很大的。就像街头官僚所经营的几乎所有其他领域一样，在健康领域，如果医疗保健是真正的"免费商品"，也就是对人们来说没有任何明确的显性或隐性成本，那么你将无法想象人们寻求和使用的医疗保健数量。一段时间以来，一些人认为中产阶级会更多地去看医生，只是因为他们看医生的意愿更强烈，尽管事实是健康状况不佳与收入成反比。然而，研究表明，

---

① 20 世纪 70 年代初，急诊室就诊人数以每年约 10% 的速度增长。参见 Thomas Willemain, "The Status of Performance Measures for Emergency Medical Services," Technical Report No. 06 - 74 (Cambridge, Mass.：Operations Research Center, Massachusetts Institute of Technology, July, 1974), p. 3. 这个数字显然太大，无法用人口的增加或所经历的紧急情况的绝对数量来解释。一项对芝加哥急诊设施的研究表明，从 1960 年到 1969 年，导致利用率增加的最重要因素，是使用急诊室应对非紧急状况的数量在增加。Barry Schwartz, *Queuing and Waiting* (Chicago：University of Chicago Press, 1975), p. 127.

② Catherine Kohler Riessman, "The Supply-Demand Dilemma in Community Mental Health Centers," *American Journal of Orthopsychiatry*, vol. 40, no. 5 (October, 1970), pp. 858 - 869.

③ 这是波斯纳（Richard A. Posner）的假设, "An Economic Approach to Legal Procedure and Judicial Administration," *Journal of Legal Studies*, vol. 2 (1973), pp. 447 - 448. Cf. Levin, "Delay in Five Criminal Courts," pp. 127 - 128.

④ Robert Perlman, *Consumers and Social Services* (New York：John Wiley, 1975), p. 70.

⑤ 关于对警察期望变化的不同方面的讨论，参见 Wilson, *Varieties of Police Behavior*；Arthur Waskow, *From Race Riot to Sit-in* (Garden City, N. Y.：Doubleday, 1966)；James Richardson, "To Control the City：The New York Police in Historical Perspective," in Kenneth T. Jackson and Stanley Schultz, eds., *Cities in American History* (New York, Knopf, 1972), pp. 280 - 288；Allan Silver, "The Demand for Order in Civil Society：A Review of Some Themes in the History of Urban Crime Police and Riot," in David Bordua, ed., *The Police*, pp. 1 - 24；Robert Fogelson, *Big City Police* (Cambridge, Mass.：Harvard University Press, 1977)。

当以低成本提供医疗保健时，不同收入人群在寻求医疗方面的差异很小。① 若想要平衡全国卫生专业人员的比例，那么需要卫生培训机构大批量地进行培训，然而这超出了它们目前的培训能力。

有关获取街头官僚服务的潜在需求，这里有更精确和严密的例子可供使用。例如，在 20 世纪 60 年代末，据合理估计，为了充分满足穷人的法律需求，必须雇用 49 000 名法律服务律师和公设辩护律师。在当时可能有 4 000 名律师，在这些职位上服务的既有志愿者，也有准政府雇员。②

要理解资源与实践之间的关系，就必须了解公共服务需求的含义。需求不仅是公民与政府之间交易的一部分，也是一种互动概念。它不仅需要一个需求者，而且需要一个或多或少起鼓舞作用的供应者。指定需求水平是没有意义的，除非这伴随着积极的（如果是隐含的）接受程度。③ 更具体地说，服务需求是可以估计的，但最终无法抽象地对其进行了解。它不仅有用来表达服务对象偏好的功能，也有政府努力提供服务，同时记录或确认服务对象反应的作用。需求作为服务愿望的表达，只有当它伴随着需求寻求程度的解释时，它才是一个有意义的概念。

在公众公开表达对服务的需求时，他们更容易受到他们所认为的服务可得性的影响，而不是那些通常被认为会影响需求的潜在情况的影响。换句话说，服务的可得性"拉动了"需求，而不是以其他形式影响了需求。例如，当一些城市推出 911 项目，提供公共安全电话的集中接听，使用一个容易记忆的电话号码并进行宣传，以指导公众使用，它们就是在探索尚未被开发的公共安全援助资源。事实上，纽约市曾开展一场公众运动，呼吁人们减少使用 911 系统，因为增加的需求超过了城市的应对能力。当波士顿推出小市政厅计划（Little City Halls program），

① C. H. Goodrich et al., "The New York Hospital—Cornell Medical Center: Progress Report on an Experiment in Welfare Medical Care," *American Journal of Public Health*, vol. 55, no. 1 (1965), pp. 88 - 93; James Weiss and Merwyn Greenlick, "Determinants of Medical Care Utilization: The Effect of Social Class and Distance on Contacts with the Medical Care System," *Medical Care*, vol. 9 (1970). Cited in Deborah Stone, Institute of Policy Sciences, Duke University, "Professionals and Social Services," unpublished paper (March, 1976).

② Carol Ruth Silver, "The Imminent Failure of Legal Services for the Poor: Why and How to Limit Caseload," *Journal of Urban Law*, vol. 46 (1969), p. 217.

③ 有关适用于集体要求的类似分析，参见 Michael Lipsky and David J. Olson, *Commission Politics: The Processing of Racial Crisis in America* (New Brunswick, N. J.: Transaction Books, 1977), pp. 3 - 6。

在社区提供市政服务时，通过投诉提出的城市服务需求明显增加了。[①]

服务项目一般可以通过改变外展服务的性质、办公室的位置或与项目相关的公开信息来增加对自身的需求。[②] 在获得需求的架构就绪之前，对服务的假定需求甚至无法形成。例如，在波士顿，最近一年有 4 000 名学生被分配到智力发育迟缓的班级，而只有 70 名学生被归类为情绪障碍。这些数字可能表明，与情绪障碍的学生的需求相比，智力发育迟缓的学生对于特殊服务的需求更庞大。这种情况会让大多数残障领域的专家感到惊讶，因为在某种程度上，这些标签有一些客观参照物，这些情况往往在不同人口中以大致相同的比例发生（约 2%）。似乎有理由推断，对于智力发育迟缓者的服务与需求不成比例，并不是波士顿青年群体所固有的，而是完全取决于一个群体的特殊课程的可得性，以及源于波士顿的学校工作人员将学生分配到这类班级的偏好。[③]

需求将增加以利用供应的说法在质量上和数量上同样适用。如果有一个固定的服务对象（我们刚刚已讨论过这是很难有的），这个服务对象需要更多的、更好的服务，就像历史上的那样，这可能看起来像是一个理想的努力目标，因为街头官僚和服务对象的条件会更好。然而，这里有三种可能性需要被检验。

第一，如前所述，街头官僚机构如果拥有闲置资源，它们通常会选择提供额外的服务，而不是改善服务。

第二，在每个案件上花费更多时间来进行质量改进的说法往往是欺骗性的。案件通常被非正式地分为积极处理和非积极处理两类。非积极处理的案件通常并不是真的不积极，而是街头官僚在日常工作过程中无法完成的案件。由于与服务对象关系不大，但是对街头官僚来说工作压力又很大，它们被视为低优先级。一个社会工作者被要求入户进行比他所能安排的更多的拜访，且需要承担更多难以推卸的责任，又或者是一个有大量案件负担的法律服务律师，一周时间内，他只

　　① 诺德林格（Eric Nordlinger）提出了一个很有道理的观点，1970 年，在波士顿登记的 8 万起关于城市服务的投诉中，如果没有小市政厅计划，就会减少整整 5 万到 6 万起的登记数量。他估计，在这些电话中，至少有一半——约占这些服务投诉的 1/3——是合法的，而不是恶作剧式的投诉或无关琐事。换句话说，在收到的所有服务投诉中，至少有 1/3 是新的，但这些投诉属于该市在旧的需求接收政策下收到的那种类型。参见 Eric Nordlinger，*Decentralizing the City*：*A Study of Boston's Little City Halls*（Cambridge, Mass.：Massachusetts Institute of Technology Press, 1972），p. 286。

　　② 例如，莱斯曼（Reissman）引用了俄克拉何马州一家公共卫生诊所的案例，该诊所依靠 7 名辅助人员而不是 3 名护士进行宣传，使被带到该诊所进行免疫接种的人数增加了 10 倍。Reissman,"The Demand-Supply Dilemma," p. 858.

　　③ David Kirp,"Schools as Sorters：The Constitutional and Policy Implications of Student Classification," *University of Pennsylvania Law Review*，vol. 121，no. 4（April, 1973），p. 712.

有一部分时间可以采取行动，他不得不根据必要性区分他的案件。[①] 当更多员工进入这些机构时，他们可以通过分担每个员工的一部分工作来减少正式案件负担。但据推测，他们所能处理的服务对象的数量和其他工作人员是一样的。因此，他们积极处理的案件数量是一样的，并且机构中的每个人非积极处理的案件数量将会减少。更多服务对象将会被关注到、被提供服务，但在每一个服务对象身上所花费的实际时间并不会有所增加。[②]

第三，即使通过减少案件量可以实现质的变化，效果也可能甚微。在一所拥有300名学生、平均班级人数为30人的小学里，增加一名教师，理论上会使每个班的平均人数减少到27人。如果将这一做法在全系统中推广，则意味着要增加10%的教学人员。虽然此种改善工作境况的做法受到了教师们的欢迎，但是，对于仍然需要管理27名儿童的学习情况的教师来说，这种改变是微不足道的。

由于资源有限，可能增加专业人士的数量比平均地减少每个班级的人数更可取。然而，普通课堂教师的负担问题仍不会得到改善。这并不是要谴责这种改善，而是为了提出一个问题：如果其他工作条件保持不变，公共人事预算的大幅增加，是否可以减少工作负荷，并使他们在处理服务对象的问题时有所改变？

当街头官僚机构因人口变动和年龄分布不均而经历需求下降的状况时，他们在缓解案件负荷方面，遇到了情况不同但难度相同的困难。为了保持每个人的案件负荷量较高，组织往往会合并或精简。[③] 减轻案件负荷这一做法可能无法直接转变为可接受的官僚行为。[④] 特别是，无法指望案件负荷量的边际减少来促成实践中的明显改善。例如，人们不会指望教师在处理纪律问题方面有什么大变化，当班级规模仅仅从30人缩减到25人时。资源不足的压力仍然可能会造成现实当中的一些问题，原因如下：（1）案件负荷量虽然有所变动，但不会低于阈值，使实际情

---

① 一些非积极处理的案件可能只是由以下案件组成：如果工作人员有时间发现这些案件因情况变化而应该被取消，那么它们就不会出现在清单上。这使机构管理者感到愤怒，特别是在福利项目或其他权利项目中。有关法律服务中这些案件动态的讨论，参见 Hosticka，"Legal Services Lawyers Encounter Clients"。

② 这里有一个具体的假设性说明。如果平均而言，法律服务律师的正式案件量为80个，积极处理案件量为20个，如果一个5人办公室再增加一名律师，且不受理新的案件，那么每个律师将有大约67个案件（办公室的旧案件量除以6）。但每名律师仍将有20个积极处理案件。这增加了积极服务的服务对象数量，但并没有从质量上改善状况。时间的压力依然存在，因为积极处理的案件量不受分配的工作的影响，而是代表员工能承受的工作压力的数量。

③ 大体上参见第十一章。

④ 例如，休曼（Milton Heumann）发现，法庭上对抗活动的丧失和辩诉交易的增加，显然与案件负担压力没有直接关系。参见 Heumann，"A Note on Plea Bargaining and Case Pressure，" *Law and Society Review*，vol. 9，no. 3（Spring，1975），pp. 515–528。

况得到大幅度的改善；（2）即使情况略有改善，案件负荷量的压力也会使得整个社会环境保持原样；（3）街头官僚机构的工作环境由几个相互作用的部分组成。案件负荷量的压力可以与其他因素相互作用决定街头官僚的行为，而不必与所讨论的行为有直接的动态关系。①

通过街头官僚机构提供服务的复杂性在于，服务需求有时是不可预测的。官僚无法按照那些使用或索取服务的人的需求，来进行紧急情况下的资源分配。在紧急服务中，胜任的本质是处理意外情况的能力。急诊室的工作人员显然不能指望病人每隔 10 分钟出现一次。他们的服务需求无法预测，就像铁路的通勤者一样。特别富裕的街头官僚机构可能能够满足不可预测的服务需求，并在非高峰时段提供优质服务。但是，不可预测更可能与迫切需求相结合，从而给提供服务带来相当大的成本。在紧迫的工作负担下，员工可能会绝望地赶工，或以其他方式摆脱这些工作。他们可能对工作中"人的方面"感到麻木。② 当然，服务对象将需要承担机构因缺乏能力而无法满足不可预测的需求所造成的成本。漫长而不可预计的等待时间、中断的预约、短暂和匆忙的处理，都是服务对象承受的不可预测的（但肯定会出现）系统超载的代价。③

街头官僚在大多数资源问题无法解决的情况下工作。这要么是因为接受街头官僚机构服务的人数只是可以被服务的人数中的一小部分，要么是因为理论上的义务要求他们，提供比所能提供的更高质量的服务，以至于额外的资源都被投入服务质量的边际改善上。可以想象，教师拥有 10 人教室，法律服务律师被要求同时处理 15 个案件，等等。但是，以这种方式提供服务的成本是如此之高，以至于在政策上是不可能的，除非是诱人的、精心管理的试点或示范项目，其主要目的是向人们展示：如果服务质量被置于首位可能会带来什么样的社会福利。通常，如果此类项目取得成功，其成本效益比会被认为是不可接受的，并形成以较低成本提供服务的压力。

对供需困境的这种分析，并不是要让读者们认为这个忠告是令人绝望的。公共政策总是需要为增加收益提供额外资源和产生额外成本进行权衡。随着资源的增加，更多的人可以获得服务，就像把长岛高速公路扩建之后，尽管仍有交通拥

---

① 参见 Heumann, "A Note on Plea Bargaining and Case Pressure," *Law and Society Review*, vol. 9, no. 3 (Spring, 1975), p. 527。

② 参见 Robert Alford, *Health Care Politics* (Chicago: University of Chicago Press, 1975), p. 222。

③ 关于强加给服务对象的费用的讨论，见本书第八章。

堵的情况，但有更多的人可以开车经这一高速公路从长岛前往纽约市。但是，对街头官僚机构的供需困境的认识确实表明，服务供给质量的问题不可能轻易地屈服于任何可以想象的资源增量。在其他条件相同的情况下，服务能力增加会导致以更高的容积再现服务质量水平，以实现更高的资源可用性。这一主张至关重要，因为它解释了为什么近年来街头官僚机构可用资源稳定增长，但服务质量却并没有得到提升。（其他原因包括加薪，它加速消耗了机构的资源分配，尽管可能有助于维持员工的质量，但不会增加服务对象可用的资源。）此外，它与自利型的改革观点相矛盾，这些观点认为增加人员是充分回应公民投诉的最重要因素。

因此，街头官僚机构往往会陷入平庸的循环中。项目越完善，对公民的需求反应越灵敏，服务需求也就越多。这种更多的需求迫使机构人为地限制服务，或者在缺乏定价机制的情况下向服务对象强加费用。服务质量低劣或者是难以获得服务的代价，一直持续到极端情况下，该机构将恢复到以前对服务对象需求漠不关心的均衡状态。组织越成功，就越有可能遇到这种困境。

自由政府计划（free government programs）的一般特征是，需求将增加到可以提供商品或服务的程度。为了应对这种需求，提供商品或服务的机构将收取货币或非货币成本，以有效地限制需求。① 街头官僚机构也制定了定量配给机制，以收取服务成本，但这样做会带来一定的限制。如果它们确实提供了重要的服务，如穷人的收入、公共安全、教育和医疗保健，那么它们所能施加的各种配给机制将严重受限。

街头官僚机构似乎不应该配给服务或者剥夺社会群体的权利或资格。它们必须证明自己为避免减少服务做出了极大的努力。它们可能会被要求"简化"，但绝不会被要求降低服务质量或重要服务的数量。机构如何永远能够发现要简化的地方和消除不必要的服务，同时不影响"重要计划"和"必要的服务"，是政府内部保守得最好的秘密之一。

被迫大幅减少支出，或以其他方式限制服务供给的机构，通常会向特定群体或部门宣传未能提供服务的可怕后果，以便为它们正在做的事情获得预算支持（例如，公立大学宣布它将招收新生）。但是，在削减开支时，它们通常会尝试"全面"减少服务，而不是严重损害某些特定人群的利益。

街头官僚机构的供需动态，提供了对它们似乎长期人员不足的原因的额外解释。基本社会计划中对服务的永不满足的需求，导致了各机构在预算紧缩的压力

---

① 参见 Downs, *Inside Bureaucracy*, p. 188。

下，通过增加服务或服务对象，或者是拓展现有资源的方式，做出典型回应，或被迫做出回应。公共服务的道德规范要求它们做更多的工作或给予更多的东西，而不是利用额外的资源来改善资源需求平衡。

有时候机构可以免于开支的严格审查。然后，它们可以改进服务质量或减少案件负荷的压力，正如教育工作者一直做的那样。或者，像警察一样，服务需求量可能很大，可以利用公众的担忧，将人力和机器的支出提高到一个新水平。

但是，在大多数情况下，街头官僚机构作为地方公共支出的主要组成部分，无法长期避开严密的预算审查，因此它们容易成为纳税人攻击的目标。在通货膨胀时期货物、服务和工资成本不断上涨的情况下，仍要求各机构在上年拨款的基础上继续努力维持预算，这使得街头官僚机构将长期处于资源不足的状态。

第四章
目标和绩效评估

监督和控制为官僚目标提供了指导。绩效评估为组织进行系统调整提供了反馈。目标越明确，绩效评估越完善，越可以对组织进行精细的调整。目标越不明确，反馈越不准确，官僚机构中的个体就越容易各自为政、各行其是。在街头官僚机构中，目标的模糊性、不确定性以及适当的绩效评估的缺失，不仅极大地影响了街头官僚的工作实践，也影响了管理者的政策控制能力。

目　标

街头官僚的工作特点是，目标可能是相互冲突的、模棱两可的。警察的角色是维持秩序还是执法？公共教育的作用是传播社会价值观、传授基本技能，还是满足雇主对训练有素的劳动力的需求？公共福利的目标是提供收入支持还是减少受益者对其的依赖？① 霍利对公共教育的评论，几乎可以适用于公共服务工作的所有领域：“几乎每一位教育管理领域的作家都注意到了……问题是……目标的多样性、模糊性和分散性。”②

公共服务的目标过度理想化，使得其难以实现，而且人们在试图实现目标的过程中，会发现目标是令人困惑的、复杂的。正如兰多（Martin Landau）所观察到的那样，诸如良好的健康状况、公平正义和公共教育等目标，确实“更像是逐

---

① 关于警察工作中的目标冲突，参见 James Q. Wilson，*Varieties of Police Behavior*（Cambridge，Mass.：Harvard University Press，1968）；关于公共教育中的目标冲突，参见 Jeffrey Raffel，"Responsiveness in Urban Schools：A Study of Adaptation to Parental Preferences in an Urban Environment"（Ph. D. diss.，Massachusetts Institute of Technology，1972）；关于公共福利中的目标冲突，参见 Gilbert Steiner，*The State of Welfare*（Washington，D. C.：Brookings，1971）。

② Willis Hawley，"Dealing with Organizational Rigidity in the Public Schools，"（paper presented at the Annual Meeting of the American Political Science Association，September，1971），p. 22，n. 77. 另参见 Yeheskel Hasenfeld and Richard English，eds.，*Human Service Organizations*（Ann Arbor，Mich.：University of Michigan Press，1974），pp. 9 – 12。

渐后退的地平线，而不是固定不变的靶子"①。

机构目标可能会是含糊不清的，因为项目发展之初存在的冲突被掩盖了。解决立法冲突的典型机制之一，是将难以解决的冲突交由行政层面解决（或是维持悬而不决的状态）。举例来说，在对贫困项目的起源进行了大量研究后，许多研究者发现，1964 年《经济机会法》（Economic Opportunity Act of 1964）的不同制定者，对该法的目标有不同的看法，他们在起草该法时仍无法解决一些内在的冲突。②

机构的目标含糊不清，也可能是因为它们是逐渐积累起来的，从未被合理化，且即使机构选择不面对目标冲突，它也可以发挥作用。福利政策中的目标冲突持续存在并不是因为政策分析人员没有意识到政策目标的模糊性，而是由于福利政策的组成部分之间存在着根本的分歧，因而美国国会不愿意直接处理和解决这些冲突。③ 利益冲突根深蒂固，每一方都划定了各自有影响力的领域。它们必须满足于这种安排，因为任何一方都不能占上风。

造成机构目标模糊性的另外一个主要原因，在于社会服务技术的不确定性。④当我们无法确定什么方法有效、什么方法无效的时候，就有很大的空间来承认和容许各种方法和目标。在这种情况下，人们渴望发现成功的方法，并且很明显地愿意修改目标以适应这些方法。新的教育理念盛行及衰退的速度首先体现了人们对成功技术的探索，但也表明了目标的不确定性，这既归因于目标的模糊性，也源于目标的灵活性。

如果街头官僚机构的目标冲突相当明确（而不是含糊不清），那么冲突有以下三个来源。

（1）以服务对象为中心的目标与社会工程目标之间的相互冲突。

（2）以服务对象为中心的目标与以组织为中心的目标相冲突。

（3）目标冲突的原因在于，对街头官僚角色的期望，通常是通过多个相互冲突的参照群体来传达的。

———————————

① Martin Landau, "On the Concept of a Self-Correcting Organization," *Public Administration Review*, vol. 33, no. 6 (November-December, 1973), p. 536.

② Daniel P. Moynihan, *Maximum Feasible Misunderstanding* (New York: The Free Press, 1969), chap. 5.

③ Martin Rein, *Social Policy* (New York: Random House, 1970), p. xi.

④ Hasenfeld and English, *Human Service Organizations*, pp. 12 - 14.

以服务对象为中心的目标与社会工程目标

公职人员对服务对象的关怀，有时会与机构的一般社会角色相冲突。这样的冲突最引人注目的例子就是，警察经常会抱怨，公众总是要求警方在执法和维护秩序时，遵循公平公正的规范和正当的程序。在惩教领域，使被定罪的罪犯与社会其他人隔离，与使罪犯改过自新的一些措施实则有所抵触和冲突。在公共福利计划中，增进每个受益者的健康和福祉，与降低他们的依赖性并保持低收入工作的吸引力的目标相抵触。以个人成就为导向的教育与以个人品德、纪律为导向的教育之间的冲突，正好可以说明主要关注个人的目标与主要关注社会的目标之间的紧张对立关系。

即使我们认为以服务对象为中心的做法会凌驾于其他目标，社会工程目标也往往具有压倒性的优势。例如，就法律服务领域的运作情形来看，目前的冲突在于，是尽可能广泛地提供基础服务，还是更集中地提供服务，以确保所有获得法律服务的穷人都能有一位专精于其法律困难的律师。毋庸置疑，从理论上讲，出于专业方面的要求，律师需要提供服务对象所需要的任何服务；但实际上，在为穷人提供服务的组织中，这种专业要求通常会因妥协和让步而大打折扣。[1]

有时，以服务对象为中心的目标主要支持社会工程功能，因为以服务对象为中心的诉求具有象征性。街头官僚机构经常通过一些方式获得服务对象的顺从，如控制服务对象渴求的资源（功利性顺从）；或如警察和监狱一样，使用武力或武力威胁（强制性顺从）。[2] 然而，自由社会的特点之一是遵从尊重个人的规范。机构只有在适当遵从这一规范的情况下，才能获得组织和操纵个人的许可。这不仅是对行为的规范性规定，也是社会控制的关键因素。

虽然监狱中的罪犯真正改过自新的情况并不多，但监狱系统的合法性在一定程度上源于它声称有改造罪犯的可能性。法院审理案件的速度很快，往往没有时间就案件的是非曲直进行完整的听讯，无论法院的强制命令是否能保护被告免受不公正之害，保证"被告的权利"和被告"在被证明有罪之前是无辜的"的主张，都为官僚化的法院系统提供了有力支持。尽管有大量证据表明，学校的结构方式

---

[1] 参见 Gary Bellow and Jeanne Kettleson, "From Ethics to Politics: Confronting Scarcity and Fairness in Public Interest Practice," *Boston University Law Review*, vol. 58, no. 3 (May, 1978), pp. 337 – 390。

[2] Amitai Etzioni, *A Comparative Analysis of Complex Organizations* (Glencoe, Ill.: Free Press, 1961).

会妨碍对个体的关注，但诸如行动是为了"每个孩子的最大利益"这样的口号，引发了学校工作人员对极其广泛的教育政策的指指点点。通过强制性遵守制度来运作的街头官僚机构，如警察机构，仍遵从一些尊重个人的规范。警察的合法性通过规范性和正当程序的展示而得到加强，尽管公众对于这些表征的兴趣会有所不同。

　　强制性顺从和功利性顺从模式之间的区别往往会在街头官僚机构中被打破。在大多数情况下，街头官僚机构与非自愿的服务对象打交道。就警察逮捕的对象而言，这一点是显而易见的；对于可以选择申请或拒绝福利的社会服务对象来说，这一点就不那么明显了。然而，如果人们认为穷人除了通过公共项目寻求基本商品和服务之外别无选择，那么从分析层面来看，他们参与该系统的自愿性会遭到怀疑。如果服务对象不是自愿成为福利体系的一部分，那么他的选择可能就是喝西北风。如果服务对象生病了，不去医院急诊室，那么他的选择可能就是放任严重的健康问题不管。如果是这样，将服务对象称为"自愿的"或遵从模式称为"功利的"，就会有点迂腐。

　　因此，正当的程序规范不仅保护了个人的权利，而且将司法和法律制度对人们生活的影响合法化了。类似地，为使行政机构的行为合法化，公共机构将公平待遇的规范与理论上的上诉权相结合。（实际上，服务对象的待遇标准、上诉权和行政规则程序的发展似乎与服务对象对任意性和不公平待遇的指控成正比。通过制定程序规则，机构实际上可以保护一些服务对象的权利，但是他们也可以像以前那样与大多数服务对象打交道，从而获得合法性。）尽管许多街头官僚机构服务对象的地位相对较低，但近年来，街头官僚机构投入大量的精力去赋予服务对象更多的权利（虽然这些权利通常是较为技术性的、不实用的），并认识到尊重个人的规范的重要性。

　　一些街头官僚机构，例如学校和各种改造机构，都是兼具强制性和规范性的。学校是强制性的，因为它们要求依法入学，对越轨行为有严厉的制裁（包括开除），还是社会上唯一可以让父母送孩子去学习基本技能的机构。它们也是具有规范性的，因为它们试图通过将孩子们社会化，来激励他们参与社会系统。当戒毒计划作为监狱的替代方案时，它是具有强制性的，但它也是规范性的，因为除非人们受到激励而接受此计划的引导和训诫，否则这项计划其实是无法获得成功的。

　　在这种情况下，社会工程目标可能仅仅是将人们的问题交给专业人员。以服务对象为中心的专业规范与专业人员所在组织机构的主导框架之间将不可避免地发生冲突。作为专业人员，教师可能以个人评估和帮助为导向，但学校作为一个组织，可能会以遵守纪律、公民培训、社会化和规范学生的一般行为为导向，这可能与教师们的做法相冲突。①

此外，组织的运作需要可能会干扰专业服务的提供。法庭精神科医生的例子就说明了这一点。精神科医生所受到过的培训，要求他们在持续的咨询和干预中与服务对象互动，并提供高度个性化和差异化的服务。然而，法庭精神科医生往往被置于荒谬的境地，法官急于避免将被告置于监狱系统严厉和适得其反的惩罚之下，因此要求医生在极短的时间内对被告做出诊断和归类。法庭精神科医生长期以来都无法发挥真正的功用，因为法官将被告转给医生时，此种做法的社会功能已经超越了对精神疾病诊断环境的保护。

以服务对象为中心的目标与组织目标

在以服务对象为中心的目标与组织目标之间的紧张关系中，街头官僚机构容易遇到冲突和模棱两可的情况。这种区别与上文提到的一些考虑因素相呼应，并且在某些方面与之持续相关。虽然街头官僚有能力个性化地处理问题，但是组织需要他们使用所掌握的资源快速处理工作，因而效果大打折扣。

街头官僚机构根本的服务困境是，如何在大量群众的基础上做出个别回应，提供个性化服务。莱文（Martin Levin）在他对刑事法院的研究中，呼吁人们注意这种冲突。"在最一般的层面，法官的动机主要有两个：捍卫和维护他们在刑事法庭上按惯例所拥有的高度自由裁量权……"，允许他们根据需要做出专门的决定，"并成功地处理法院的案件负担"。他断言："法官倾向于强调处理他们的案件负担本身就是一种目的，而不是实现其他目标的手段。"②

这就是目标转移的典型例子。对于过程的有效管理优先于发展此过程所要达到的目标。当以个别服务对象为导向的规范从属于大规模处理的需求时，对街头官僚的研究可以被视为对目标转移的研究。在这种情况下，代表性冲突就是对个别服务对象的处理方式与惯例化、程序化的处理方式之间的冲突，以及回应个别

---

① 由于教师、社会工作者、护士和其他职业群体通常在培训时间长短、自主程度等方面，表现出低于医学和法律专业的职业特征，因此一些分析家选择称其为"半专业"以示区别。参见 Amitai Etzioni, ed., *The Semi-Professions and their Organization*（New York：The Free Press, 1969）。

② Martin Levin, "Delay in Five Criminal Courts," *Journal of Legal Studies*，vol. 4, no. 1（January, 1975），p. 90.

服务对象的需求与高效的组织表现之间的冲突。

这些困境与计划的公共性质有关。正如分发免费物品的机构必须制定相应的配给机制一样，政治系统必须限制各种机构对额外资源的需求。事实上，如果需求确实会增加到与供应相等的程度，那么组织对增长①的内在冲动将导致组织规模的扩大，尽管如上所述，服务质量不可能随着组织增长而得到改善。

当公职人员发现福利项目不受限制时，他们会表现出忧虑，在其中可以找到隐晦地支持上述论点的证据。例如，食品券计划引发了官方的极大恐慌，因为它使得享受到福利的实际人数比原先预期的要多得多，庞大的成本出人意料且难以控制，只能通过强制性削减预算来对其加以控制。② 对公共福利错误率的不断抱怨或对医生滥用医疗保险索赔的指控，有助于提醒公众和负责这些计划的机构，政府支出不受控制地增长是不能被官方所接受的。因此，除了在极少数情况下，如寻求服务对象的新公共服务计划③，街头官僚机构持续面临着实现效率和成本效益的公共目标的压力。根据政治气候和各种其他因素，压力或多或少会明确地被表现出来。

与其他机构一样，街头官僚机构总因资源有限而受到制约。然而，重要的是，要理解这种约束会从操作层面引发紧张关系。由于一边是以服务对象为中心的做法，另一边是以得当、效率高为中心的做法，街头官僚必须找到一种方法来解决这两者间的矛盾。

目标冲突和角色期望

最后，目标冲突和模糊性源于塑造街头官僚角色的相互矛盾的期望。一般而言，角色理论家认为，角色期望有以下三种不同的来源：同伴和其他处于互补角色位置的人；参照群体，在这些参照群体中，期望被定义，尽管不是字面意义上的；公众期望，因为有时候可以在公众期望当中找到关于角色期望的共识。④ 因为这些角色期望来源的差异程度较大，所以我们可以预期，街头官僚将会面临角色

---

① 关于组织维护自身且提高地位的趋势，主要参见 Chester Barnard，*The Functions of the Executive* (Cambridge，Mass.：Harvard University Press，1938)。

② 参见时任美国总统福特（Gerald Ford）关于减少食品券计划的失控风险的声明：*New York Times*，October 10，1975。

③ Michael Lipsky and Morris Lounds，"Citizen Participation in Health Care：Dilemmas of Government Induced Participation," *Journal of Health Politics，Policy and Law*，vol. 1，no. 1 (Spring，1976)，pp. 85 - 111.

④ Theodore Sarbin and Vernon Allen，"Role Theory," in Gardner Lindzey and Elliot Aronson，eds.，*The Handbook of Social Psychology*，2d ed. (Reading，Mass.：Addison-Wesley，1968)，pp. 488 - 567，esp. pp. 498 - 499，532.

冲突和角色模糊的状况（请注意目标是角色建构的一个维度）。街头官僚角色期望的复杂结构，会以至少三种方式导致目标的模糊性和冲突。

第一，公众期望会对街头官僚产生一定程度的影响，因而关于街头官僚机构的优先序，往往存在着相当大的分歧，这导致了目标的模糊性和冲突。在一定范围内，街头官僚可以决定他们追求目标的方式。但社群意见往往莫衷一是，这就容易造成角色冲突。在不同的城市或同一城市中，一些社群可能会希望警察积极公正地执法，并有强烈的法律倾向，而其他社群则满足于警方维持好秩序。有些家长希望学校以培养基本技能为导向，而有些家长则希望学校注重社会价值观和职业培训。一些城市福利管理的严苛性与另一些福利办事处的自由随意性形成了鲜明的对比，这一对比清楚地表明了遵循同样法规的官僚机构是如何产生截然不同的官僚文化的。①

这些关于服务目的的不同观点造成了目标的不确定性，并提出了以下假设：如果社群对官僚政策的本质漠不关心，或者未能在政治方面以显著的方式表达自己的观点，那么街头官僚机构将会按照内部产生的目标行事。相反，社群越关注街头官僚的行为是否得当，街头官僚机构就越会对社群的观点做出回应。然而，社群的异议越多，街头官僚机构就越容易遭遇目标冲突。

近年来，多元化的公共服务观点导致了一些重大的城市冲突。学校是应该促进学生对不同民族和族裔遗产的欣赏，还是应该致力于使城市新移民同质化和美国化？公共住房管理者应该尝试按族裔整合他们的项目，还是应尽力提高长期项目里的居民的安全性和舒适性？对于培养学生良好的学习态度，是纪律和惩罚更有效，还是自由和灵活的方法更合适？对于这些问题，全国最大城市的不同群体会给出截然不同的答案。②

种族冲突使分裂的社区情绪问题成为人们关注的焦点。黑人社区居民与白人社区居民在很多方面都存在着差异，如执法优先序、警察在某些地区干预的意愿、孩子在学校的合适榜样等。此外，黑人社区的居民在优先序上也存在差异，例如，他们是否更喜欢高强度的警察保护以减少犯罪，或者他们是否将饱和式巡逻视为

---

① 参见 Wilson, *Varieties of Police Behavior*；Raffel，"Responsiveness in Urban Schools"；Steiner, *The State of Welfare*。

② 关于城市政治文化的差异，参见 Robert Alford, *Bureaucracy and Participation*：*Political Culture in Four Wisconsin Cities*（Chicago：Rand McNally，1969）；Herbert Jacob, *Debtors in Court*：*The Consumption of Government Services*（Chicago：Rand McNally，1969）。

对社区的骚扰。

第二，同伴群体在建立角色期望方面所发挥的重要作用会导致目标的模糊性和冲突。对于街头官僚而言，同伴是同事（尽管同伴也可以指其他对象，例如社交同伴、家庭同伴等）。只有同事才能充分地体会到街头官僚的工作压力，以及需要目标导向的程度，这种目标导向的程度与解决工作压力是一致的。各种目标期望之间的紧张程度越高，街头官僚运作的漠视程度越低，同伴支持对维持公职人员士气的作用就越大。①

在对警察的分析中，同伴支持的话题得到了广泛的讨论，警察部门可能是最具争议和最容易受到相互冲突的目标期望所影响的街头官僚机构。警察必须在严格执法的要求、执法行动中自由裁量权的必要性以及各种社群对警察正当行为的解释这三股力量之下恪尽职守。他们必须适应宪法保护的限制，并需要达到维持秩序和控制犯罪的效率要求。他们必须在社区中执行并非由他们所制定的法律，而社区的执法要求是因法律和社会阶层的不同而异的。② 警方可能认为这些社区中的公众既对他们充满敌意，同时又是依赖他们的。警察的角色行为可能与个人的价值偏好以及必须与之共事的其他人（尤其是法官）的行为和观点发生重大冲突。社会大众所期待的警察是严谨客观、公正无私的，能保护社会各阶层，即使是社会本身并不能保护所有的阶层。③

第三，服务对象这一角色也会导致目标的模糊性和冲突。但服务对象并不是街头官僚的主要参照群体。而且在界定街头官僚角色的过程中他们并无一席之地。④

---

① 威尔逊讨论了警务人员可以自由行动的"无关心区"（zone of indifference），参见 *Varieties of Police Behavior*，p. 233。"无关心区"这一术语源自 Barnard，*The Functions of the Executive*，p. 167。

② 波士顿的警察提供了一个恰当的例子。在 1975 年波士顿学校合并时，他们负责防止波士顿白人居民骚扰黑人学童。这些警察通常是与他们所试图控制的人群在同一社区长大的。他们与社区居民友好相处或生活在一起，在进行学校融合时，他们本人并不赞成这一政策。参见 John Kifner，"Men in the Middle," *New York Times Magazine*（September 12, 1976），pp. 36ff。

③ 警察研究文献中充斥着冲突的主题。例如 Carl Werthman and Irving Piliavin，"Gang Members and the Police," Albert Reiss and David Bordua，"Environment and Organization: A Perspective on the Police," and James Q. Wilson，"Police Morale, Reform, and Citizen Respect: The Chicago Case," in Bordua, ed.，*The Police*；Herman Goldstein，"Police Discretion: The Ideal Versus the Real," *Public Administration Review*，vol. 23（September, 1963），p. 142；Arthur Niederhoffer，*Behind the Blue Shield*（New York: Doubleday, 1967）。

④ 也许在法庭上可以发现将服务对象作为参照群体排除在外的极端表现。正如莱文所述，"在刑事法庭拥有最多潜在利益的人——受害者——通常甚至不会关注其诉讼程序，即使他这样做了，他也不会进行有效的监督。事实上，法院的几乎所有方面都在阻止他关注的努力"。Levin，"Delay in Five Criminal Courts," p. 95.

这并不是说学生对教师不重要，或者诉讼人和被告对法官不重要。只是这些人对官僚角色期望并不起主要的甚至是次要的作用。与工作相关的同伴群体、与工作或专业相关的标准和公众期望，通常在确定角色行为方面更为重要。一些服务对象群体认识到他们在界定公职人员角色方面的影响力较弱，因此要求将其纳入官僚参照群体中。[①] 如果认清这个事实，也就是服务对象并不属于街头官僚参照群体的一部分，我们或许就能理解为何街头官僚会拒绝服务对象的要求。许多街头官僚会为服务对象提供服务，或者是被要求去与服务对象打交道以协助其办事，然而，这些都并非意味着街头官僚认同服务对象在他们执行任务的这一方面应该拥有发言权和决定权。事实上，那些以集体方式来表达街头官僚观点的机构，例如教师协会或巡警协会，都一直奋力抗争，以捍卫它们的领域不受公民参与的影响。

然而，从社区对更多服务对象参与的争论中可以窥见，事情并不简单。一般而言，街头官僚口头上支持服务对象的意见，而且作为个人，他们通常无疑是尊重服务对象意见的，因而内部和职业的双重压力使他们更倾向于接受服务对象的判断，并获得服务对象的尊重和同意。在过去 15 年中，服务对象对政策发言权的要求不断累积，已经酿成一些十分激烈的社群冲突。

公开冲突并不是角色模糊的唯一后果。人们发现，缺乏明确的角色期望，不但会损害个人行为，还会降低公职人员的效率。[②] 因此，角色模糊会影响个人绩效和组织方向。

绩效评估

街头官僚机构的工作绩效极难测量。这一说法有许多含义，例如这些官僚机构很难进行自我纠正，而且这些机构对最佳绩效的定义也是高度政治化的。

出于某些目的，官僚机构本身可能会部分地被定义为一个大型组织，其产出无法通过市场交易进行评估。这样的定义将官僚机构与商业组织区分开来，因为从某种意义上来说，商业组织的行为是通过盈利能力来评估的。[③] 之所以说街头官

① 参见 Norman Fainstein and Susan Fainstein, *Urban Political Movements* (Englewood Cliffs, N. J.: Prentice-Hall, 1974)。

② 关于这方面的研究发现，参见 Sarbin and Allen, "Role Theory," pp. 503 – 506. 在他们对工作压力的研究中，玛格利斯（Margolis）等人发现角色模糊与工作压力的十项测量中的六项有关。"Job Stress: An Unlisted Occupational Hazard," pp. 659 – 661.

③ Downs, *Inside Bureaucracy*, chap. 3.

僚的产出无法通过市场交易来进行评估，是为了引起人们注意这样一个事实：官僚机构的工作是不能通过有机的社会过程来评估的，就像资产负债表的总结所意味的那样。从理论上讲，市场导向型的组织可以通过获利和亏损的现实来了解自己的成败，但官僚机构不会收到类似的信息。因此，绩效的测量和评估——绩效治理——至关重要。

绩效评估的困难可能是官僚机构的一般特征，但绩效评估在街头官僚的工作中尤为普遍。当产出包括所提供的服务或自由裁量决定的有效性时，如果测量标准存在争议，则很难监督或审查这些决定。以下评论将有助于理解绩效评估问题。[1]

目标模糊是街头官僚机构固有的特点，它会影响绩效评估。诸如提高公民教育质量或确保公共安全等目标都是含糊的。但是将这些总体目标付诸实践是一个实际的问题，因为我们用目标来评估成就。正如我们看到的，社会上对公共教育和公共安全力量的目标并没有达成一致看法。那么如何将这些含糊的目标付诸实践呢？公共行政领域的实践者和理论家最近特别关注组织目标的阐述，这证明了明确目标对于组织评估的普遍重要性。

街头官僚的表现无法进行有效评估的另一个原因是，为了让评估真实可靠，需要考虑太多的可变情况。这不仅仅是因为人类是复杂的，而且因为制定出来的正确回应的测量标准往往是不恰当的。同样重要的是，在没有干预的情况下，几乎没有任何方法可以定期确认服务对象会发生什么情况。在一个职业培训项目中，可能有40%的受训者能顺利就业，但要评估其有效性，需要了解在全体受训人员中，受训者的就业潜力如何，以及如果没有该项目，参与者的就业率会是多少。如果该项目的参与者来自最不愿工作的群体，那么40%的比率可能是非常高的。然而，如果参与者来自最愿意工作的群体，也就是这些人是"被挑选出来的"，那么40%的就业率可能会被认为是过低和不理想的。只有当我们了解受训项目开始前参与者的详细情况，我们才能准确评估该就业率是高还是低。

例如，在20世纪60年代的提升计划（Upward Bound program）中，对单个计划的评估最终被证明是不可能的，因为没有办法确定让相当高比例的学生进入大学的项目是从高风险学生还是从低风险学生开始的。计划负责人被鼓励招收高

---

① 关于绩效评估问题的进一步讨论，参见第十一章。在这里，我们的目的只是阐明如下命题：街头官僚机构工作的一个常见的关键性条件，就是其绩效难以测量。

风险学生，但没有人能够从测试或可获得的学生背景信息中分辨出谁是高风险者或者谁不是。一位就读于较差高中的贫困黑人学生通常会被认为是高风险的。计划通常会选用成绩还不错的学生，而忽略那些可能风险更高的学生。如果这些计划取得成功，那么究竟是因为慎重地选择了学生，还是因为实施了有效的计划？此外，评估必须考虑社会或经济环境的变化。国家就业趋势或民权取向的变化也可能会使计划取得成功，但这种成功不能归因于计划本身。

在某种程度上，公众对街头官僚决策自主权的尊重也是一种独有的特征。这种尊重是职业精神的一个重要方面，并且在街头官僚工作的所有领域都有一定的适用性。虽然公众的尊重与酌情判断的需要、目标模糊性（由专业人员定义目标）和决策复杂性有关，但它有自己的意义，特别是在公共官僚机构试图将制定绩效评估指标作为加强官僚控制的前提条件时。

与大多数组织的工作相比，街头官僚往往较少受到监督审查，而街头官僚的工作规范也会最大限度地减少这种监督。这可能是因为主管人员愿意尊重专业人员的诉求（例如，大多数学校的教师很少会遇到校长在教室里巡查，就算要巡查，教师也会提前接到通知，让他们能设计出比较好的课堂互动）。或者，这可能是因为，能够行使自由裁量权的公职人员希望拥有某种不受监督控制的自由（举例来说，只要警察看起来足够恪尽职守，上级就不会一直监督他们）。① 无论这种自由的来源是什么，它本身都会导致绩效评估出现问题，尤其是在同行评议是实现工作质量问责制的途径之一的情况下。

然而，尽管存在这些困难，官僚机构还是制定了一些绩效评估标准，并根据这些标准测量公职人员的表现。例如，警察通常被要求每月逮捕一定数量的犯人。社会工作者被要求每月保持一定的帮扶人数和结案率。但这些测量标准只与公共安全或服务对象处理问题的能力有关，在一定程度上，处理这些问题与和服务对象进行互动的目标是关联的。它们与公职人员行为的适当性或公平性毫无关系，然而它们是最终评判工作人员的标准。

不仅这些标准与目标的关联是可疑的，而且测量结果的增加或减少是否代表着更好或更差的表现，也是不明确的。最好的例证就是犯罪统计数据的推断问题。逮捕率上升是否表明警察的表现有所改善？或者它们是否表明警察表现变差了，犯罪活动变多，因此可以捕获的犯罪分子数量增加了？实际上，逮捕率的变化可

① Rubinstein, *City Police*, pp. 32 - 43, 67.

能只能反映出警察巡逻的重点发生了较大的变化，无法说明上述任何一种假设。申请福利救助人数的减少是否标志着官僚业绩的改善？只有当"改善"被定义为申请福利的人数减少、造成福利需求的经济保持稳定以及福利机构不会采取措施影响服务对象申请意愿时，以上观点才能成立。这些仅仅是观察到的具体例证，即机构生成的统计数据可能很少告诉我们其宣称的所能反映的现象，不过能够反映很多关于产生这些统计数据的机构的行为信息。①

尽管绩效评估存在困难，但街头官僚机构确实抓住了绩效评估的某些方面。街头官僚机构倾向于去寻找一些报告，这些报告可以告诉它们什么可以被测量，并以此作为实行控制的手段。相应地，工作人员的行为反映了这些测量标准中隐含的奖惩措施。

社会学家布劳（Peter Blau）强调绩效评估和行为之间的关系时首先说，据他观察，当他所研究的就业机构开始根据就业率进行评估时，就业顾问就将他们的工作重点转移到更容易就业的人身上，牺牲那些更难找到工作的人的利益。② 这说明了一个通例，即组织中的行为倾向于与评估组织的方式相容。

街头官僚机构也会测量公职人员的培训和经验，以此作为测量其工作质量的一种方式。这些替代标准所代表的工作品质被假定为与良好的绩效有关。因此，尽管教师所受到的学术训练与有效教学之间的关联仍须存疑，但评估一位教师时，往往还是根据其教育背景。尽管尚不清楚越多的培训或经验是否与越好的工作表现有关联，但街头官僚机构往往还是以公职人员的经验或培训作为优质服务的标志。低收入父母常常会担心有经验的教师会行使资历权，调任到富裕社区的学校。但是经验与有效教学之间的关联性是存疑的。经验较少的教师可能更有教学兴趣、精力更充沛、更踌躇满志，掌握着较新的知识，更熟悉新技术，对低收入群体更有同情心。（当然，由于缺乏良好的绩效评估指标，我们很少有机会测试替代测量标准与这些测量标准对绩效的影响。）

组织本身制定替代的绩效评估指标，并在此基础上进行测量和被测量。在缺乏绩效评估标准的情况下，案件量、逮捕率、入户率和公职人员/服务对象比率等为公共机构的工作活动提供测量标准。这些替代标准在实践过程中变得具体化，

①　John I. Kitsuse and Aaron V. Cicourel，"A Note on the Use of Official Statistics," *Social Problems*，vol. 11 (1963)，pp. 131 – 139.

②　Peter Blau，*The Dynamics of Bureaucracy*，rev. ed.（Chicago：University of Chicago Press，1963），chap. 3.

并指导组织未来的实践。①

组织倾向于在不干扰公职人员与服务对象打交道的情况下，测量容易量化的工作内容。组织的注意力集中在两个主要考虑因素上。首先，组织非常关注公职人员使用时间的方式。控制课堂秩序和展示学生的纪律性是评价教师的重要标准，主要是因为这些标准可以使课堂在不受干扰的情况下被观察和评估。②

由于达成学校目标的决定性因素是在学校组织框架内学生与教师的互动，在达成学校目标方面，组织对教师的行为进行控制的手段，主要是施行一些与教师行为有关的规则。因此，行政人员可以依据上述标准来测量教师遵从这些规则的程度，而不是依据教师的教学效能。不幸的是，对于许多行政人员来说，他们认为这两者几乎是同义的。③

其次，组织可以制定绩效和质量测量的替代标准，但公职人员可以进行自我调适以符合这些标准，并不受组织控制。由于他们的自我调适还未受到仔细审查，因此警察可以在一天内完成交通罚单的分配指标，或者通过将抢劫记录成盗窃来减少重罪的发生率。④ 住房督察员可以通过检查更多的房屋来创造出绩效提高的假象，但这是以降低标准和减少每次检查所花费的时间为代价的。⑤ 街头官僚机构试图向公众宣传替代标准的有效性，以便通过绩效标准让公众相信它们是负责的。尽管它们目前正在努力开发信息系统，以给人留下其积极提高生产力的印象，但

　　① 参见 Stanton Wheeler, "The Structure of Formally Organized Socialization Settings," in Orville Brim, Jr. and Stanton Wheeler, *Socialization after Childhood：Two Essays* (New York：John Wiley, 1966), pp. 102ff。

　　我们可以假设，街头官僚开发以及公众接受这些替代绩效评估标准的意愿，会强化保守的倾向。当这些具象化的品质被认为是好的或重要的，甚或它们只是决定了机构的奖励结构时，表现出这些特征的人就会根深蒂固。重要的是，当这些替代标准受到挑战时，会使现状产生令人不安的后果。这就是为什么警察部门在改革时可以通过坚持把大学学位作为就业条件来得以强化。那些在旧制度下如鱼得水的人在这种创新中处于不利地位。但这只适用于那些以前拥有相对较多受教育程度低的工作人员的部门。极端地说，在一个受过高等教育的部门，禁止雇用大学毕业生也会是一个不稳定的但可能是有利的改革。同样，奖励那些以前有外部工作经验的教师，或者奖励那些在与广大学生互动方面表现出特殊能力的教师，也可能会破坏现状，因为这些品质通常不会受到公立学校系统的奖励。

　　② Hawley, "Organizational Rigidity in the Public Schools," p. 13.

　　③ James G. Anderson, "The Authority Structure of the School：System of Social Exchange," *Educational Administration Quarterly*, vol. 3 (Spring, 1967), p. 136, cited in Hawley, "Organizational Rigidity in the Public Schools," p. 13.

　　④ David Seidman and Michael Couzens, "Crime, Crime Statistics, and the Great American Anti-Crime Crusade：Police Misreporting of Crime and Political Pressures" (Paper presented at the Annual Meeting of the American Political Science Association, Washington, D. C. 1972).

　　⑤ 大体上可以参见 Pietro Nivola, "Municipal Agency：A Study of the Housing Inspection Service in Boston" (Ph. D. diss., Harvard University, 1976)。

实际上几乎没有任何有效的统计数据可以表明工作质量确实有所提升。

赫希曼（Albert O. Hirschman）曾指出，组织进行自我纠正的方式一般有两种。组织中的成员或消费者可以不再给予组织支持，并通过这样做向管理者发出信号，表明组织出了问题。或者，他们可以表达他们的担忧或反对意见，并通过这样做帮助组织进行自我纠正。① 然而，公民通过退出或发言来影响组织的能力取决于他们接收到的相关组织信息的清晰度。②

一般来说，公共官僚机构，特别是街头官僚机构存在的一个重要问题是，服务对象接收不到相关信息，以让他们对所受到的待遇进行比较或评估。他们也无法将其今年受到的待遇与其他年份的进行比较，或者将所在机构的表现与其他类似机构的进行比较。一般公民，特别是穷人，如果无法对所体验的服务进行比较，也没有依据认为他们应该得到更好的服务，那么他们就会接受较低水平的服务。他们的参照系，如果有的话，是经验性的。但是，由于大多数服务对象彼此处于隔离状态，因此很难有效地解释他们的情况，只能够任凭街头官僚对他们的情况加以解释。

有关教育券实验的经历可以说明街头官僚机构缺乏绩效评估的重要性。首先，教师非常不愿意与其他教师、其他学校的教职员工进行比较。其次，父母很少选择仔细寻找最好的学校，而是倾向于支持传统学校。从目前的分析来看，当父母没有了解哪所学校更好时，人们很难指望他们会行使选择权。无论他们对学校有什么抱怨，都可以将其归咎于自己或孩子的问题。由于缺乏可靠的信息去了解他们有哪些替代选择，因此，一般情况下父母都会选择能带来安全感的已知情况，而不会选择未知情况。值得关注的是，在学校系统能够清楚地对每所学校的课程进行区分的实验中，家长们确实行使了相当大的选择权。③

总之，无法测量街头官僚的绩效会对组织控制产生广泛影响。监管人员和机构主管可以对公职人员进行训导，但不能将公职人员活动与组织偏好紧密联系起来，除非他们能够监测公职人员的绩效，并确定他们是否符合指标。尽管如此，

---

①　Albert O. Hirschman, *Exit*, *Voice and Loyalty* (Cambridge, Mass.: Harvard University Press, 1970).

②　参见 Hawley, "Organizational Rigidity in the Public Schools," p. 12。

③　Gary Bridges, "Citizen Choice in Public Services: Voucher Systems," in E. S. Savas, ed., *Alternatives for Delivering Public Services* (Boulder, Colo.: Westview Press, 1977), pp. 51 - 109; David K. Cohen and Eleanor Farrar, "Power to the Parents? —The Story of Education Vouchers," *Public Interest*, no. 48 (Summer, 1977), pp. 72 - 97.

替代性绩效指标的制定是为了向各机构和公众提供控制工具，即使这些工具可能并不是十分恰当，甚至可能会与组织目标背道而驰。这些测量不一定会朝着机构或公众所希望的方向发展，但它们确实能影响公职人员的行为。而街头官僚意识到了绩效评估会限制他们的自主权，于是积极抵制它们的发展和应用。

第五章

与服务对象的关系

非自愿的服务对象

街头官僚机构所面对的服务对象是非自愿的。这一点在警察部门等强制性公共机构中尤为明显，但是，当机构与服务对象的强制性关系不太明显时也是适用的。这是由于街头官僚机构向公民提供的基本服务是他们无法从他处获得的。政府机构可能垄断了这些服务，或者服务对象可能无力负担私人服务，抑或他们可能没有获得这些服务的现成渠道。例如，潜在的福利受益者在某种意义上讲是"自愿"申请福利，但如果服务对象没有获得收入的其他办法，那他们参与福利制度就很难算是"自愿"的。

在一个没有被政府垄断的基本服务领域，政府只会将这项服务供给穷人。例如，医疗卫生和法律服务，公众可以通过私人渠道获取，但成本会相对较高。在这些领域中，从私人渠道获得帮助的成本相较于收入而言是如此之高，以至于穷人被迫向公共机构寻求帮助或干脆放弃寻求帮助。一个人越贫穷，就越有可能成为不止一个机构，而是多个街头官僚机构的非自愿服务对象。相对富裕的人可以找私人医生，而不是去公立诊所。对所在学校体系不满意的中产阶级可以更换住所和学区。然而，穷人是很难有这些选择的。穷人和公共机构的关系也为以下结论提供了依据，即国家提供给穷人的服务，在质量上是有所差异的。事实上，我们或许能预测，因为穷人更依赖公共机构，所以公共机构提供给富人的服务与提供给穷人的服务是不同的。①

---

① 其他人对一些组织的服务对象的非自愿程度进行了研究，他们试图评估这种区别对于服务和组织行为的重要性。参见 Elaine Cumming, *Systems of Social Regulation* (New York: Atherton, 1968)。汤普森 (James D. Thompson) 曾经讨论过对于组织成员和非成员来说，两个变量（一个组织的成员在多大程度上受到组织规则和假设的严格控制，以及非成员——在此是指服务对象——是否自愿参与同组织的互动）对于他们的关系的影响程度。汤普森将互动变量仅分为两个，代表了极端形式的选择，没有考虑任何阶段性变化的变量。当我们把汤普森所提出的两个变量加以结合之后，可以得到四种组织的类型。而我们在此所做的分析，其焦点在于以下可能性：通过分析，大多数穷人很有可能是被迫与公共机构进行接触与互动的。参见 Thompson, "Organizations and Output Transactions," in Elihu Katz and Brenda Danet, eds., *Bureaucracy and the Public* (New York: Basic Books, 1972), pp. 191 – 211。

说街头官僚机构的服务对象是非自愿的，用意何在？服务对象的自愿和非自愿又有什么不同？为什么我们要把这种考量提高到街头官僚工作条件的首要位置？

如果街头官僚机构的服务对象是非自愿的，它们就不会受到服务对象的训导和约束。街头官僚机构通常不会因为无法满足服务对象的要求而遭受任何损失。街头官僚机构会尝试处理大量的投诉，毫无疑问，它们会尽量不让民众觉得它们是难以沟通的、反应迟缓的。但是，成功地处理投诉和改变政策以回应服务对象的不满，这两者相去甚远。然而，接受服务对象的投诉并调整相应的政策，这是组织从服务对象那里学到的少数方法之一。①

有时候，街头官僚机构甚至会因为服务对象数量减少而得到奖赏。美国的公共福利机构因其所服务的服务对象数量过多而备受批评，尽管在多数情况下，如果公共服务机构所服务的服务对象不足符合资格的服务对象数量的一半，可能会被视为巨大的失败。在其他时候，街头官僚机构对服务对象的流失和不满毫不在意。这在一定程度上归因于此前提及的一个论点。也就是说如果相较于供给，服务对象对于服务的需求是无穷无尽的，那么一些服务对象对于服务的质量和水平感到不满，也只意味着这些服务对象的位置将被那些正在寻求服务且愿意承担服务成本的人所取代。

即使在某些情况下，我们假设街头官僚机构会因服务对象流失而遭受损失，街头官僚机构也往往对此表现得毫不在意。以中心城区的公立学校为例，这些学校流失了白人学生、中产家庭的学生，也留不住下层学生。尽管学校的收入是根据每名学生的平均出勤率而定的，但学生数量的减少对学校的实际运作却影响甚微。

或许有好几种方式可以解释这种回应的缺失。举例来说，资深教师的终身任职制可能意味着，教师会认为入学率的下降不会威胁到他们的工作；或者是学校的管理人员会认为他们无力对抗郊区学校和教会学校的吸引力，也没有能力去影响辍学者的学业水平。无论学校关于对入学率下降一事反应迟钝的解释是什么②，令人吃惊的是，学校很少重视那些留住生源的计划，也很少强化旨在宣扬学校优

① 服务对象能够影响医生行为的程度，正是弗雷德森（Eliot Freidson）在以下文章中的主题："Client and Medical Practice," *American Journal of Sociology*，vol. 65（January, 1960），374 - 382。另参见 Amitai Etzioni，"Administration and the Consumer," *American Sociological Quarterly*，vol. 3，no. 2（September, 1955），pp. 257 - 264。

② 参见 Willis Hawley，"Organizational Rigidity in the Public Schools,"（paper presented at the Annual Meeting of the American Political Science Association, September, 1971），p. 15。

势和改善其长期预算状况的公共关系。与此相反，学校在地方利益集团的政治竞技场上争取它们的预算，却不重视服务对象的满意度。

服务对象所具有的非自愿性质，不仅对公共服务的整体方向有着重要的意义，也对街头官僚与服务对象的互动质量有着重要的影响。从根本上来说，这是由于非自愿的服务对象无法避免和停止与街头官僚打交道。当双方都可以自主决定继续还是停止互动时，互动的参与者将会在结束互动关系之前，设定自身所能承受的代价的限度。如果这种互动是工具性的，也就是说，如果参与者都想从对方那里得到一些东西，那么，只要他们认为目标的价值高于实现目标所需的成本，他们就会继续维持这种关系以实现他们的目标。这就允许参与者使用各式各样的隐性谈判策略，尤其是在维持这种关系对双方都有利的情况之下。①

然而，如果其中的一方不是自愿进入这段关系中的，或是他们必须维持这种关系以获取一种他们所高度期望的利益，而这种利益是无可替代的，且被关系中的另一方所控制时，互动的性质就会发生变化。非自愿参与互动的一方将会承受更高的成本。事实上，互动的自愿性越低，从人们所能接受的代价限度视角来理解这种互动就越没有意义，因为服务对象无法轻易停止互动。

街头官僚可以通过一些手段来使服务对象付出代价，如人身攻击、疏忽对待、刻意造成服务对象的不便等等，然而他们却不必付出会遭受对方报复的常见代价。当医务人员将病人称为"垃圾""骗子""无赖"等时，人们会很容易认为，这是他们面对底层社会的人时所具有的道德优越感的反映。②然而，疏于照顾病人和辱骂病人是他们把服务对象作为病人时，这一关系所具有的非自愿本质所导致的，而不必然是官僚主义或阶层差异所造成的。据观察，当专业人员的数量有限时，私人诊所的医生也会疏于照顾病人，但是当病人有其他医疗途径可供选择时，医生就会变得更为关注病人。③

用一些街头官僚机构所使用的委婉语来说，它们不必担心服务对象会"潜逃"。如果服务对象拒绝继续和街头官僚机构打交道，那错误总会被归咎到服务对

---

① 我发现关于交涉的最平易近人的作品是：Thomas Schelling, *The Strategy of Conflict* (Cambridge, Mass.：Harvard University Press，1960)。

② Julius Roth, "Some Contingencies of the Moral Evaluation and Control of Clientele：The Case of the Hospital Emergency Service," in Yeheskel Hasenfeld and Richard English, eds.，*Human Service Organizations* (Ann Arbor, Mich.：University of Michigan Press，1974)，p. 502. 若想进一步了解此处未言明观点的一般性讨论，参见 Erving Goffman, *Strategic Interactions* (Philadelphia, Pa.：University of Pennsylvania Press，1969)。

③ Eliot Freidson, *Professional Dominance* (New York：Atherton，1970)。

象身上。"逃亡者""辍学者""无可救药者""与社会脱节者"等标签都暗示着服务对象的离开是由服务对象的自身缺陷所导致的。

冲突、互惠和控制

服务对象的非自愿性有助于解释为何他们不属于街头官僚的主要参照群体（参见第四章）。但这并不意味着服务对象在这种关系中是完全无助的。从某种意义上来讲，街头官僚也依赖于服务对象。服务对象拥有大量的资源，可以将各种低水平的成本强加到街头官僚身上。这是因为街头官僚必须让服务对象遵从他们的决定，尤其是当对街头官僚的评估是依据服务对象的行为或表现的时候。

监狱的秩序是狱警通过做出一些调整以换取囚犯对规则的遵守而得到的。[①] 大多数社会组织也是如此。为了顺利开展工作，警察必须征得逮捕的犯罪嫌疑人的同意。教师必须确保学生们的合作，才能开始教学。社会工作者在做出决定时要得到福利受益者的同意，否则将面临耗时甚久的上诉流程。一个孩子由于怕惹老师生气而不敢问问题，一个交通违法者认为警察有失公允却不敢提出质疑，一个法律服务对象觉得困惑却不敢对案件提出质疑，都属于在互动中积极主动地进行合作。

除了较具强制性的官僚机构外，在大多数情况下，服务对象都会认同街头官僚职位和决定的合法性，因为他们预料到持异议不会有什么成效，或者认为自己会从街头官僚的决定和采取的行动中受益（有时候这两种因素是结合在一起的）。大多数人与官僚机构的接触似乎都以服务对象的认可和同意为特征，但是服务对象的选择结构限制了他们认为切实可行的其他替代行为。简而言之，服务对象的同意和认可一直在公共机构的掌控当中。

街头官僚不需要发布指令。因为服务对象会自我控制，以应对街头官僚更胜一等的权力。这并不是说服务对象会因为意识到不合规的行为会遭到迅速报复，而变得温和顺从。相反，大多数人对于街头官僚的服从，可以说是由于街头官僚机构所具有的优势地位，它们控制着服务对象期望得到的福利，有拒绝给予服务对象福利和使服务对象付出更大代价的潜在能力。

对街头官僚的服从也缘于社会环境，因为环境会全面地暗示服务对象有关行

---

① 参见 Gresham Sykes, *Society of Captives*（Princeton，N.J.：Princeton University Press，1958），pp. 48 - 58。

为的预期。例如读者在图书馆里降低音量，被告恭敬地与法官交谈，病人安静地等待医生，孩子们对老师的服从，这不是由于服务对象害怕迅速受到报复，而是因为服务对象对于"适当的"行为模式有广泛的了解，并清楚地意识到偏离这些规范可能会受到相应的惩罚。①

尽管如此，街头官僚有时候会呈现一些行为以强烈暗示这种推断是有依据的。街头官僚确实会通过斥责或其他方式惩罚那些偏离了广为接受的行为标准的服务对象。街头官僚主导着他们与服务对象的互动。他们会暗示和教导服务对象如何"举止得当"。他们会在政策目标之外，构建其工作模式以最大限度地控制服务对象。

控制服务对象的需求在许多工作领域都相当明显，而不仅仅是在街头官僚机构当中。街头官僚与服务对象的关系在某种程度上是互惠的。如果其中一方试图控制另一方，那么另一方会增加这一方获得或行使控制权时的成本，即使这一方无疑是更强的一方。据观察，这种状况从游击战到集中营都是普遍适用的，而在街头官僚机构的几个方面，其具有较为特别的形态。

第一，街头官僚通常被繁重的工作负担和快速处理的要求压得喘不过气来，因此，服务对象只要占用街头官僚的时间，就能给他们带来显著的成本。由于对服务对象来说，他们的时间可能不太值钱，或是他们对于需求的重视高于对时间的重视，因此，他们可能拥有大量的时间资源，且可以利用这些资源来影响他们与街头官僚之间的关系。

第二，街头官僚在获得服务对象服从方面所能使用的资源是受限的。这些限制包括公平和正当诉讼程序等职业和官僚标准，这在一定程度上限制了街头官僚能够对服务对象做的行为以及不能做的行为（尽管存在最为离谱的例外情况）。另外，街头官僚也受到合理对待他人的社会规范的约束，并且他们认识到权力应该与责任相伴，尤其是在其所面对的服务对象被证实为（或被定义为）有着明显的社会或经济需求时。这一点之所以被强调，并非由于街头官僚被完全禁止滥用职权，而是为了说明在街头官僚行使控制权时，要同时限制他们对权力的滥用。对过于严厉的现代官僚机构来说，如果罪行被公布，那么它们会失去合法性。另外，如果它们需要使用强大的力量才能保证对服务对象有足够的控制，那么它们最终

---

① 在精神病院以及其他会完全限制人们生活的机构中所收容的服务对象会被诱导去强化别人对他们的控制。关于这种情形的讨论，参见 Erving Goffman, *Asylums*（Garden City, N. Y.：Doubleday，1961），pp. 177 - 207。

会是低效的。

第三，在某种程度上，服务对象的满意度和表现对于街头官僚来说是重要的。成功的干预、谢意的表达和服务对象的行为朝着预期方向改变等都会受到街头官僚的重视，无论这些发展能否合理地归因于他们所做的工作。

服务对象有时候会操纵街头官僚所获得的满足感，以影响未来的互动。服务对象的策略包括被动服从和默许，对街头官僚所遇到的问题表示同情，以及谦逊地接受他们对自身处境负有责任。服务对象的弱势地位使得他们在自我管理时会进行共谋，以避免得罪街头官僚或是让街头官僚得到不利于他们的负面证据。在某些情况下，服务对象可以表达愤怒或是要求得到自己的权益，但这些策略只在个别情况下有用，而且效果通常不会持续太久。①

虽然服务对象拥有一些可以影响和街头官僚之间的关系的资源，但这种关系绝不是均衡对等的。这是一种"单向的"的权力关系，在这种关系中，"做出决策和执行决策的力量，是一方所独占的或近乎被一方所独占"②。尽管这种关系主要是由街头官僚的优先序和偏好所决定的，但这种关系的性质和期限在很大程度上受到工作限制的影响。

服务对象的社会建构③

人们以独特的个体身份与街头官僚机构打交道，每个人有着不同的生活经历、个性和处境。在与街头官僚机构的接触中，人们被转化为服务对象，并且被归入数量不多的几个类别当中。当人们被街头官僚作为服务对象对待，也把自己作为服务对象来看待时，仿佛自身完全符合特定官僚机构的标准化定义。把人们转变为服务对象，将其归属到不同的类别以便于街头官僚处理，以及按照不同的类别来对待服务对象，是一个社会过程。服务对象所具有的特征不存在于这个过程之外。而这个过程所具有的一个重要部分就是人们学会了把自己当作某个类别之中的实体。

① Goffman, *Strategic Interactions*.

② Ira Katznelson, *Black Men, White Cities* (New York：Oxford University Press，1973)，p. 25. 关于主宰者与从属者之间关系的研究的概念化过程，请参见第二章。

③ 这部分的标题很明显是改写于（而且我相信应该是颇为贴切的）以下这本著作：Peter Berger and Thomas Luckmann, *The Social Construction of Reality* (Garden City，N. Y.：Doubleday，1976)。若想进一步了解对服务对象进行分类的过程的详细讨论，参见 Jeffrey Prottas, *People-Processing：The Street-Level Bureaucrat in Public Service Bureaucracies* (Lexington，Mass.：Lexington Books，1979)。

如果"现实"是一种社会建构，如果构成现实互动的人们之间没有冲突，或者他们是相对平等的，那么我们可以就社会建构的特征达成普遍的共识。观看拳击比赛的观众可能会就拳击场上发生的事情有着一致的看法，尽管他们来自不同的阶层（即使在这种情况下，我们也要谨慎一些，因为打斗对来自不同阶层的人可能意味着完全不同的东西）。同样，拳击手对于现实的看法也可能是一致的，因为他们有着好好表现的共同目标，或是因为他们在打斗当中实力相当、棋逢对手。

然而，在服务对象与街头官僚所关心的现实情况这一方面，双方意见不一。这至少是因为双方在目标上有着内在冲突，而且关系极不平等。街头官僚认为他们所做的事情与服务对象认为正在发生的事情之间没有什么联系。服务对象倾向于将他们的需求视为个体问题，并将他们的需求视为个人期望和不满的表达。服务对象往往期望能够被视为个体且被合理对待，而这种期望在很大程度上受到公共机构和整体社会的鼓励。另外，街头官僚将服务对象的问题视为对不同类别的行动的要求。个别服务对象的问题会被视为整体问题的组成部分。对恰当地处理问题的期望，是基于能对整体工作进行最佳处理的、令人满意的解决方案，而不是基于个体案例的最佳解决方案。服务对象寻求的是服务和利益，而街头官僚寻求的则是控制服务供给的过程。

街头官僚对于服务对象的控制有四个基本方面，每一项都显著地影响着服务对象"构造"的某些维度。简而言之，街头官僚行使控制权的方式如下：（1）将本应由机构来提供的奖励与惩罚进行分配；（2）建构服务对象与街头官僚、街头官僚机构互动的情境；（3）教导服务对象如何做服务对象；（4）在与服务对象建立关系方面，分配相关的心理奖惩。

分配奖励与惩罚

在分配奖励与惩罚方面，街头官僚显然会影响服务对象的相对福祉。他们可以促进改变和发展，影响服务对象所拥有的资源，使服务对象遭受损失或是享受福利。

虽然获取公共服务的资格早已有章可循，但是，实际上有相当一部分人的资格是存在问题的。规章制度只是提供了资格认定的指导纲要而已。这可能是因为街头官僚在当时的情况下确定服务对象的资格时必须使用自由裁量权，就像公设辩护律师必须做出关于服务对象是否面临紧急情况的决定，进而确定他是否符合组织政策规定的服务资格。也可能因为对服务对象的行为或背景进行分门别类的做法就是一种自由裁量权的体现，就像评估某个学生或囚犯的行为是否无礼一样。又或是因为服务对象所属的类别实际上是有问题的、不固定的，例如在司法裁决中，未成年被告会被认为"基本上是一个有麻烦的好孩子"，而不是"一个烂苹果"。① 在某种程度上，奖励或惩罚的分配是由街头官僚和服务对象通过人际策略和隐性操纵来进行协商的，那么奖励和惩罚的分配显然是构建服务对象档案这一过程的组成部分。

建构情境

上述情况引出了街头官僚对服务对象进行控制的第二个方面。街头官僚与服务对象互动中最重要的就是那些影响互动结构的方面：互动何时发生、发生的频率如何、在什么样的情况下发生以及双方能够使用什么样的资源。互动的结构限制并决定了服务对象在进行回应时可能选择的行为的范围。② 街头官僚会组织决策制定的情境，以便于他们能在最有利于控制服务对象的情境下应对服务对象。在这种情况下，街头官僚不用因担心服务对象报复而受到约束，而且在很大程度上可以把任何相关成本强加给服务对象。因此，街头官僚会制定常规程序，让人们为服务对象的身份做好准备，而他们的机构会采用标准化的人员处理方式，以最大限度地利用机构的资源（参见第七章至第九章）。这样一来，服务对象在采取破坏性的、敌对的或不合作的行为之前就会被阻止。

教导服务对象扮演恰当的角色

街头官僚控制服务对象的第三个方面就是教导服务对象扮演恰当的角色。在学校里，我们观察到关于服务对象这一角色的教导过程，孩子们被社会化，被要求遵守规则以维持课堂秩序（以及现代工业和行政工作对他们的要求）。老师教导孩子们如果他们想说话就得举手，要牵着同伴的手两个人一起走，在规定的时间内开始和完成他们的作业。

虽然就处理工作所建立的常规程序来说，许多经验都得到了适当的探讨（参见第九章），但在这里还是要提出关于教导服务对象扮演角色的几个方面的内容。

---

① 关于在法院审理青少年犯罪的案件时，这种差别所具有的重要性，参见 Robert Emerson, *Judging Delinquents* (New York: Aldine, 1969)。

② 关于结构和行为之间的差异，参见 Katznelson, *Black Men, White Cities*, chap. 2。

设想一下这样一种情境，一个相对现代的官僚机构必须按照常规程序来处理服务对象的问题，而服务对象却不知道官僚机构对他们的期望是什么。如此一来，无助的服务对象可能要付出沉重的代价。在南欧和东欧公民大规模移民美国期间，埃利斯岛对移民进行的非人性化的大规模处理就是一个例子。但是，官僚机构的顺利运作需要服务对象的合作，也就是说，如果服务对象出于愤怒或无知而未能与其合作，那么这可能会阻碍官僚机构的运作，官僚机构就不得不教导服务对象，让他们表现出符合期望的行为。从以色列的新移民中就可以观察到这种现象，他们来自传统社会，往往对现代社会机构的运作缺乏基本的了解。

> 举个例子，一位公交车司机下车去教乘客排队的观念，即"先到先得"，这对许多新移民乘客来说是一个新的观念。同样，可以看到婴儿保健诊所的护士以非正式的方式教导妇女，她们的哪些需求符合婴儿保健服务的范围，哪些问题需要向其他机构求助。[1]

街头官僚教导服务对象扮演恰当的角色这件事并不仅限于孩子和首次到访现代官僚机构的移民。虽然有些新的服务对象可能必须从头接受指导，但更普遍的情况是，人们已经适应了要求，偶尔才需要被重新提醒什么是恰当的行为表现。在大多数时候，人们行为得体、举止得当，还能为他人树立典范。但如果人们偏离正确的行为准则，街头官僚就会鞭策他们做出正确的行为。警服、警棍和手枪足以提醒大多数对警察有不敬倾向的市民尊重警察的权威。教师们有各种各样的小奖励（星星贴纸）和惩罚（放学后留下来几分钟）来使孩子们保持秩序。

服务对象的行为持续偏离期望往往会给其带来严重后果。有人观察到，当服务对象不允许公设辩护律师口述面谈条款时，律师会结束与服务对象的面谈（这是一种非常不专业的做法）。[2] 如果孩子们不断扰乱课堂秩序，教师们实际上可以剥夺他们受教育的权利。警察希望市民服从命令。偶尔会发生警察将聋哑人或智力低下者误认为是公开违抗法令的正常人并对其开枪的事件，这些事件悲惨地证明了行为不符合预期的人将受到严厉惩罚。

街头官僚传达给服务对象角色的内容至少有四个基本的方面。第一，正如讨论表明的，他们传达了关于预期中的服务对象服从程度的暗示。而服从的程度会

① Elihu Katz and S. N. Eisenstadt, "Some Sociological Observations on the Response of Israeli Organizations to New Immigrants," in Elihu Katz and Brenda Danet, eds., *Bureaucracy and the Public*, p. 79.

② 这由霍斯蒂卡所指出，参见 Carl Hosticka, "Legal Services Lawyers Encounter Clients. A Study in Street-level Bureaucracy",(Ph. D. diss. Massachusetts Institute of Technology, 1976)。

因公共服务领域的不同而有所不同。学校的心理咨询教师可能会鼓励学生表现出独立性；法官会要求服务对象对司法程序的象征表现出绝对的尊重。而有人敏锐地观察到警方对黑帮成员的期望。

> 警察希望遵纪守法的公民以各种尊敬的姿态来对待作为法律代表的警察，表达对法律的尊重。警察希望犯罪嫌疑人能用身体动作传达出礼貌、殷勤、悔悟，也许还有恐惧。此外，希望嫌疑人使用诸如"警官"和"警察先生"之类的词语，以表明其对自己身为青少年犯的卑微地位有正确的理解。[1]

在街头官僚希望能得到的尊重的程度和形式方面，从每个官僚组织都可以观察到相似的情形。

第二，街头官僚传达了若服务对象未能表现出适当尊重将受到的惩罚。教师和警察显然通过案例教导大家要服从他们（他们会说"我要以儆效尤"）。他们不会轻易地让自己的权威受到冒犯，因为这样做会让人们得出相反的结论，即缺乏对街头官僚的尊重不会受到什么惩罚。这类结论通常是以一种微妙的方式来传达的。威胁、恐吓或惩罚往往只是暗示而不会真正地执行。

第三，街头官僚要让服务对象明白他们对官僚机构应有的期望是怎样的。这有些复杂，因为在某种程度上，社会通常教导公民，他们有权利得到平等的待遇和回应性服务。公共服务的理念促使人们向公共机构寻求安全、医疗、教育和其他方面的服务。让公众普遍认识到官僚机构具有程序烦琐、效率低下、腐败和拙劣等特点，有助于降低人们的期望值，但这并不能完全降低人们对官僚机构的期望，因为有些人仍寻求并希望得到反应迅速的服务。

在个人层面，街头官僚经常向服务对象传达这样的信息：他们不应该期待得到太多的服务。教师对学生的分段教学，即使是非正式的，也能准确地向学生传达这样一个信息：他们中的一些人没有被期望学到很多的东西。警方会直接告诉市民别对追回赃物抱太大的希望。社会工作者会告诉福利受益者，没有办法可以增加他们的福利了。

如果官僚机构真的无能为力，最好把这一点传达给服务对象。问题是，"什么也做不了"只是官僚机构或街头官僚个人不打算改变其工作优先序的一种说辞罢了。然而，对服务对象来说，很明显的是如果街头官僚改变其工作的优先序，那

① Carl Werthman and Irving Piliavin, "Gang Members and the Police," in David Bordua, ed. , *The Police: Six Sociological Essays* (New York: John Wiley, 1967), p. 87.

么他们就可以做更多的事服务服务对象。福利权利组织（Welfare Rights Organization）曾一度成功地开展运动，为其成员争取早已有权享受的福利，而这些福利未能实现是由于当地福利机构未能努力寻求服务对象的利益最大化。同样，在1964年至1965年纽约市的拒付房租运动中，租户们与拒付租金组织密切合作，以获得当地住房机构的重视。①"再没什么能做的了"这句话通常真正的意思是："在处理你的问题时，街头官僚的优先序不会改变，尽管实质上是可以改变的。"由于优先序可以改变而且经常频繁变动，因此，官僚机构有必要在政策的可变性上进行隐瞒（或者可能是由于官僚机构的管理者自己往往不相信或不理解优先序是可以改变的）。

在机构层面，官僚机构也试图传达出期望的适当水平。排长队不仅会让潜在的服务对象止步，而且会向他们表明还有很多人的问题要等待处理；因此，服务对象应该意识到，街头官僚只有极少的时间能应对他们，或是去解决他们的问题。福利部门工作人员会一起在一间办公室内对服务对象进行面谈，这样一来，街头官僚和服务对象都能听到所有正在进行的面谈的内容，以此让服务对象明白他们不应期望有什么隐私。基层法院的传讯过程清楚地向正在等待的被告传达了这样的信息，即法官很忙碌，法院已经制定了加快审理速度的程序，法院期望被告能配合审理的过程，以及大多数人接受了他们无法知晓审理情况的现实。

街头官僚经常试图让服务对象体会他们工作中的困难，以获得服务对象对他们处境的理解或同情。"我只是在做我的工作"或"我在执行命令"之类的话，有助于将服务对象带入机构的视角中。街头官僚会以友好而不是过于冲突的语气，含蓄地要求服务对象放弃自己在互动中的利益。但这中间几乎没有选择的余地，因为官僚组织的结构要求服务对象遵守规定，否则就有被掌握更多权力的街头官僚疏远的危险。毫无疑问，许多街头官僚都是真心实意地提出上述要求，他们也常常会得到服务对象发自内心的谅解。不过，在可能发生冲突的情况下，街头官僚在提出要求时，是以一种说服的方式而非强制性的方式来获得服务对象的服从。

第四，在某些情况下，街头官僚会传达如何运作该系统的有关信息。通过这样做，他们能够提醒服务对象在现有结构下有哪些可用的替代方案。大多数服务对象都想知道更多关于如何与官僚机构进行系统协商的信息，但是街头官僚很少

①　Michael Lipsky and Margaret Levi, "Community Organization as a Political Resource," in Harlan Hahn, ed., *People and Politics in Urban Society* (Beverly Hills, Calif.: Sage, 1972), pp. 195 - 196; Michael Lipsky, *Protest in City Politics* (Chicago, Ill.: Rand McNally, 1970).

街头官僚：公共服务中的个人困境

向所有服务对象提供此类信息。相反，街头官僚通过选择性地提供这些信息来行使自己的自由裁量权。这也成为他们能在不直接破坏官僚机构公平准则的情况下，对某些服务对象有所偏袒的少数几种方式之一。他们不会做出专门偏袒某个服务对象的决定。他们只是有选择性地告知服务对象如何充分利用系统而已。因此，他们在决策时遵循了公平性，只是有选择性地发布信息而已。然而，即便街头官僚在做出决策时遵循一视同仁的规范，在信息分配上受到青睐的服务对象仍将获得巨大的好处。服务对象知道自己该如何表现，从而增加街头官僚做出对自己有利的决定的可能性，这是一种实质性的优势。①

有时候，指导服务对象如何使用这个系统包括向某些服务对象提供特殊的信息来帮助他们。波士顿的公共住房官员在指导老年申请者申请紧急住房时就是这么做的。② 波士顿的住房督察员会提醒房东，他们可以通过某些听证会进行请愿。③ 有时候，街头官僚在指导服务对象如何影响系统时，会刻意歧视某些人，如拒绝向他们提供某些信息。如北卡罗来纳州的福利官员告知大多数的服务对象他们有权申请援助，但没有告知所有人。④

有时候，街头官僚也会教服务对象如何从其他官僚机构那里获得最好的结果。这种做法在那些准备把服务对象转介到其他官僚机构的工作人员中是很常见的。因此，社会工作者会指导服务对象如何在转介过程中获得良好的待遇。律师会指导服务对象如何给法官留下最好的印象。⑤

有时，只指导选定的服务对象似乎没什么害处，但这种做法几乎总是具有再分配效应。当被告被教导要表现出悔过的样子，这使得其他没有接受这种指导的

　　① 在指导服务对象的过程中，街头官僚所做的，其实是在促成某一个服务对象原本也会去参与的过程：想尽办法去获取任何他们认为能够提供最佳机会，或最有利后果的事物（像是获得最好的法官、教师、社会工作者；以正确的方式来措辞；或是把所有的文件都事先准备好；等等）。

　　② Jon Pynoos, "Breaking the Rules: The Failure to Select and Assign Public Housing Tenants Equitably" (Ph. D. diss., Harvard University, 1974), chap. 2, pp. 21 - 22.

　　③ Pietro Nivola, "Municipal Agency: A Study of the Housing Inspectional Service in Boston" (Ph. D. diss. Harvard University, 1976), chap. 3.

　　④ Alan Keith-Lucas, *Decisions about People in Need* (Chapel Hill, N. C.: University of North Carolina Press, 1957), p. 224.

　　⑤ 斯科尼克（Jerome Skolnick）曾经描述过，辩护律师在指导服务对象如何获得最有利结果时，会教他们在法庭上表现出悔意，并对自己的行为表现出困惑不解的样子，而不要试着去解释自己的行为，或者试图为自己脱罪（虽然这才是他真正想要做的事情）。参见 Jerome Skolnick, "Social Control in the Adversary System," *Journal of Conflict Resolution*, vol. 11, no. 1 (1967), pp. 59 - 67, in Jerome Skolnick and Richard Schwartz, eds., *Society and the Legal Order* (New York: Basic Books, 1970), pp. 414 - 423, citation at p. 418。

· 68 ·

人会显得目中无人。公共住房管理者教老年申请者如何具备紧急迁居的资格，以帮助他们更快地获得较好的住宅时，会导致其他具备同等资格的申请人处于不利的地位。福利官员在未能向所有人说明他们申请服务的权利时，就对潜在的福利受益者造成了伤害。①

从某种意义上来说，这种有偏见的指导仍是个秘密，有人可能会假定，官僚机构的合法性和公众对它们的尊重仍会进一步增强。没有人会觉得自己的情况变差了，而有些人会觉得自己受到了优待。但如果这些带有偏见的做法被人所知或公之于众，就有可能会破坏官僚机构的合法性。

心理奖励和惩罚

控制服务对象的第四个方面就是对服务对象进行心理奖励和惩罚，这产生于服务对象与官僚机构的互动或是服务对象的身份。心理方面涉及两个不同的部分。第一，涉及服务对象与官僚机构互动过程中所获得的奖励和惩罚。第二，涉及这种做法对整个社会的影响，这反映出街头官僚给服务对象指派的身份。

在任何互动中，人们都会看到对彼此看法的信号，并进行交换。② 在一场互动中，当一个人相对于另一个人而言拥有更高的地位和更大的权力时，这个人发出的信号就尤其强大。由于一个人的自我观念本质上会受到对他来说重要的人的影响，因而服务对象与街头官僚的互动具有心理上和物质上的双重影响。

服务对象与街头官僚互动所产生的心理影响可能是短暂的，这是因为这种互动不会持续太久。警察对嫌疑人采取的是轻蔑的还是尊重的态度，取决于嫌疑人表现出来的道德价值和他们对警察的尊重程度。而被这些权威的象征以尊重的态度或完全不尊重的态度来加以对待，也会影响公民对于自身的看法。在某种意义上，被警察拦住的人会知道自己是不是那种通常会得到尊重的人。

---

① 街头官僚倾向于表现出对某些服务对象的偏袒，而不是按照正式命令对所有人一视同仁，这在达内 (Brenda Danet) 的著作中有所探讨，参见 Brenda Danet, " 'Giving the Underdog a Break': Latent Particularism Among Customs Officials," in Katz and Danet, *Bureaucracy and the Public*, pp. 329 – 337。达内是从街头官僚 "潜在的特殊主义"（latent particularism）的角度出发对这种倾向进行讨论的。从组织的角度出发，我们可以基于 "去官僚化"（debureaucratization）的观点来讨论 "潜在的特殊主义"。参见 Elihu Katz and S. N. Eisenstadt, "Some Sociological Observations on the Response of Israeli Organizations to New Immigrants," in Katz and Danet, pp. 73 – 88。这里所讨论的指导服务对象的做法是 "去官僚化" 的一种形式。而 "去官僚化" 则是指偏离了一种官僚普遍性的理想行为。然而，该术语的使用多少有点不贴切，因为它也暗示了一种偏离官僚形式主义的行为。就实际情况而言，若是某一个官僚组织从未在一般意义上达到理想官僚机构的普遍性，那么其实并不能直接被称为 "去官僚化"。

② 关于这个观点的一般性讨论及说明，参见 Goffman, *Strategic Interactions*。

通常情况下，人们不明白为什么警察会拦下他们或把他们单独挑出来。他们会把警察粗暴专横的态度归因于他们的个人特征或身体特征。如果他们是少数族裔的成员，他们可能会得出结论，即他们的族裔身份引发了警察的干预，进而再次证实少数族裔身份所带来的危险，也坚定了他们关于警察是种族主义者的信念。

服务对象对街头官僚的怒气通常可归因于他们通过官僚机构寻求服务时所遭受的非人性化对待。然而，对大多数被警察逮捕、去急诊室或是出庭的人而言，这是单一的事件，对其人格的发展影响有限。但是，这些事件中的任何一件都可能导致服务对象与街头官僚的进一步纠缠，可能会强化服务对象此前已遇到的互动模式，或者可能会向其他官僚机构发出信号：将来应对该服务对象采取同样的（有害或有益的）做法。

服务对象与机构及机构雇员的关系越密切，这种互动所产生的心理影响就越持久和重要。因此，穷人对政府公共服务的依赖创造了一种情境，在这种情境中，服务对象与街头官僚的互动可能会产生具有实质性的心理影响。至少，当穷人从一个公共机构到另一个公共机构去寻求服务时，他们的依赖性和无力感也会增强，并由此产生愤怒的情绪。例如，在长期与福利系统接触以后，福利受益者会认为自己"配不上获得的服务"和"能够得到任何好处都是幸运的"①。

能够完全支配人们生活的公共机构对人们的人格发展具有广泛的影响。正如戈夫曼（Erving Goffman）所说的那样，精神病院会对符合工作人员预期的精神病人的行为进行奖励，进而教导病人如何真正地成为一名精神病人。因此，精神病院工作人员不仅教导服务对象扮演相应的角色，而且奖励扮演这个角色的人，因为对精神病人来说，这个角色也是他们显著的个人身份。②

公共机构与服务对象的接触越全面、越深入，服务对象的自我意象就越可能会受到持续的影响。治疗师和咨询师利用这个事实来积极地强化服务对象的自我意象。通过让服务对象住在支持性的过渡教习所、参加同伴互助小组和受其他环境的影响，一些治疗师不仅帮助服务对象取得心理上的发展，而且使他们在参与过程中免受矛盾意象的影响。③

---

① Joel Handler and Mary Jane Hollingsworth, *The Deserving Poor*（Chicago：Markham，1971）。另见 Kenneth Clark, *Dark Ghetto*（New York：Harper & Row，1965）。

② Goffman, *Asylums*；David Mechanic, *Medical Sociology：A Selective View*（New York：The Free Press，1968），pp. 115ff.

③ 关于埃德尔曼对于"助人职业"（helping professions）的观点，收录于 Murray Edelman, *Political Language：Words that Succeed and Policies that Fail*（New York：Academic Press，1977），chap. 4。

对大多数人来说，使他们心理反应最强烈的街头官僚就是教师。教师能强有力地传达对于孩子们学习成就的期望。这些意象会影响孩子的自我意象、自我期望和实际成就。通过正式的或更为隐蔽的、非正式的方式来进行分段教学，教师在向学生传达一些暗示，哪些人被期望学有所成，而哪些人不被看好。

就官僚机构与公众互动所产生的结果而言，其带来的政策问题不仅在于被贴上了将会学有所成或不能实现预期学习效果的标签的学生将会表现出教师对他们的预期水平，进而验证教师最初关于他们成就的预言①，还在于关于服务对象成功可能性的判断甚至不是基于其取得成就的潜力（无论这种评估做得多么粗略），而是基于对服务对象所处社会阶层的推断，或是基于其他街头官僚所积累或报告的"更靠谱"的数据，而这实质上是带有偏见的。

里斯特（Ray C. Rist）对一组小学生进行了仔细的研究，他发现，老师会根据幼儿园学生的衣着、举止、语言技能和社会背景，将其置于假定的能力分组之中，而在此之前，老师和孩子之间并没有进行过任何持续的互动，也没有进行过任何测试。②那些处于"快班"的孩子得到了老师大部分的教学注意力和课堂奖励，尽管他们的那些令人赞赏的表现并不需要什么认知技能。那些被归入"慢班"的学生从老师那了解到，他们不被期望取得什么成就，他们是那类会被有权威的大人（老师）和所谓学习能力较强的同龄人（"快班"的孩子）所忽略和嘲笑的孩子。与此同时，老师们会以各种方式来教导快班的学生形成正确的自我意象。他们不仅知道自己比其他孩子更为聪明，而且会认为嘲笑其他孩子是理所应当的。

里斯特指出，在随后的年级中，表现相对较差的"慢班"儿童（他们被老师认为是这样的，而老师也会保证这一点属实）学业表现不佳的情况会转变为具体的事实，并为其他老师的分段教学提供依据。他还发现，有迹象表明，尽管老师往往会忽视他们，但成绩较差的孩子确实在学习教材内容。老师并未发现这一点，这是因为老师不鼓励学习能力较差（和社会阶层较低）的孩子们展示他们的知识，而且课堂分段教学的累积效应也妨碍了他们展示所学知识。

---

① Robert Rosenthal and Lenore Jacobson, *Pygmalion in the Classroom* (New York: Holt, Rinehart and Winston, 1968); Ray C. Rist, "Student Social Class and Teacher Expectations: The Self-Fulfilling Prophecy in Ghetto Education," *Harvard Educational Review*, vol. 40 (August, 1970), pp. 411 - 451. 另见 Robert Merton, *Social Theory and Social Structure* (Glencoe, Ill.: The Free Press, 1957), chap. 11. 在没有与街头官僚互动过的情形下，将服务对象归入某些组别中，因而所产生的自我实现的预言，在本书的第十章中有详细的讨论。

② Rist, "Student Social Class and Teacher Expectations."

类似的经历在服务对象与其他街头官僚机构的互动中也有所体现。这种经历的影响力大小取决于服务对象对街头官僚机构的依赖程度和两者之间持续互动的程度。街头官僚的先入之见在随后的决策中成为事实的情况很常见。例如，法官对未成年人量刑严厉与否在很大程度上取决于被告的先前记录，而不是此次罪行的严重程度。① 学校对存在行为偏差的学生进行处理时，也是依据此前的记录。② 在这两种情况下我们很容易看出来，青少年会受到过去事件的影响，在过去他们可能遇到一些成年人，认为他们的行为是需要记录在案的，另一些青少年则或许是由于他们的阶层背景差异或是官僚机构的政治文化，而没有留下违法犯罪的记录。

对小学生进行非正式分段教学的例子将关注点引向了街头官僚机构为服务对象贴标签的第二个部分，即服务对象身份对于更大范围的社会的意义。不仅学习能力较差的孩子在自我意象的形成中融入了老师和学习优异者的观点，而且"学习迟缓者"的标签也和其他在孩子生活中扮演重要角色的人相关。父母们了解到他们的孩子被分配到"慢班"，他们可能会开始把自己的孩子视为头脑迟钝的人，或为孩子早早就注定走向失败而感到焦虑不安。兄弟姐妹也可能会嘲笑他们。正如里斯特所说的那样，在以后的多年里，老师们会把孩子所具有的能力等同于第一位老师最初所认定的能力。而孩子们也难以摆脱这种标签的含义。有时候人们可以通过提供大量相反的证据来改变人们对自己的刻板印象③，但是就本例的情况来说，互动过程的结构化，让所有的证据似乎都证实了老师们最初的判断。

如果对服务对象而言很重要的人对他们的反应有所不同，服务对象自身具有的差异就会被认为具有重要性。当差异达到某个程度时，一个人的自我意象和自尊心就会受到影响。④ "罪犯""少年犯""接受福利救济的母亲""学习迟缓者"这类身份是可耻的，不仅因为它们表示的是人与人之间的差异，整个社会也将这些称谓作为区别对待他人的一种信号。因此，这些称谓同时也是那些被贴上不同标签的人如何看待自身的一种依据。

一些由街头官僚所分配的差异带来了更为微妙的污名。例如，公共住房租户

---

① Emerson, *Judging Delinquents*.

② Richard Weatherley, *Reforming Special Education: Policy Implementation from State Level to Street Level* (Cambridge, Mass.: Massachusetts Institute of Technology Press, 1979).

③ Berger and Luckmann, *The Social Construction of Reality*, p. 30.

④ Eliot Freidson, *Profession of Medicine* (New York: Dodd Mead, 1974), pp. 216ff.

不一定是一种污名，但住在某些特定项目的公共住房中可能带来污名。通过医疗保险进行健康治疗可能不会影响服务对象与某些诊所的关系，但可能会对其他诊所与服务对象的关系产生重大影响。被贴上"捣蛋鬼"标签的学生可能会在一些学校受到校方的关注，而在另一些学校则不会。

因犯服刑结束后，社会从来不会完全除去他们的污点。他们会成为"有前科的人"。的确，仅仅与某些官僚机构有所接触就可能让人蒙羞，即使服务对象没有被贴上污点化的标签。这可能是在审判中被判无罪的被告的命运①，也可能是被收容以检查是否需要进行精神疾病治疗的人的命运，即使他们最后被判定精神完全正常。如果其他人由于这些标签而开始以不同的方式对待一个人，那这个人可能会开始将这些观点纳入自我意象当中。

正如我们所看到的，街头官僚给服务对象贴上标签的麻烦之处在于，这些标签所依据的特征其实是有问题的。在街头官僚给服务对象分配相应的身份时，其判断取决于街头官僚的自由裁量权，而街头官僚的自由裁量权又取决于许多不确定因素，例如培训、服务对象的社会背景以及服务对象群体中是否存在类似的"差异"。前文中处于"快班"的学生在以白人中产阶级为主的学校中可能被贴上学习迟缓的标签（老师和学生都是黑人）。在一种情境下属于犯罪的行为在另一种情境下可能会被忽视。服务对象的社会建构过程会涉及服务对象自身、其他与服务对象相关的人员以及必须与之打交道的街头官僚，这是一个关乎社会性定义的重要过程，而这些社会性定义往往与客观因素没有什么联系，因此，街头官僚的决定往往会受到偏见、刻板印象、无知等的影响。

一些街头官僚对服务对象的处理过于循规蹈矩，以至于他们与服务对象之间的重要心理互动微乎其微。例如，有些福利工作者和公设辩护律师可能会坚持那种排除个人因素的面谈方式，减少基于人际互动来做出决策的可能性。② 对那些在意街头官僚工作所带来的政策后果的人而言，他们尤其关心的是如何避免按照人们预期的行为特征来对待他们的倾向。一些官僚机构的环境似乎会导致服务对象遭到歧视性的对待，而另一些则不会。其实有很多方法可以在不放弃教育目标的

---

① Jerome Skolnick and Richard Schwartz, "Two Studies of Legal Stigma," *Social Problems*, vol. 10 (Fall, 1962.), pp. 133 - 142, cited in Maureen Mileski, "Courtroom Encounters," *Law and Society Review*, vol. 5. no. 5 (May, 1971), p. 496.

② Handler and Holingsworth, *The Deserving Poor*; Hosticka, "Legal Servies Lawyers Encounter Clients."

情况下停止这种分段教学的模式。随着时间的推移，人们对那些先前被定义为身体和行为异常的人（如特殊儿童）的潜力的认识，可能会发生变化。只有通过分析分配身份者和被分配身份者之间的互动，以及影响服务对象进行社会建构的情境，才能对街头官僚所扮演的政策制定者的角色有所影响，并使其有所改变。

第六章

街头工作中的维护与疏离

通过官僚机构来推行基层政策这件事本身就是具有矛盾性的。一方面，服务是由街头官僚提供给服务对象的，这就形成了与人际互动、关怀和责任有关的模式。另一方面，公共服务是通过官僚机构来提供的，在资源有限和受到制约的条件下，这就形成了一种注重大公无私和平等待遇的模式，使街头官僚对服务对象的关怀和责任成为一种条件。

人际互动模式有助于激发公共服务工作者的积极性，因为他们相信自己是在帮助他人，也有助于激发服务对象的积极性，因为这种模式鼓励服务对象在期望得到帮助和平等待遇的情况下，向陌生人吐露心声和信任他们，甚至接受陌生人的操纵和安排。人际互动模式受到支持的基础在于，相信该模式能使服务对象受益。然而，这可能会被称作一种利他主义迷思，因为有关机构提供福利和公平待遇的假定通常没有得到检验，也没有得到相信这一假定的人的证明，关于这种模式的主张只是一种用来构建一系列关于公共政策的进一步设想的手段罢了。①

无论这个迷思的确切功能是什么，倡导这种迷思的重要性都可以通过它持续存在的强度来进行判断。这种迷思在职业道德规范中得以延续，职业道德规范会指导专业人员从完整个体的视角来对待服务对象，尊重和鼓励服务对象的自主权，对个人而不是对宣称的群体行为模式做出回应。这种迷思在学校的职业培训中也长期存在，学校课程教授的是各类知识体系（例如法律或教育心理学），或者在极少数情况下也教待人之道（例如面谈技巧），但几乎从不教人们如何在尽力处理大量案件的同时应对数量庞大的服务对象，而初学者必须这么做。在卫生领域，将

---

① 关于迷思在公共政策中的角色，参见 Murray Edelman, *Political Language*（New York：Academic Press，1977），esp. chap. 1。

"关怀"一词从动词变为名词，是人类在公共服务中互动的迷思所具有的稳定性的最好例证。政客和行政人员经常讨论应提供的关怀水平和程度，但很少有人会提及由谁来提供关怀，以及怎样表达他们的关怀。

维　护

人们通常不仅期望街头官僚是善良的、被动的守门人，还期望他们是公众利益的维护者，也就是说，在符合服务规定的范围内，利用他们的知识、技能和职位为服务对象提供最好的待遇和地位。律师、医生、社会工作者、教师和其他人员的专业培训和行为准则，清晰地阐明了街头官僚应该是服务对象利益的维护者。那些专门职业和半专门职业所展现出的利他主义对大多数职业的定义非常重要，都要求成员把服务对象的需求置于首位。其他专业地位存有异议的街头官僚也在履行他们作为公职人员的义务时，积极回应支付其薪水的公众的需求。

服务利他主义迷思的一个来源就是社会政策改革者，因为他们会利用政策执行的现实与既定政策目标之间的差异来动员人们支持改革。几乎所有政策改革都是以实现理想服务的名义提出的。（利他主义迷思并没有假定政策能按理想的状态来实施，它只假定政策本身和政策执行者都有良好的意图，他们的工作会带来社会净效益。）

也许在维系服务利他主义迷思中，更为重要的是那些试图实现理想服务的工作者。像大多数的社会迷思一样，这种迷思在现实中也有一定的依据。每一代的公职人员在工作中，除了对物质利益感兴趣外，也致力于帮助他人。那些投身公共服务工作的人在某种程度上是被这样一种职业前景所吸引，即他们的生命将通过帮助他人而变得更有意义。

毋庸置疑，官僚机构中人际关系的迷思在一定程度上解释了在街头工作中对高品质服务的任何努力以及实现公共服务目标的能力。但是，维护服务对象利益这一工作的效果受到了几个关键因素的影响。在讨论街头官僚的工作结构时，我们已经讨论了一些与此相关的问题，但有必要简单回顾一下工作结构以及与服务对象的关系是如何损害利他主义和破坏维护服务对象利益的工作的。

街头官僚帮助他人的倾向和他们为了官僚机构的目标对服务对象进行判断和控制的需求是不相容的。这种情况在以下的角色紧张关系中体现得尤为明显。

第一，只有在代表个别单位——无论这个单位是个体的还是集体的（如租户公会）时，街头官僚才能维护服务对象的利益。此外，这些街头官僚必须把足够的精力投入服务对象身上。这并不意味着街头官僚一次只能处理一个服务对象的问题。但这确实意味着，大量的工作和规模庞大的待处理事项可能不利于街头官僚维护服务对象的利益。对维护服务对象利益的街头官僚来说，大量的工作意味着在一个服务对象身上花的时间越多，在其他服务对象身上花的时间就会越少。显然，官僚机构必须选择他们所要提供的资源，而且对任何服务对象而言，他们都有可能获得未达到最佳标准的服务。长期以来，街头官僚机构都倾向于在推动街头官僚从服务对象的角度考虑问题上分配较少的资源。服务对象被要求理解这种做法，甚至要将这种理解融入他们作为服务对象的理念之中。那些未能做到这一点的服务对象将会受到官僚机构的惩罚，因为官僚机构可能会让那些对资源分配提出异议的服务对象付出沉重的代价。

第二，维护服务对象的利益与组织的观点难以相容。组织囤积资源；但服务对象利益的维护者则寻求将资源分配给他们的服务对象。组织倾向于尽可能严格地控制资源的分配；而服务对象利益的维护者则试图利用漏洞和自由裁量权为服务对象谋取利益。组织力求平等地对待所有服务对象，并避免回应那些针对某些服务对象得到了特殊待遇的指控；而服务对象利益的维护者则寻求为个别服务对象争取特殊待遇。组织所展现的行为就像是现有的资源类别受到了固定的限制（这往往不是绝对正确的）；而服务对象利益维护者的行为就好像资源是无限的一样（这也不是真实的）。

街头官僚经常遇到这种矛盾的情况。学校的辅导员被人们指责只服务于学校利益而没有考虑孩子个体的利益。[1] 因为没有充分优先考虑将公共资金用于病人的医疗卫生，医生们遭受了相当多的批评。换句话说，这说明医生们维护服务对象的利益（为了他们的病人，也许也为了他们自己）与其组织责任之间是不平衡的。[2] 无论何时，只要街头官僚提供了开放性的服务，就有可能出现类似的情况。例如，1972 年马萨诸塞州的特殊教育法规规定，为有特殊需要的儿童制订教育计划，并在实施时不计成本。但是，该州并没有为这项无限制的条款提供资金，地方学校系统必须去使用一笔此前未经批准的资金，而需要的这笔资金显然是无限

---

① A. Cicourel and J. Kitsuse, *The Educational Decision Makers* (Indianapolis, Ind.: Bobbs-Merrill, 1963)，引自 David Kirp, "Schools as Sorters: The Constitutional and Policy Implications of School Classification," *University of Pennsylvania Law Review*, vol. 121, no. 4 (April, 1973), p. 711.

② 斯通（Deborah Stone）解释了医生的两难困境，他们既扮演服务对象利益的维护者角色，又扮演公共支出的监督者角色，参见 Deborah Stone, *Controlling the Medical Profession* (Chicago: University of Chicago Press, forthcoming)。

度的。在实践中，政府部门确实考虑到了学校系统的资源，尽管法律中有相反的具体规定。①

第三，维护服务对象的利益与对服务对象的控制也是不相容的。街头官僚通常必须在与适当服务无关的问题上对服务对象做出判断。他们还必须在可信度、资格和工作表现等方面做出判断。福利受益者是否诚实？申请法律服务的服务对象真的面临紧急情况吗？接受职业培训的服务对象是否能够胜任工作？街头官僚几乎总是扮演着裁判员和服务者的双重角色。然而，要同时做到这两点非常困难。由于街头官僚要评判的就是这些人际互动，所以街头官僚不能对服务对象做到完全坦诚。他们觉得有必要确保自己不会失去控制的力量、失去服务对象对他们的尊重、失去自身的优势或颜面，否则他们就无法履行好自己的职责。街头官僚可能会尽力去做好自己的工作，但工作也会受到街头官僚其他心理需求和角色要求的影响。②

第四，维护服务对象利益与街头官僚为服务对象做好准备工作并将其转介给其他工作人员或官僚机构的责任是不相容的。对与服务对象打交道的街头官僚来说，最具实质性的审查之一是社会和其他方面的压力，而这些压力源于这样一个事实，即街头官僚的服务对象会被其他工作人员所接手和处理，或者被转介给外部人员。诚然，在某些领域（如医学领域）存在着反对同行批评的规范，但由于预期到其他人会审视他们的工作，街头官僚的压力仍然很大。这方面的例子包括，在法庭上陈述案件的警察，试图控制服务对象以避免自己在法官面前难堪的公设辩护律师③，以及试图只推荐最好的求职者以维持雇主信任的就业顾问。④

华盛顿州的社会工作者被指派去从事儿童保护的服务，这个例子正好体现了这种两难的困境。从事这些工作的社会工作者有权展开调查，并在有关将儿童从其父母监护下带走的听证会上向法官提供权威的意见供其参考。然而，他们也应为这些儿童的父母提供咨询，且主要是从维护孩子权益这一角度出发。在这种四方关系中（机构、法官、父母、孩子），社会工作者渴望获得角色的明确性，而这

① Richard Weatherley, *Reforming Special Education：Policy Implementation from State Level to Street Level* (Cambridge, Mass.：Massachusetts Institute of Technology Press, 1979).

② 关于支持服务对象和控制服务对象之间的紧张关系，参见 Elaine Cumming, *Systems of Social Regulation* (New York：Atherton, 1968), pp. 6 - 9.

③ Jerome Skolnick, "Social Control in the Adversary System," in Jerome Skolnick and Richard Schwartz, *Society and the Legal Order* (New York：Basic Books, 1970), pp. 421 - 422.

④ Peter Blau, *Dynamics of Bureaucracy* (Chicago：University of Chicago Press, 1964).

种明确性可能只有一个完全对立的过程才能提供。[①]

疏　离

还有一个视角可以解释街头官僚职位的相对吸引力。街头官僚的工作是疏离的工作。这种疏离不仅影响到他们对工作和服务对象的投入，也影响到他们职业经历的质量，考虑到从事街头官僚工作的人多达数百万，因此，这种疏离对公共政策本身来说也是一个重要特征。

"疏离"这个含义混杂的词已经被人们过度使用，也没有被人们正确地理解。我对把疏离作为一种心理倾向来进行理解不感兴趣，虽然疏离的心理倾向无疑是来自疏离的工作。[②] 相反，这里的疏离是一个概括街头官僚与其工作之间的关系的概念，我们或许可以推断出，一些态度是从这种关系中产生的。

工作者的疏离可以概括为几个方面的问题：工作者在多大程度上能够在工作方面做出决定、对所做的决定及如何做出这些决定的控制程度，以及对最终产品处理的影响程度。疏离有时也指工作者在多大程度上可通过其工作活动表达或需要压抑他们的创造性和人性冲动。由于这些原因，机械化执行、工序重复的装配线工作被认为是疏离的工作。[③] 此外，要求工作者否认他人基本人性的工作也会被认为是疏离的工作。

我已经指出，街头官僚的某些共同工作条件似乎是不会导致疏离的。例如，对服务对象的自由裁量权在两个方面将街头官僚与装配线工人区分开来。街头官僚可以决定他们的工作成果，他们与人打交道（或是应对他人的问题），因此他们经常要面对着各种各样的人性。（对于警察来说，这份通常没有什么回报的工作中最有价值的方面就是他们所能遇到的各种情况和人。）在某种程度上，工作的压力

---

① 这是由赖利（Judy Riley）提出的，参见 Judy Riley，"A Case Study of Street-Level Bureaucracy：Child Protective Services，" unpublished seminar paper，University of Washington，1976。

② 对作为一种心理建构的政治疏离的回顾和讨论，参见 Stanley Greenberg，"Political Alienation and Political Action，" in Willis Hawley and Michael Lipsky，eds.，*Theoretical Perspectives on Urban Politics*（Englewood Cliffs，N. J.：Prentice-Hall，1976），pp. 176-183。

③ 在这里，我必须承认一个假设，尽管这个假设引起了相当大的争论，但最终仍无法解决：自我实现（尤其是创造力方面）、合作和个人成长的倾向，本质上是人类的天性，如果人类有机会不受到生活上的限制，人们会努力地表达这种天性。在组织研究中对这一倾向的讨论，参见 Chris Argyris，"Some Limits of Rational Man Organizational Theory，" *Public Administration Review*，vol. 33（June，1973），pp. 253-267。关于疏离是如何被普遍地用于描述工作关系的总结，参见 Frederick Thayer，*An End to Hierarchy！An End to Competition！*（New York：Franklin Watts，1973），pp. 47-48。也可参见 Amitai Etzioni，*The Active Society*（New York：The Free Press，1968），chap. 21。

并没有完全减少街头官僚与人们接触的机会，街头官僚的工作能使他们忠于其机构的广泛的目标。

街头官僚与同伴的关系通常较好。街头官僚机构的同伴结构往往相当强大。街头官僚是独立工作的，但他们也寻求并接受来自同伴的支持。与其他类型的工作者相比，街头官僚与同伴的关系亲密度并不亚于他们，街头官僚也会在集体讨论室、教师休息室和其他相聚的地方找到满足感。

然而，在一些领域，街头工作的疏离现象相当广泛。我已经说过，在维护服务对象利益时街头官僚需要做出妥协，这降低了街头官僚以完全人性化的方式来回应服务对象的程度。此外，在社会学家埃奇奥尼（Amitai Etzioni）所描绘的疏离感中，街头工作是不可靠的。在强调街头官僚提供服务的过程中，街头工作要求街头官僚充当服务对象的帮手，并赋予其相应的责任，因此，街头工作"表面上对服务对象进行了回应，但其潜在的工作环境……使服务对象受到一些他们无法理解和控制的力量的支配"①。为了捍卫利他主义迷思，街头官僚机构投入了相当多的精力来掩盖其服务方面的缺陷和制造有求必应的表象。

此外，街头官僚与服务对象（即他们的工作产品）之间存在着疏离，这种疏离至少体现在四个方面：他们往往只能处理其工作产品的一部分；他们无法控制工作结果；他们无法控制工作原材料；他们无法控制其工作节奏。② 这些考量将在下文中进行讨论。

1. 只能处理工作产品的一部分。鞋匠和鞋厂工人的一个不同之处在于前者制作了整只鞋，因此能从他的劳动成果中获得一种满足感。而后者可能只是负责切割鞋跟、打出穿鞋带的孔、黏合鞋子的各部分，或是完成制鞋过程中的某些工作。他难以因制作了鞋子而感到自豪。这种针对工厂工作所产生的影响的分析，从对工厂生产过程进行分析时就存在了，也和最近工业生产领域允许工人在工作任务上拥有更大的灵活性和多样性的做法相伴而生。③

街头官僚不负责整个产品的制作，他们只负责其中一部分。这种情况可从两方面进行说明。为了满足对服务对象进行分类的需要，他们往往只把服务对象视为在官僚上具备相关属性的公众，而不把服务对象作为一个完整的个体来对待。

---

① Etzioni, *The Active Society*, pp. 618-620.

② 在这些段落中，我有意通过一些文字显示街头官僚与产业工人工作分析之间的对应性。

③ 关于工人控制的趋势，参见 *Administration and Society*, vol. 7, no. 1 (May, 1975)，这一期专门讨论了这个话题。

他们所要处理的是症状、资格和能力，而不是服务对象的感受或表面上无关紧要的事实。把服务对象按正确的类别加以处理的必要性，往往压过了街头官僚把服务对象视为完整个体来对待的职业义务，尽管他们认识到从定义狭隘的领域来回应服务对象的问题，很可能会忽略和错过当前问题的一些重要方面。

认识到街头官僚只处理服务对象的部分问题会导致较为低劣或不适当的服务，已成为许多针对社会政策的批评背后的指导思想。例如，医院、学校和法院雇用了一些社会工作者和心理学家，以努力实现对服务对象的全面回应。改革者们也承认，像铅中毒这样的健康问题可能归根结底是收入和法律问题；贫困问题实际上可能是一个法律问题（例如，被批准离婚）；教育问题则可能有情感、生理或经济等方面的原因。社会越是认识到服务政策各类问题间的关联性，以及这些问题之间的关联性越强，将服务对象进行分门别类而导致的疏离对基层工作的冲击就越大。

街头官僚也可能只是对流程中的一部分进行处理。借用效率、便利或资源的最佳利用等名义，社会服务领域已变得更加专业化。教育工作者被区分为数学老师、阅读老师、艺术专家、舞蹈治疗师等。特殊教育领域现在也区分了针对各种形式的阅读障碍、不同程度的智力障碍和各种类型的身体残疾的治疗专家。

如果这些专家能够与儿童进行相对密集的互动，以便为儿童制订完善的计划，并有时间获得可测量的结果，这将是一件好事。但学校的各类项目里往往充斥着一些专家，这些专家无法对工作结果承担全部责任，即使他们想去承担责任。这个观点并不是要反主流，因为毋庸置疑，有特殊教育需求的儿童不应该被隔离开来。但是，在现代学校里，主流化意味着孩子要进入一个将他们的在校时间划分为多个时段的系统中。学校不仅按功能进行专门化，而且会进行组织，以便不同的教职员工负责学生所处的不同阶段。因为教学是按照年级来划分的，所以不同的老师每年会接触到不同的学生。用教学的例子来解释专门化是特别恰当的，因为学校有最多的机会与服务对象进行实质性的互动。

除了带来专业知识和效率提升的好处之外，专业化还常常带来很高的成本。专业化所带来的接收资料和处理资料之间的工作划分意味着有时必须重复地进行访谈和资料收集，这是一种低效的做法。当资源分配不允许街头官僚再次对服务对象进行广泛的面谈时，可能会导致街头官僚做出不当的决定，这是因为在接收资料和处理资料的过程中存在着信息失真。近期提出的关于特殊教育多重专门化的建议似乎也支持这样一种观点，即接受特殊教育服务的服务对象有多个方面的问题，需要将其作为完整个体来进行处理才能取得最佳效果。

2. 无法控制工作结果。因为一些与上述情况密切相关的原因，街头官僚往往无法控制他们的工作结果。专业化可能意味着他们无法完整地处理与服务对象相关的工作，或者只是参与工作中的一小部分。他们无法控制其所在街头官僚机构的所有资源。有时，街头官僚是在为其他官僚机构处理服务对象的问题，而这些机构才是服务对象问题的最终处理者。例如，警察常常抱怨他们的行为得不到法官和检察官的支持；因此，他们不确定自己好的工作表现是否有助于产生他们所期望的结果。

他们无法控制工作结果的另一个原因是，服务对象的问题永远不会穷尽。尽管街头官僚被认为有能力解决这些问题，而且他们也自认为有能力解决这些问题，但这些问题根本不会穷尽，或根本无法解决。因此，许多公共服务机构被称为"旋转门"。以改变服务对象境况为目标的街头官僚机构，诸如司法机构和社会福利机构，就是"旋转门"，因为它们提供给服务对象的解决方案并不充分。人们不会维持"固定不变"的状态。在某种程度上，这种情况给街头官僚带来了组织目标与他们能力之间的巨大落差，因此，他们制定了应对机制，使自身免受期望和实际表现之间差距的影响。在某种程度上，街头官僚被疏离了，因为他们无法掌控本应由他们控制的局面。

3. 无法控制资源投入。街头官僚无法控制他们工作时所用材料的性质。他们无法最有效地使用他们的技能，部分原因是工作条件阻止了他们与服务对象进行有效的互动，部分原因则是即便在利于进行干预的条件下，街头官僚也无法控制服务对象的情况。即使在监狱和精神病院这样的机构中，工作人员也不能控制服务对象的私生活，无法影响那些导致服务对象不正常行为的现实生活状况。作为一名好老师，每天早上都要迎接那些因睡眠不足而疲惫的孩子，这多么令人沮丧！一名技术娴熟的专业人员试图帮助一位福利受益者，而受益者的境况却妨碍了专业人员每个具有建设性的举措，这多么令人无奈！在这种情况下，要接受自己的努力是徒劳的这一事实，需要很大的决心或自我嘲讽。[①]

4. 无法控制工作节奏。街头官僚无法控制工作的节奏。我曾说过，自由裁量权为他们的工作提供了回报，但他们往往无法控制自己做出决定的时机。在警务

---

① 为应对这些与工作有关的问题，街头官僚机构往往试图控制服务对象的性质。这将在本书的第七章至第九章中进行讨论。

等回应式的公共服务领域，这种情况显然存在，而在其他一些领域，街头官僚无法预计花在每个服务对象身上的时间，或是需要关注的服务对象的数量。街头官僚机构竭尽全力去预测服务对象的需求，它们要么以某种方式来配给服务，要么为高峰时期的工作量做好规划。在某种程度上，街头官僚能够构思出一些方法策略，以降低不可预测的成本（这将在第七章进行讨论）。但在某种程度上，他们的做法行不通。于是，他们所要面对的问题就是，工作成了他们的主人。街头官僚在文书工作上进度落后，除了达到最基本的要求外，他们无法对任何事情做出反应，并且他们承认自己效率低下，因为他们觉得自己没有空闲时间来对任何个人的情况做出完整的回应。

产生疏离的工作会导致对工作的不满。而对工作的不满则会影响街头官僚对服务对象和工作机构的投入。有观点认为街头官僚扮演的是疏离的劳动角色，这个观点有助于理解公共服务组织近来的一些发展动态。

疏离的影响

随着时间的推移，公共服务工作，尤其是街头官僚机构中的公共服务工作，变得更加官僚化。公务员制度和其他方面的发展使得公职人员的招聘更加普遍化。这种发展也可能影响到街头官僚能够帮助服务对象和看到自身努力结果的程度，这是因为对服务对象问题的处理也变得更加普遍化了。在公共服务的互动中，街头官僚和服务对象社会背景之间的一致性不再像过去那样重要了。过去，社会工作者和学校教师采取的家长式作风，可能会给街头官僚带来一种责任感，工作结果也会带来成就感，即使这些满足感是建立在不平等和偏袒的基础之上的。因此，公共服务的官僚化可能会伴随着街头官僚的疏离感的加剧。[①]

如果街头官僚在工作中感到疏离，他们将更愿意接受组织结构调整，而不再那么关心保护服务对象的利益，以及自己与服务对象之间的关系。街头官僚与服务对象的关系越脆弱，这种关系就变得越不重要，那么进一步改变这种关系就变

---

① 很少有研究关注公共机构对服务对象采取的常规处理方式随时间而发生的动态变化。20 世纪 50 年代美国南方地区福利受益者所得到的待遇的相关研究，参见 Alan Keith-Lucas, *Decisions about People in Need* (Chapel Hill, N. C.：University of North Carolina Press, 1957)。要了解非常规警察实践随时间的变化，参见 Waskow, *From Race Riot to Sit-in*。现代化对警察部门的影响的探索性研究，参见 James Q. Wilson, "The Police and the Delinquent in Two Cities," in Stanton Wheeler, ed., *Controlling Delinquents* (New York：John Wiley, 1968)。以色列官方处理移民问题的发展，参见 Katz and Eisenstadt, "The Response of Israeli Organizations to New Immigrants," in Elihu Katz and Brenda Danet, eds., *Bureaucracy and the Public* (New York：Basic Books，1972), pp. 73 - 88。

得越容易。因此，导致工作疏离感的工作环境或许也会逐渐导致服务对象与公共服务工作者之间的疏离。这一点很值得注意，因为在较早的时期，公共服务工作者往往会捍卫服务对象的权利和利益。在美国的劳工史上，新兴的公共服务工会和员工协会曾多次为了服务对象和自己（例如社会工作者和教师）而去进行协商谈判。随着公职人员与服务对象之间联系的消失，这种斗争变得不那么重要了。

一般来说，雇主面对有疏离感的员工时，可以从以下几种回应方式中选择一种或者几种结合使用：对这种情况视而不见，接受员工的旷工、士气低落、工作表现不佳以及员工表达不满的其他表现；调整工作结构，使员工感到不那么疏离；或者在工作环境之外，集中精力改变为员工提供的奖励和惩罚，如可以为报酬较低的工作增加工资，或者改善与工作无关的环境；还可以增加员工非生产性行为的成本。

自 1960 年以来，公共就业趋势就反映了这些做法。公共服务工作者通过提高工资水平和福利待遇增加了他们在全国财政支出中所占的份额，增强了他们的集体谈判能力，还默许并经常鼓励诸如专业化、计算机化和处理服务对象问题时的责任分担等做法。街头官僚提高了他们在政治体系当中的地位，但忽视了更为人性化的服务对象参与模式，或者不再站在服务对象的立场上。这些观点在某些特定的服务领域无疑还需要验证，但在一般的情况下，这些观点表明了为服务对象提供的服务的质量、街头官僚的工作结构以及以成本效益和满足人类需要的服务模式为导向的社会优先序等几个方面之间的联系。

第三部分

Street-Level Bureaucracy

实践模式

引 言

街头官僚的"问题"①

街头官僚在工作时必须经常面对资源不足的问题，而且在这种情境下，需求会不断增加以利用服务的供给。因此，街头官僚永远无法逃脱各种严格限制所造成的影响。但是在这些限制的范围内，他们在资源运用方面拥有广泛的自由裁量权（至少表面上来看是如此）。在将资源运用到工作上时，街头官僚将会面临一种由相互冲突或模糊不清的目标所造成的不确定性，而这些目标在引导他们工作时，其作用也是不同的。街头官僚还会遇上一些其他的不确定性，而这些不确定性是他们在测量、评估工作绩效时遇到的困难所造成的。街头官僚工作环境的最后一种明显特征是，与街头官僚经常打交道的人并不是街头官僚的主要参照群体，这会影响到街头官僚把服务对象满意度当作优先事项的程度。虽然街头官僚工作的许多方面，都提倡以服务对象为导向，但是其中也有许多方面会使街头官僚减少对工作的投入。因此，在分配社会价值方面，街头官僚负有相当大的责任，但是在如何定义和达成目标方面，街头官僚则被认为缺乏有效的外部决策。

在以上对街头官僚工作条件的描述之中，还必须再加上一个考量事项。在考量所能运用的资源，以及如前文所描述的、由系统所提供的一般性指引的情况之下，街头官僚会以某种方式刻意地、明显地试着去做好他们的工作。② 和其他人一样，街头官僚也需要以一种合理有利的方式来看待他们自己。当大多数街头官僚宣称，他们已经尽全力去达到他们所认为的能达到的最好结果时，我们大致上是可以相信他们的。一般而言，街头官僚不会宣称自己的工作已经达到完美无缺的地步，或是说自己已经把工作做到尽善尽美；他们只会宣称，在限定条件下，他们已经尽力以有效而恰当的方式来完成他们的工作。典型的街头官僚，如老师、警察、社会福利工作者等（事实上，其中也包括了与群众经常互动的人），他们对

---

① 参见 James Q. Wilson, "The Bureaucracy Problem," *Public Interest*, no. 6 (Winter, 1967), pp. 3 – 9。

② 关于另一个假设人们"渴望把工作做好"的分析，参见 Downs, *Inside Bureaucracy* (Boston: Little Brown, 1967), p. 198。

自己似乎都有一种独特的认知，即认为自己在承受着极大的压力，并需要做出许多牺牲来为服务对象提供一些其他人都不愿意提供的保护或是服务。他们认为自己奋战在基层冲突的第一线，虽然他们为社会大众做了许多的苦差事，但是得不到公众的支持和赞赏。①

如果这些街头官僚意识到，在他们所面临的情境下，他们的工作表现实在是难以令人满意的话，他们可能会从其他地方找理由来解释，而不是寻找自己的不足之处。那些无法正确地认识到在工作上要有合宜表现的街头官僚，有可能离职或是寻找其他工作，而不是继续忍受街头官僚工作所造成的个人矛盾心理。即使公务员制度可能会扼杀公职人员服务公众的动机，且有些公职人员从事公共服务工作可能主要是出于自我考量，这种倾向依然是存在的。

街头官僚宣称，他们所遇到的最大问题就是必须在一种极度不确定的情境下做出决定，而在此种情境中，如果要在资源分配上做出令人满意的决定，就必须同时考量到个人以及组织的要求；当街头官僚试图以某种方式去做好他们的工作时，他们其实就是在试着去满足上述要求。街头官僚的工作情境会驱使他们发展出一些机制，以便让他们在质量、数量以及服务的特定目标（就广泛的范围而言）未有明确定义的情境之中，去提供一些令人满意的服务。

到目前为止，在组织研究中，已经出现了一个受到重视的传统，就是在不确定的情境当中，针对决策制定的问题，去寻找一些令人满意的解决方案，而不是最佳解决方案。② 但是，对街头官僚机构的研究可能会和其他研究有所不同，因为在街头官僚机构中，不仅要制定出令人满意的（而非最理想的）决策，而且心理及组织过程也要令人满意。因此，如果想要真正地了解街头官僚机构，我们就必须仔细地探究街头官僚为应对工作上的困难和不确定性，所形成的惯例和带有主观性的回应方式。③

街头官僚存在的问题可以用如下方式重述一遍。街头官僚会试图以某种方式去做好他们的工作。然而，在某种意义上，他们的工作是根本不可能达到完美的。既然如此，在面对资源不足、控制不够、目标不明确以及情况不乐观时，街头官

---

① Lee Rainwater，"The Revolt of the Dirty Workers," *Transaction*，vol. 5. no. 1 (Nov.，1967)，pp. 2ff.

② James March and Herbert Simon，*Organizations* (New York：John Wiley，1958)；Charles Lindblom，"The Science of 'Muddling Through'," *Public Administration Review*，vol. 19 (Spring 1959)，pp. 79-88.

③ 拉撒路斯（Richard Lazarus）对与应对有关的各种现象进行了有益的概念区分，参见其著作 *Psychological Stress and the Coping Process* (New York：McGraw-Hill，1966)，chap. 1.

像要如何去完成他们的工作呢？

面对这种不确定性，街头官僚一般会采取三种回应方式。第一，他们会发展出一些实践模式，这些模式倾向于限制需求、最大限度地利用现有资源，并让服务对象服从由街头官僚机构制定的各种程序。在资源受限的情况下，他们会对自己的工作进行规划以获得解决方案。第二，街头官僚会修正自己的工作观念，以降低或是限制工作上的目标，从而缩小可利用资源与实现工作目标这两者之间的差距。第三，街头官僚也会去修正他们对工作上必须处理的原材料（也就是他们的服务对象）的观念，以便更容易接受成就与目标之间的差距。街头官僚的大部分行为模式，以及他们许多特有的主观倾向，都可以被理解为对街头官僚问题的回应。

惯例和简化

在日常生活当中，人们会想办法去简化他们的工作任务，缩小他们的感知范围，以便处理他们所得到的信息，并对其做出回应。人们会创建一些惯例，来使各种工作任务易于处理。人们会在心理上简化感知对象，以降低评估事件时的复杂程度。人们会建构自己所处的情境，以使各种工作和感觉变得更为熟悉，而不会太过于独特。惯例和简化可以帮助人们处理复杂的情况，建构出来的环境则限制了复杂性的可控程度。[1]

街头官僚也会创建惯例来应对工作任务上的复杂状况。事实上，对于某些分析者而言，惯例化就几乎等同于官僚化。[2] 而对于其他的分析者而言，惯例化不可避免地会发生在官僚机构中，因为相对于各种不同的需求而言，官僚机构所拥有的资源实在是太过于稀少了。[3]

---

① 惯例化是指执行任务的规则化或习惯性模式。简化是一种象征性结构，根据这种结构，人们利用比现象所呈现的更少的一组线索，做关于潜在的复杂现象的决定。惯例化是反应的行为模式；简化是对数据进行排序的心理模式，惯例化与简化可能有关系，也可能没有关系。伯杰（Peter Berger）和拉克曼（Thomas Luckmann）在《日常生活的政治》（*The Politics of Everyday Life*，（Garden City, N. Y.：Doubleday, 1976），pp. 28ff and 53ff）一书中讨论了惯例化和简化的无处不在的性质。他们用术语"习惯"来表示前者，用"类型化"来表示后者。

② 参见 Reinhard Bendix, *Work and Authority in Industry* (New York：John Wiley, 1956), chap. 4。霍利在其《非官僚组织的可能性》（The Possibilities of Nonbureaucratic Organization）一文中，对惯例化的重要性进行了有趣的讨论，参见 Willis D. Hawley and David Rogers, eds., *Improving the Quality of Urban Management* (Beverly Hills, Calif.：Sage, 1974), pp. 371 - 426。

③ 参见 Victor Thompson, *Modern Organizations* (New York：Knopf, 1961), p. 14；James March and Herbert Simon, *Organizations* (New York：John Wiley, 1958), p. 142。

我们可以预测，简化的发展，就如同心理上的惯例化一般，将会成为某些街头官僚的特征，因为这些官僚的工作涉及处理官僚机构所关注的一些目标。在组织层面，官僚机构会正式地认可一些简化的做法，如规定资格条件等，以使决策过程规范化。① 然而，当官方所制订的条件被证明无法帮助街头官僚快速地处理工作，或是当这些条件明显地与街头官僚的偏好严重相悖时，街头官僚也会发展出他们自己的简化模式。

就官僚机构发展出的惯例和简化做法的情况而言，这件事本身其实没有太多可评论的空间。然而，这些惯例和简化做法的结构，及其产生的情景的建构，非常值得我们进行深入探讨。当政策是由许多低阶公职人员所做出的决策累积而成时，在由权威当局所确立的范围之内，为处理这些街头决策所发展出来的惯例以及类别，就会在实质上决定政策内容。② 正如我们之前所观察到的，就此意义而言，事实上可以说政策是由街头官僚所制定的。

换言之，街头官僚机构所发展出来的惯例、简化做法以及街头决策环境，都是具有政治性的。正如我在本书中所主张的，因为街头官僚具有公共权威地位，因此他们可以决定如何去配置社会上的特定产品及服务。当我说他们的行动具有政治性时，其实我所暗示的是，决策制定的主导模式会使得有些人因此获益，有些人因此受到伤害。如果决策制定的主导模式的特征是惯例化和简化，那么我们就必须对这些模式的结构进行分析，以确定从这些街头官僚机构中，哪些服务对象得到了什么、什么时候得到的以及如何得到的。③

惯例的政治意义突出表现在，由惯例所产生的政策，通常都会以实施这些政策的官僚机构意想不到的方式产生偏见，或与它们的一些目标背道而驰。例如，在 20 世纪 60 年代末，人寿保险业宣布了一项规定，提供资金以改善黑人贫民区的整体环境状况，然而，由于处理贷款申请的操作流程依循惯例，也就是倾向于遵循先前的操作程序，因此，这项规定的效果大打折扣。这些原来的程序倾向于帮助那些本来就最有可能申请到贷款的人，但因此忽略了这项规定的最初目标人

---

① 关于"数据分类"的讨论，参见 Thompson，*Modern Organizations*，p. 17。

② 惯例化在制定其他领域的政策方面的重要性，已经得到公认。对这一重要性的简明的一般性讨论，参见 Ira Sharkansky，*The Routines of Politics*（New York：Van Nostrand，1970）。

③ 关于"政治性"一词的意义，参见 David Easton，*A Framework for Political Analysis*（Englewood Cliffs，N. J.：Prentice-Hall，1965），p. 50；Harold Lasswell，*Who Gets What，When，How?*（New York：McGraw-Hill，1936）。

群。① 征兵局按照义务兵役制的惯例来运作，而其所施行的政策，常常会偏袒那些来自较为富裕家庭的男性，牺牲那些来自工人阶级家庭男性的利益。② 在上述案例中，惯例虽然能给工作带来便利，但也会造成一些与公开政策目标相背离的结果。

有时候，街头官僚所采用的惯例和简化做法，实际上就是他们所要实施的政策。警察有时候会遇到一些不合作的汽车驾驶人，针对此种情况，警方已经建立了一套惯例，而这套惯例很快就被社区居民所接受，并被当成警方与社区关系的一部分。同样，当教师依据学生学习能力来进行非正式的分类时，此种分类的做法实际上也决定了学校的分层政策。

以上说明特别重要，理由有三。第一，它们都是互动过程中所发展出来的惯例。因此，公众可能会做出反应，这会影响到公职人员与服务对象后续的互动关系。我们当然可以说官僚机构已经把工作处理过程变成一种惯例了，但是，当街头官僚的工作包括在与人们互动时做出一些决策时，惯例化过程的主体就会受到处理过程的影响。正是上述的此种情况，将对处理公众事务的街头官僚机构所做的分析与对其他官僚机构的分析明确地区别开来。

第二，虽然我们一般会预期惯例化和简化会出现在与人们相关的事务当中，但是在组织层面，惯例化和简化的程度并不是预先确定的。至少，就理论上而言，最低限度运行所需的惯例化与最大限度惯例化之间是存在着极大差异的。除此之外，组织也可以决定稍微降低效率，以减少与服务对象互动时的惯例化程度。事实上，在某些时候，惯例化的做法反而会适得其反，使得原本有效的运作程序变得复杂化。③ 同样，虽然街头官僚可能会对服务对象进行分类，但是，他们对新信息的接受程度与简单分类之间的矛盾却不是预先决定的。

这对于那些必须做出与公民福利相关的重大决定且受到公众信任的街头官僚而言尤其重要。例如，一般而言，当警察、法官、教师以及心理健康工作者等街头官僚做出决定时，他们有义务以现有的证据为基准，而不是以对决定是否恰当的猜想为基准。他们之所以有义务这么做，是因为他们被赋予了重大责任，这一责任关系到公民自由或是那些被认为无行为能力以及无法依据自己最佳利益而行动的人的命运。

第三，惯例化和简化会受到各种来源的偏见的影响。虽然惯例化和简化或许

---

① Karen Orren, *Corporate Power and Social Change* (Baltimore：Johns Hopkins，1973).

② James Davis and Kenneth Dolbeare, *Little Groups of Neighbors* (Chicago：Markham，1968).

③ 参见 Thompson, *Modern Organizations*，pp. 168 - 169。

都以达成机构目标为目的，但是这些做法通常也会协助公职人员完成工作上的要求，虽然这些要求可能会和机构的需求互相抵触。除此之外，惯例和简化做法也会受公职人员职业偏见、个人偏见的影响，其中包括了一些明显或是微妙地充斥于整个社会的偏见。在街头官僚工作中所表现出来的偏见，可能会与公职人员自主定义其工作生活的程度以及他们压制这些偏见的有效控制的松懈程度成正比。由于街头官僚对服务对象具有广泛的自由裁量权，通常不会受到上级或公众的直接监督，也不太会受到服务对象的偏好的影响，因此，他们所采用的惯例以及简化做法，非常值得我们仔细地加以审视。社会学家罗斯（Julius Roth）在介绍关于病人在医院急诊室的治疗过程的研究时，就以相当犀利的方式陈述过这些观点。

> 没有任何证据显示，专业训练可以成功地创造出普遍的道德中立……相反，我们可以较为稳妥地假设，那些提供专业服务（或是任何其他服务）的人，将会对其文化中常见的社会价值观进行评估，而且会依据这些评估来修正他们所提供的服务，除非他们所工作的组织阻止他们这么做。①

在分析由街头官僚所发展出来的惯例时，必须从以下命题开始：这些惯例可以帮助街头官僚强化他们对工作环境的控制。此种观点其实和把惯例视为一种应对行为的观点是一致的，因为在后者中，街头官僚所遇到的最大问题，就是如何处理工作压力。此种寻求控制工作环境的倾向，或许在大多数的工作情境中都相当明显，但是，由于街头官僚机构此种寻求控制的努力几乎都会影响到公共政策，因此，此种倾向就相当值得探讨。街头官僚可以利用惯例来尽可能地达成机构目标。或者，他们可以大幅提升对服务对象的回应。无疑，这两种相互冲突的观点，在某种程度上确实说明了公职人员所采用的惯例。然而，由于公职人员十分依赖利用惯例来强化他们对工作环境的控制，因此，这或许正好说明了，要达成机构的公开政策目标是一件多么困难的事。

街头官僚机构工作上的惯例化在处理服务对象问题这方面，似乎是为了实现以下四个目的当中的一个或是多个：

1. 惯例化配给服务。
2. 惯例化控制服务对象，并减少不确定性所造成的后果。

---

① Julius Roth, "Some Contingencies of the Moral Evaluation and Control of Clientele: The Case of Hospital Emergency Services," in Yeheskel Hasenfeld and Richard English, eds., *Human Service Organizations* (Ann Arbor, Mich.: University of Michigan Press, 1974), p. 500.

3. 惯例化节约资源。

4. 惯例化处理日常事务所造成的后果。

有些时候，惯例化以及简化完全是非正式的，而且与机构政策背道而驰。而在其他时候，它们会与机构政策一致，甚至可能会被机构大力提倡。在分析街头官僚机构时，我们有必要去忽略上述区别，因为正式的与非正式的惯例之间的界限通常是非常模糊的。例如，某个法律服务机构的正式规定可能是只受理紧急的案件。而在同一个城市的另一个法律服务机构则可能采取开放性的受理政策，但是机构里的律师可能会私底下决定，主要接收和处理最紧急的案件。在这两个法律服务机构里，政策结果是一样的，但是其中一个机构的结果源于正式的受理政策，而另一个机构的结果则源于工作人员对优先序进行非正式分配。机构通常会接受其工作人员以非正式的方式所采用的惯例，并使之成为正式的程序。当警察部门分发消防栓喷头以供公众消暑时，这项新的政策就取代了原先的非正式做法，即忽视社区居民在炎热的日子里非法地打开消防栓去消暑的行为。

接下来的四个章节，将会详细地说明一些街头官僚为回应工作压力而产生的惯例化及简化做法。虽然这些惯例化以及简化做法源于个别公职人员处理工作的需求，但是把这些惯例化及简化做法汇总起来，就形成了街头政策，同时也会变成机构行为的模式，而这些行为模式，正是服务对象以及政策改革者必须去面对的。

第七章

限量配给服务：对使用与需求的限制

从理论上讲，公众对于免费公共产品的需求是没有上限的。因此，提供公共产品的机构必须且将会设计出这些公共产品的配给方法。对公共产品和服务进行配给就是确定公共产品和服务在分配时的水平或比例。这可以通过对照其他的产品和服务，进而确定公共产品和服务的数量或水平来实现；也可以通过在不同层级的服务对象之间分配固定水平或数量的公共产品和服务来实现。换句话说，街头官僚对公共服务的限量配给可以通过改变公众可获得的服务总量，或是改变固定数量服务的分配方式来实现。

这种做法与大家所熟悉的战时配给制的运用是颇为一致的。例如，在第二次世界大战期间，对汽车轮胎限量配给的做法有：仅供本国使用、限制个人购买、提高轮胎价格、确定服务对象的优先序（医生在这方面享有特权）。本章探讨的是街头官僚机构中的配给制度，其具有固定（通常是降低或限制）服务水平的效果。下一章将讨论服务对象之间在配给方面的差异。

当服务对象去面见街头官僚或去街头官僚机构，或是街头官僚被要求面见他们的服务对象时，街头官僚便开始对其服务水平进行配给。就像工厂里的工人面临着生产配额要求一样，街头官僚也试图组织他们的工作，以便于工作任务的执行，或者尽可能多地腾出时间以供己用。即使在街头官僚对工作流程几乎没有控制权的服务领域，这一点也体现得颇为明显。例如，警察通常无法控制自己的工作流程，因为大多数警察的任务是回应公众所发出的诉求。[①]然而，调度员会尽量让警察先处理完前一位服务对象的诉求，再开始处理下一个任务。警察往往会利用这一做法，推迟报告他们的任务完成进度，直到他们完成手头累积的文书工作。这样一来，尽管援助请求的

---

① 赖斯（Albert Reiss）强调了警察工作的回应性质和警察在这方面对公众的依赖，参见其著作 *The Police and the Public*（New Haven：Yale University Press，1971）。

频率大多不规律，但警察们仍然可以规范自己的工作流程。

街头官僚机构的工作方式会显著地影响街头官僚工作的效率和愉悦度。同时，官方机构在影响工作流程方面的努力也各不相同。其中，有比较温和的形式，如邮局会向服务对象提供可能的最长的服务延误时间的信息；也有比较极端的做法，如纽约福利办公室若接收到超过其在一天八小时内能处理完的服务申请，就会在中午紧闭大门，不再接收更多的申请。①

显然，服务对象在寻求服务时是需要付出代价的。在上述两个例子中，街头官僚机构都设法告知服务对象所要承担的成本和将会遇到的问题——在第一个例子中，如果服务对象在邮局客流量大的日子前来寻求帮助的话，将会付出沉重的时间代价；在第二个例子中，由于服务对象的需求量远高于街头官僚的工作量，所以，如果服务对象不了解情况，且试图申请医疗补助的话，他们将无法得到想要的服务。在许多情况下，街头官僚甚至没有将寻求服务的可能成本告知服务对象，因而造成了服务对象的抱怨。

那些受到街头官僚劝阻或被禁止获得服务的潜在服务对象，通常需要承担高昂的代价。虽然街头官僚将某些服务对象排除在外通常是有法律依据的，但许多被排除和被阻拦的情况是因为街头官僚的自由裁量权。例如被赶出公共住房的租户、被学校开除的学生或被视为有不合作态度的福利申请者等，他们之所以被认定为没有接受服务的资格，不仅取决于固定的标准，还取决于他们与街头官僚之间的互动。

服务的代价

有时候，为了分析个人影响力，去了解公民的影响力与他们所掌握的金钱、地位、信息、专业知识、技术和工作能力等个人资源之间的关系是一种有用的方法。② 拥有这些资源的人往往比没有这些资源的人更具影响力。当人们拥有这些资源时，这些资源会增强个人影响力。当公共机构的街头官僚拥有这些资源时，他们可能会运用这些资源来主导服务对象，使服务对象顺从，或阻止服务对象与街

<hr>

① 施瓦茨（Barry Schwartz）引用了后一个案例，参见其著作 *Queuing and Waiting* (Chicago：University of Chicago Press, 1975)，p. 24。这部优秀的著作提供了许多关于对待服务对象的优先序和寻求服务的成本等问题的见解。

② 参见 Robert Dahl, "The Analysis of Influence in Local Communities," in Charles Adrian, ed., *Social Science and Community Action* (East Lansing, Mich.：Michigan State University Press, 1960)，p. 32。

头官僚机构发生进一步的互动。

金钱

由于公共服务被定义为免费的，因此街头官僚机构很少能为他们的服务定价。然而，在几个具有启示意义的例子中，服务对象获取服务被强加了金钱成本。在提供收入的项目中，公民对整体收入的贡献可能会受到政策的操控。参加医疗保险的病人可能会被要求在医保条款生效前支付更高的免赔额。食品券的接受者可能会被要求为他们所得到的食品券支付更多的成本。街头官僚机构对服务对象福利收入所进行的实质性征税，使得与街头官僚机构打交道的人变少了。显然，金钱成本上的差异会影响街头官僚所提供的服务的限量配给。

有时候，公共服务项目会迫使服务对象付出金钱成本，从而打消他们寻求服务的念头。从其他机构获得相应的记录以确定服务对象的合法资格，或是获得用来申诉的笔录，这些费用可能很高昂，特别是在需要舟车往返的情况之下。与银行工作时间相同的街头官僚机构，会将金钱成本强加于那些不得不请假且会损失工资才能前来寻求服务的劳动者身上。预约制度使得前来官僚机构寻求服务的父母有时需要找保姆照顾他们的小孩。试图将这些服务带来的代价最小化的街头官僚机构则引入了晚间办公模式，或为服务对象提供托儿服务。

时间

正如时间对于政界人士而言是一种可用资源一样，时间也是一种计值单位，可以作为街头官僚从服务对象那里获取的一种服务成本。服务对象通常需要花费时间等待服务，这一匹配服务者与服务对象的过程的成本几乎完全由服务对象来承担，这一现象反映出服务对象对街头官僚的依赖性和他们对这种等待无能为力的窘境。排队制度的建立是为了使街头官僚的工作效率最大化。让病人到诊所看病比医生上门看诊更有效率的一个主要原因是，需要舟车往返并花费时间等待的是病人，而不是医生。尽管有些年轻人没有任何犯罪行为，但如果被警察认定需要受到训斥，警察就会拦下这些年轻人并对他们加以盘问，通过这种方式来积累时间成本。[1]

---

[1]　可一般性地参见 Jonathan Rubinstein，"Suspicions，" in *City Police*（New York：Farrar，Straus，1973）。

一些教师会通过家访与学生家长会面，另一些教师则会在放学后的特定时间安排家长会（如果一个学生的两位家长都要工作，或是其中一人在工作，则两位家长不大可能一起见到教师）。关于家长会的不同观点衡量了家长和教师在时间价值上的显著差异。

街头官僚经常认为服务对象所付出的时间成本是他们处理事务时的延迟所导致的，而服务对象对时间成本的体验则经常体现为长时间的等待。街头官僚机构可以通过加快服务来奖励服务对象，也可以通过拖延服务来对他们进行惩罚。法院的延期审理可以起到这样的作用，而街头官僚增加服务对象从面谈到福利登记之间的等待时间也可以起到这种作用。重要的是，街头官僚机构往往没有什么兴趣减少工作中的延迟，因为更为迅速有效的处理只会使得现有的资源更紧张。

虽然时间成本经常被街头官僚解释为程序上的问题，但服务对象可能会感受到极大的不便。例如，当一个机构拒绝接受来自电话渠道的投诉，并要求服务对象以书面形式表达时，可能会阻止服务对象在轻率或冲动的情况下提出投诉，但也阻止了那些怕麻烦的投诉人，因为如果投诉更容易的话，他们会提出抗议。[1] 要求服务对象填写多个表格，并提供大量文件的做法也有类似的效果。由此可以归纳出这样的观点：拖延和烦琐程序的真正成本使服务对象在等待时必须放弃其他活动，即机会成本，而由于穷人所放弃的机会不太受社会的重视，所以穷人比富人付出更长的等待时间便变得合乎情理了。[2]然而，这种精英主义的观点是建立在服务对象尚未认同的条件之上的。

信息

向服务对象提供或隐瞒信息是街头官僚进行服务配给的另一种方式。服务对象主要通过两种方式体验这种信息的提供或隐瞒。他们会感受到街头官僚有所偏袒，这些街头官僚为某些服务对象提供了保密信息，使得他们能够比其他人更好地利用整个体系。服务对象会体验到街头官僚机构中那些令人困惑的术语、复杂的程序和令人不解的做法，而这些都是服务对象理解如何在体系中有效运作的障碍。法院里的书记员便是这一特征的典型代表，他们会以一种难以解释的冗长记

---

① 例如，某个检察官办公室在处理白领阶层的犯罪案件时，将电话投诉改为邮件投诉后，该办公室接收到的投诉竟然减少了 25%。Michael Brintnall, "The Allocation of Services in the Local Prosecution of Economic Crime" (Ph. D. diss., Massachusetts Institute of Technology, 1977), chap. 6.

② 参见 Schwartz, *Queuing and Waiting*, chap. 6。

录单把法庭上的言语组织在一起，以阐述法庭程序凌驾于公民权利的观点。①在官僚层面，街头官僚提供和隐瞒信息最为明显的例子，便是在对各街头官僚机构进行审查时发现，各个机构会通过发布或不发布相关服务信息的方式来调控自己的工作负担。

按惯例，分析人员会通过研究服务对象的名单和访问量来评估服务对象的服务需求（所谓需求指的是服务对象向公共部门官员所提出的声明，要求官员采取相应的行动）。② 如果分析人员认识到服务对象参与的表现无法完全反映出服务对象自身的利益，分析人员就会设法通过态度调查和人口普查等方式来评估服务对象的潜在需求。从这种评估当中，管理人员和政客能就适当服务水平提出要求。

但是，如果人们认识到，街头官僚机构经常通过操纵服务对象能够获得的服务信息的性质和数量这一方式来配给服务，那么显而易见，需求水平本身就受公共政策的影响。服务对象名单将被视为取决于他们对服务可获得性和寻求服务所需成本的认知情况。只有当服务对象自己意识到他们处于可以、应该且将会由公共部门提供服务的社会环境时，他们才会将需求表达出来。

纽约市通过严格管控申请流程的方式，将七个福利中心的新增福利案件受理率降低17％，这意味着不仅街头官僚要更细致地审查申请人的要求，也需要申请人提供更多的文件和接受更多的调查，这促成了公共服务限量配给的另一种方式。③

服务对象对家庭问题的法律援助需求说明了这一观点。在抽样调查中，当底特律居民被问及是否需要律师协助处理一些家庭关系问题时，仅有1％左右的人给出了肯定的答案。从这项调查中很难预测到，在寻求法律援助和前往社区律师事务所的服务对象中，约有40％是为了解决家庭问题而寻求帮助的。④

---

① 法庭书记员使用的令人困惑的法律语言，我们可以称之为"像咒语一样的官僚式语言"（bureaucratic language as incantation）。Edelman, *Political Language：Words that Succeed and Policies that Fail* (New York：Academic Press, 1977), p. 98. 当法庭书记员像念咒一样，一口气念出一连串让人无法理解的文字时，我们又该如何称呼它呢？也许我们应该将其称为"作为象征性语言的咒文"（incantation as symbolic language）。如果有人试图积极明确地去分析法律语言对于限量配给服务所产生的效果，那么请考虑一下以下这个案例：美国纽约州的法律要求消费者合约必须以清晰的、可理解的语言来书写。参见 *New York Times*, Aug. 11, 1977, p. B1。

② 在易斯顿（David Easton）的著作中，这是需求的定义的一种改述释义，参见 David Easton, *A Framework for Political Analysis* (Englewood Cliffs, N. J. ：Prentice-Hall, 1965), p. 120。

③ *New York Times*, September 25, 1977.

④ Leon Mayhew, "Institutions of Representation：Civil Justice and the Public," *Law and Society Review*, vol. 9, no. 3 (Spring, 1975), p. 403. 由于差距太大了，因此很难将其归因于样本性质的差异。

当能提供援助的街头官僚机构发出它们已做好准备以随时提供援助的信号时，服务对象的服务需求就会显现出来。那些最初因家庭事务寻求法律援助的40%的服务对象，可能只是该服务受益群体中的一小部分而已。一些本需要这类服务的公众可能已经打消了寻求这些服务的念头。由于法律服务的资金严重不足，因此，如果当时能有更多的律师提供这类服务的话，服务对象可能会表现出更强烈的服务需求。

服务的相关信息也是服务的一个方面。向服务对象隐瞒信息会降低他们的服务需求。例如，通过大幅度增加福利受益者名单来改革福利制度的运动便是基于这样的一种观点，即一场政治运动可以帮助潜在的福利受益者克服因福利身份而产生的污名化。政治运动可以提供必要的信息，以使福利受益者数量大幅增加。① 公共福利机构未能确保潜在受益者获得他们应得的福利，这与社会保障管理局和退伍军人管理局提供福利的成功实践形成了鲜明的对比。它们的不同之处在于，后两项收入支持项目的主体，即老年人与退伍军人，都不是社会污名化的对象。②

服务对象统计数据可能无法很好地反映服务对象群体的客观需求，但能反映出大量正式满足这些需求的组织的信息。③ 因此，成人继续教育需求日益增长的原因部分是成人群体对终身教育的期望，但也在于高校所进行的宣传，以及它们对吸引学生和收取学费的渴望。服务对象对紧急警察服务的需求在某种程度上是未知的，但是911电话号码以及调度系统的引入，却使得市民更有可能相信警察会对他们的需求快速做出反应。在该系统推出后，拨打911电话次数的增加受到组织因素，如服务宣传和响应时间，以及更客观的因素的影响，如人口增长和人口年龄分布变化。

虽然街头官僚机构的主导趋势是，试图通过增加服务成本（大部分是非金钱性质的）来限制服务对象的需求，但是，有时它们也需要增加其服务对象的数量。在这种情形下，它们将通过类似的配给过程来实现这一目标，但现在的目标是要提高服务利用率。

---

① Richard Cloward and Frances Fox Piven, "A Strategy to End Poverty," *The Politics of Turmoil* (New York: Vintage, 1975), pp. 89 - 106.

② Gilbert Steiner, *The State of Welfare* (Washington, D. C.: Brookings, 1971).

③ 基特苏斯（Kitsuse）和思科瑞尔（Cicourel）曾经写道，统计数据在很大程度上反映了收集数据的组织的情况。参见 John Kitsuse and Aaron Cicourel, "A Note on the Uses of Official Statistics," *Social Problems*, vol. 11 (1963), pp. 131 - 139。收集这些统计数据的人，和那些正式负责提供有关服务的信息的人，有时候并不是同一群人。

当街头官僚机构刚成立，以及需要证明其有能力将服务付诸实践时，可能会努力增加服务对象的数量。因此，当波士顿推出小市政厅计划，使得投诉量变为原来的3倍时，这种情况尤其受计划倡导者的欢迎。[1] 当街头官僚机构利用中央经费开办了许多下属服务机构时，为增加服务对象数量所做的努力的成效通常是显而易见的，这些下属服务机构也发现其会在下一个财政周期中相互竞争以获取资金。这些机构会"到处寻找"服务对象，以证明他们在未来仍然值得支持。社区行动机构和社区精神健康中心便是这方面的例子。[2]

现有的街头官僚机构如果认为自己受到了攻击，并推测倘若体现出其所提供服务的重要性或是增加服务对象数量可能有助于自身的发展，它们也可能试图增加服务对象的数量。与此相关的是，当街头官僚机构在与其他有类似目标的项目竞争时，它们也可能会试图增加服务对象的数量。这些机构意识到，它们在争夺同一个服务对象群体，只有更成功的机构才能在下一个财政预算周期中生存下来。

这种竞争也助长了旨在美化街头官僚机构的准合法化骗局。例如，当吸毒者治疗中心的数量还很少时，它们能够对治疗中心里的服务对象施加严格的住院要求，服务对象对于自己能否康复的坚定程度被认为是治疗成败的关键。到了20世纪70年代初，随着可用经费的增加，吸毒者治疗中心的数量也有所增加，而吸毒者的数量却开始下降，因此为了增加服务对象数量，这些中心开始放宽入院要求（例如，它们会接收那些此前被认为难以治愈的服务对象）。它们还放宽了出勤率的要求，这样一来，治疗的床位就可能被非全日制住院吸毒者所占据。除了吸毒者治疗中心之外，其他在固定服务对象群体中争夺更多份额的机构还包括在同一城市中获得资助的心理健康中心，以及在同一所大学内部争夺学生的学术部门。

理论上，这种官僚竞争可能恰恰提供了官僚机构所缺乏的东西，即市场责任机制的替代品。当然，这也是教育券背后的真实用意。然而，竞争所带来的积极效应经常会被相互竞争机构中残留的官僚主义所削弱。入学人数不断下降的学术部门里的教职工仍然受到终身任教制、研究奖励（以及带来的研究基金）和其他因素的庇护，使得对他们的评估不仅仅是根据其为学生提供的服务这一标准来进

———

① Eric Nordlinger, *Decentralizing the City* (Cambridge, Mass. ,: Massachusetts Institute of Technology Press, 1972), p. 286.

② 以下著作对该过程的动态进行了讨论：Michael Lipsky and Morris Lounds, "Citizen Participation and Health Care: Problems of Government Induced Participation," *Journal of Health Politics, Policy and Law*, vol. 1, no. 1 (Spring, 1976), pp. 85–111。

行的。同样，教育券实验也因教师的任期制度、教工会的反对以及家长们由于缺乏可选学校的相关信息而无法在教育体系中表达自己的偏好等因素而遭遇失败。

心理

街头官僚机构对服务的限量配给也会通过将心理成本强加给服务对象来实现。其中一些心理成本隐含在前文所提到的限量配给机制中。当服务对象获知必须等待才能接受服务时，特别是当服务对象认为等待的时间超出预期且反映出街头官僚对他们缺乏尊重时，服务对象的服务需求就会降低。[①] 公共福利行政部门就因其给服务对象带来的心理负担而备受抨击。这些心理负担包括询问服务对象性行为、生育偏好、育儿做法、交友模式等方面的问题，以及它们一直假定服务对象存在着欺诈和不诚实行为，等等。[②] 尽管福利部门的做法中有些带有简单粗暴的特征，例如，有关部门会在凌晨对申请福利的妇女进行突击检查，看看是否有男性同住，虽然这些做法已不再实行，但它们并不局限于"未开化的"20世纪50年代。

举个简单的例子，申请抚养儿童家庭补助的妇女有时必须接受律师的面谈，在面谈中，她们必须同意协助福利部门来起诉其子女的父亲。显然，许多妇女不愿就这一点进行配合，因为这将危及她们与孩子父亲之间的关系，这种关系虽然脆弱但某种程度上还算差强人意。她们担心，尽管孩子的父亲可能根本就没有什么可观的收入，但她们目前能够从孩子父亲那里得到的支持以及和孩子父亲建立良好关系所带来的益处，会因为对孩子父亲的疏远而被切断。因此，申请人不得不撒谎，或冒失去这种重要关系的风险。面谈是按合法程序来进行的，对申请人的立场并未给予多少同情。许多符合条件的潜在服务对象没有完成申请的流程，就是因为她们不想承受这些压力和羞辱。[③]同许多福利方面的监督程序一样，这些程序获得的经费与花费的成本是否等同仍是无法判断的。

心理上的惩罚有助于减少系统内服务对象所提出的要求，也有助于限制进入系统的人数。当基层刑事法院的被告声称他并不理解其被指控的罪名时，如果法

---

① 关于等待的心理含义的讨论，参见 Schwartz, *Queuing and Waiting*, chaps. 1, 8。

② 事实上，几乎所有关于福利实践的评论都会将注意力吸引到降低服务对象地位上。参见 Alan Keith-Lucas, *Decisions about People in Need* (Chapel Hill, N. C.：University of North Carolina, 1957)；Steiner, *The State of Welfare* (Washington, D. C.：Brookings, 1971)；Piven and Cloward, *Regulating the Poor* (New York：Pantheon, 1971), chaps. 4 - 5。

③ Jeffrey Prottas, *People-Processing：The Street-Level Bureaucrat in Public Service Bureaucracies* (Lexington, Mass.：Lexington Books, 1979). 关于离弃家庭、住在贫民区的父亲和他们家庭之间的持续关系，参见 Elliot Liebow, *Tally's Corner* (Boston：Little, Brown, 1967)。

官或书记员以冷淡的态度试图纠正他的申辩，那么这种看上去怀有敌意的反应将使被告被吓得哑口无言。教师可以通过改变语调来鼓励或是阻止学生们发问。律师在答复服务对象时可以传达出这样的观点，即服务对象的问题是愚蠢的，不值得获得周到的答复。

在某种程度上，心理互动对于街头官僚进行服务限量配给的重要性显现在，有时服务对象仅仅因为喜欢街头官僚对待他们的方式，就会向街头官僚机构寻求服务或是认可他们所提供的服务。富有同情心的法官有时会对案件胜算较低的被告或原告给予细致的关切，这只是为了让服务对象感觉他们在法庭上是有胜算的，尽管最后服务对象会发现结果其实对他们是不利的。受到这种善意对待的公民所表达出来的感激之情也许正好表明，人们对政府部门的期望并不高。不论街头官僚机构的服务质量如何，只要服务对象受到尊重，他们似乎就会对服务质量做出积极评价。就这方面而言，一项关于病人对无需预约的心理健康诊所的评价的研究显示："在一开始时，前来诊所看病的病人对所有（来自诊所人员）的回应几乎都感到满意，只要服务对象与诊所人员接触时的情绪氛围是舒适的。"①寻求心理健康服务的服务对象可能对他们与诊所人员的初次互动质量特别敏感，因而我们完全有理由认为，互动的形式塑造了服务对象对于学校、法院、警察和其他基层服务（包括没有被明确定义的服务与产品）的评价中相当重要的一部分。

排 队

即便是最恰当的服务安排也会给服务对象带来一定的成本。这一点从街头官僚对服务对象的安排或是服务对象被要求自我介绍的方式上得到了明显的体现。尽管是最为普遍的排队安排，即按照先到先得这一最为普遍原则来为服务对象提供服务，也会增加服务对象的成本。②

以先到先得作为组织原则的排队方式，因其明显的公平性而使服务对象愿意合作，但排队可能会通过强迫服务对象等待的方式来实现服务的限量配给。当服务对象被迫等待服务时，他们便被含蓄地要求去接受这种限量配给的假设：因为街头官僚机构的资源是固定的，所以他们承担一定的成本也是必要的。同时，他们还受控于其他等待者所施加的社会压力。这也是排队、等候室和其他社会结构

---

① June Grant Wolf, "The Initial Evaluation at a Walk-in Clinic: Applicant's and Evaluator's Perspectives" (Ph. D. diss., Boston University, 1974), p. 76.

② 先到先得，"构成了大多数形式的排队的规范性基础"。Schwartz, *Queuing and Waiting*, p. 93.

的功能之一，这些功能体现出其他人也在分担等待服务的成本。

虽然资源限制在短时间内可能是无法改变的，但它们不一定是一成不变的。资源限制源于分配决策，而这些决策认为，将等待服务的成本强加给服务对象的做法是可接受的。然而，这些成本不会平等地强加于服务对象。按照先到先得的原则排起长队，对那些有时间能一直等待的人、那些时间对他们而言不是特别宝贵的人或是那些没有其他义务和责任的人而言，是相对有利的。

穷人经常在这样的体制下吃尽苦头。那些看起来更为富裕的人可能会优先获得服务，不仅因为人们认为他们等待的成本更高[①]，而且由于街头官僚机构往往以专制的态度来制定政策，就好像穷人的服务成本根本不存在一样。到任何一个市中心社区福利办公室的等候室去一趟，都有可能给人留下这样的印象，即福利部门似乎假定福利受益者没有其他打发时间的去处。福利受益者从那些必须从单一渠道寻求服务的人身上吸取了教训。像电话公司一样，福利部门能将为人们提供服务的成本转嫁给服务对象。这套系统有利于一般的服务对象，却不利于有特殊需求的人，因为从一开始这套系统就缺乏针对服务对象的区分机制。但是，对于在某些方面有特殊需求的人而言，其受到的伤害可能非常严重，就像在警务工作或医疗急救中一样，往往会有精心安排的服务次序，以便寻找和回应此类信息。

除了遵循"先到先得"原则的等候室或排队外，另一种替代性的选择便是事前预约的"先到先得"式的排队。这套系统在规范上也是可以接受的，理论上也具有消除等待时间成本的优点。在这个排队模式中，对一般服务对象而言，时间成本似乎有所降低，但如果街头官僚机构将服务对象的预约时段挤在一起，以确保服务对象被安排在同一时段内，服务对象的成本可能仍然很高，这在诊所和其他医疗机构中很常见。街头官僚将服务对象的预约安排在同一时间段内，可能是为了自己的便利，因为他们认为自己的时间比服务对象的更为宝贵，因此，即使有服务对象错过了预约时间，他们也能保证有源源不断的服务对象来寻求服务。这种排队的成本将由以下这些人来承担：前来寻求服务但等不起的服务对象、没有足够的纪律意识去进行预约和遵守预约时间的服务对象，或者是那些不确定将时间花在服务上能带来何种好处的服务对象。在街头官僚看来，排队是公平的时间分配方式，但服务对象却会根据自己过去被街头官僚所忽视的经历将这种排队方式视为一种信号，即这个街头官僚机构不太可能对他们的需求做出回应，或问

---

① Schwartz, *Queuing and Waiting*, chap. 6.

题不大可能得到解决。

对一些服务对象来说，等待的成本可能相当高。在一个法律服务项目中，大约有40％符合条件的服务对象在与律师预约后的一周，并没有遵守预约时间前来会面。[1] 这可能是因为在这段时间内，他们的问题已经解决了，或是由于仅仅同听取他们问题的工作人员进行交谈就能为他们提供某种程度的慰藉。然而，同样有可能的是，未遵守约定的服务对象有其他事而无法遵守约定，但又不敢向律师说明，或是因为没有安排好时间而未能在约定的时间内出现，又或者他们在没有专业建议的情况下能自行应对法律问题，也有可能是申请援助的服务对象将等待预约的要求视作法律服务不太可能回应他们的问题，并且假设法律援助机构同其他公共部门一样，提供的法律服务最终不会有什么帮助。

无论如何，服务对象前来寻求帮助的那个时刻，可能是他最需要帮助的时候，或者是街头官僚最有可能成功介入的时候。莱斯曼曾写过类似情况下的心理健康服务方面的文章：

> 很明显，危机造成的不平衡是一种强有力的治疗工具，但如果有所拖延并任由形势恶化为一个慢性的、长期的问题的话，这种不平衡所起的治疗工具的作用就会丧失。[2]

与按预约排队相似的是等待名单，街头官僚会要求服务对象等待一段不确定的时间，直到他们可以被纳入服务对象当中。虽然等待名单系统看起来很简洁明了，但它有几个重要的潜在功能。首先，正如我们在波士顿公共住房案例中所看到的，等待名单通过提供机会让街头官僚按顺序给名单上的服务对象打电话，或提供特殊信息给他们偏好的服务对象，使其获得优先权，增强街头官僚的自由裁量权。[3] 其次，等待名单还使得各机构得以表现出在努力提供服务的样子（毕竟，服务对象确实列在了名单上），而积压的服务对象需求也为街头官僚机构增加组织资源提供了理由。[4] 等待名单似乎记录了正在寻求服务但无法得到满足的潜在服务对象，但显而易见的是，等待名单上的名字之所以那么多，只是因为街头官僚机

---

① Carl Hosticka，"Legal Services Lawyers Encounter Clients：A Study in Street-Level Bureaucracy" (Ph. D. diss.，Massachusetts Institute of Technology，1976).

② Catherine Kohler Reissman，"The Supply-Demand Dilemma in Community Mental Health Centers," *American Journal of Orthopsychiatry*，vol. 40，no. 5 (October，1970)，p. 860.

③ 参见第二章。

④ 参见 Jeffry Galper，*The Politics of Social Services* (Englewood Cliffs，N. J.：Prentice-Hall，1975)，pp. 70 - 71.

构并没有试图去发现哪些人仍对服务翘首以盼，而哪些人早已对服务失去了兴趣。

一些社会机构认为，等待名单有效地筛选出那些真正需要服务的潜在服务对象，过滤掉了那些需求不大而退出等待的服务对象。限量配给的系统也使得街头官僚能够将退出者再次加入名单，这为那些有真实需要的人保留了位置。[1] 然而，我们无法确定，继续留在这份名单上到底是表明服务对象有着实质性的需求，还是恰恰相反，说明他们已成功处理了问题，因而可以耐心等待服务。

基层法院通常要求被告在某一天出庭，但只通知他们要在哪个时间段出庭，这种排队方式最大限度地增加了公众的成本，但可以使街头官僚损失相对较少的利益。在一个典型情况下，50～100 名被告（他们可能在朋友或家人陪同下出席）必须为审讯或传讯做好准备，如果他们没有在开庭时准时出现（当第一次点到他们名字时），他们将会受到严厉的惩罚。他们必须在法院里等待法官的到来，当法官优先考虑处理那些已在拘留所中并需要律师辩护的被告、其辩护律师要求将其移往他处的被告、其案件需要警察出庭作证但警察还有其他优先事项要处理的被告时，他们需要再次等待。只有当这些事项和其他优先事项得到处理之后，法官才会按字母顺序或其他顺序来进行案件的审理。

被告可能是无辜的，但由于他们已被逮捕且被判有罪，因而其被迫支付法院出于法官的便利性安排案件审理的时间及不确定性成本。虽然各个法院的做法各不相同，但就典型的情况而言，被告甚至未被告知他们的案件大概将在什么时候开庭，因此他们必须在法院一直等待，直到他们收到传讯。[2] 等待一整天的被告认识到了继续与法院系统打交道所要付出的代价，所以他们必须考虑行使权利或是为一件小事进行无罪辩护（尽管这在法律上是正当的），是否值得他们花费这么多时间和忍受这些恼人的情形。一些法院系统最近也承认了类似的问题，包括经常性的延期审理，以及阻挠了证人出庭作证，等等。但是这些分析却很少关注被告以及被告在法庭上的体验。

这种将人员召集在一起的排队模式也是从陪审团中选取陪审员的典型做法，法院会要求公众提供为期一周的服务，他们必须坐在陪审团休息室等待指派，通常需要等待几天，也有可能永远不会被传唤。而这一制度的官方依据是，法院对陪审员的需求波动较大且相对难以预测，同时这种做法也是以法院的时间价值高

---

① Reissman, "The Supply-Demand Dilemma," p. 860.

② 参见 Schwartz, *Queuing and Waiting*, pp. 26 - 29。

于公民的这一假设为前提的。为了确保总是有人可以随时出任陪审员，法院召集的陪审员数量超过了实际需求。如果法院能够容忍由于缺少可用的陪审员而偶尔推迟审判，且如果法院是要求陪审员在一周之内陆续前来而非同时到达的话，那么陪审员所浪费的时间就会有所减少。但是，只有在陪审员的时间被认为比法官、律师的时间更宝贵时，法院才有可能采纳这种做法。

服务对象往往非常愿意支付这种等待的成本。毫无疑问，服务对象也明白，有时他们不得不等待服务，除非街头官僚机构雇用了足够多的工作人员来应对高峰期的服务需求。而且，由于大多数街头官僚机构的需求在某种程度上是不可预测的——即使是学校，往往也不得不聘请新的教师或在开学后重新分配教师们的任务——因此，提供足够多的服务以使服务对象永远免于等待的做法实在是成本高昂。只有在特定的情况下，服务对象的等待才会造成伤害和高昂的代价。

当等待的时间超过一般人对服务的预期时间时，等待便是不合适的。如果可以清楚地知道，有病情更为严重的病人正得到医务人员的优先服务时，一个人可能不会对自己在急诊室等上两个小时才能注射破伤风疫苗的情况感到不满。但如果仅是为了更新驾照而花费同样的时间去排队等待的话，可能会让人感到非常恼火。当等待违反了隐含协议时，也可能会引起服务对象的愤恨。例如，已提前预约的服务对象会认为等待是不合理的，当然，预约的时间被视为得到服务的大致时间这种情况就另当别论了（如同病人到诊所看病一样）。

另外一种情况是，当服务对象认为等待不公平时，他们也会对等待的成本有所不满。因此，如果一个得到街头官僚偏袒的服务对象比其他服务对象更加容易获得服务的话，那么没有得到偏袒的服务对象就会对此愤愤不平。有时，这种等待上的不公平性可能很小，以至于服务对象未能注意到。一项针对芝加哥医院急诊室黑人病人的调查研究显示，与白人病人相比，黑人病人需要多花三分钟的时间等待服务，这种情况主要是针对那些在急诊室相对繁忙的时段前来寻求帮助的非急诊病人而言。但是，他们所付出的这个代价其实并不小。值得注意的是，仅就样本中的 1 105 名黑人而言，他们所花费的这三分钟的等待时间按年加总，相当于 2 619 人工作一整天的时间之和①，这就是伊利诺伊州库克县的街头官僚机构所持有的种族主义给黑人群体带来的代价之一。

---

① 参见 Schwartz, *Queuing and Waiting*, pp. 26 - 29, chap. 5 and fn. 5, p. 201。

惯例与限量配给

街头官僚存在的问题是，与任何一个服务对象打交道时，他们可能都能以灵活且负责的方式来处理服务对象的问题。但是，如果他们对诸多的服务对象都以此种方式处理的话，他们就会丧失这种灵活应对的能力。从某种意义上说，我们可以这么认为，每一位服务对象都在寻求成为特例，因为这样一来，他们的不当行为就能被包容，且不必遵守相应的规定。

街头官僚所面临的这种困境在法律服务项目中得到了很好的体现。就个人而言，每个律师都有责任遵守专业规范，使他们的服务对象能够充分享有和使用法律资源。对于贫困的服务对象来说，这意味着他们的律师应该不计成本地为其提供服务。只有在这种前提是正确的情况下，法律服务的规定才能恢复法律体系中的权力平衡，每个观察者也都承认，这种平衡对于掌握了法律资源的人来说更为有利。但如果所有服务对象的法律需求都要得到充分的满足，那律师就没有时间服务于其他服务对象了。这种两难境地是很微妙的。限制律师为服务对象所提供的辩护就会剥夺穷人平等获得法律服务的权利。而允许律师无限制地提供服务就限制了能够获得这种服务的穷人数量。只有重建法律制度，才能避免现有不平等格局中的两难境地：要么彻底取消向穷人提供法律援助的补贴，要么彻底简化法律程序。

当面对究竟是要服务更多的服务对象还是保持高质量服务这一两难选择时，大多数的公共部门管理者会面临巨大的压力，选择牺牲服务的质量来换取更多的服务对象。他们无法衡量和证明一项服务的价值，再加上对高需求和预算的考虑，往往会引致这样一种行为逻辑，即以牺牲工作人员对每个服务对象的关注度为代价，来增加服务人数。然而，街头官僚可能会想方设法去阻止管理层减少他们和服务对象互动的做法。面对街头官僚的抵制，管理层想要达到他们的目的，有时可能需要付出比预期更高的代价。帕尔曼（Robert Perlman）在对罗克斯伯里多元服务中心（Roxbury Multi-Service Center）的研究中，提到了一个相似的工作人员抵制的例子：

> 面对众多的复杂要求，工作人员只好采取措施进行自我保护，以应对日益增大的压力。他们通过延长面谈时间的方式，来推迟或避免接待下一个服务对象。他们还会通过安排入户拜访来逃避更多任务。[1]

---

[1]　Robert Perlman, *Consumers and Social Services* (New York: John Wiley, 1975), p. 77.

街头官僚是否反对管理层限制他们与服务对象互动的做法，或者他们是否欣然接受且支持上级的这种努力，并将其作为一种挽救缺乏吸引力或持续恶化的工作环境的方式，这或许是一个能最终决定公共服务质量的关键问题。尽管街头官僚有时会努力维持他们以个体方式处理服务对象事务的能力，但工作的压力往往迫使他们朝着相反的方向运作。街头一级的实践往往通过限量配给的做法减少服务对象对服务的需求。服务对象所发出的诸如"繁文缛节""被街头官僚不断推脱和踢皮球""我像是对牛弹琴"等常见的抱怨都表明，服务对象认识到，街头官僚的拒绝回应会在多大程度上给他们带来损害。

惯例至少以两种方式来进行服务的限量配给。首先，制定旨在确保规律性、责任性和公平性的程序，这种程序同时能保护公职人员免受服务对象要求他们做出回应的影响。这种程序也使街头官僚不必处理各种情境下的人际方面的问题。他们这么做的部分原因是，组织制定了一些程序，使得街头官僚无论乐不乐意都得加以遵循。例如，律师和法官通常都乐于接受法律程序，使他们免受各种反复无常的服务对象的要求的影响。而警察则拒绝建立（或者更恰当地说，是重新建立）巡逻制度，因为他们担心过多地介入社区居民当中，会导致警方在执法过程中做出有失公允的行为。出于类似的原因，警察部门通常反对将警察派驻于其居住地，他们主张合理地、频繁地变更警察的任务。

社会工作者可能会对无休止地处理文书工作，而不是将时间花在为服务对象提供服务上感到不悦。但是，不管社会工作者对这种惯例满意与否，事实上，这种惯例有助于限制服务对象对系统的需求。批评者认为，惯例有悖于街头官僚为服务对象服务的首要职责，但这种合理的反对意见却几乎没能得到重视，因为就某种重要意义而言，积极回应服务对象，并确保有更多的服务对象，对于街头官僚机构来说并没有什么用处。

其次，因为狭义上的公平要求对每位服务对象一视同仁，所以，惯例也为街头官僚不以灵活的方式来处理服务对象的问题提供了合理的借口。对服务对象的问题反应迟钝和处理缺乏灵活性的做法也强化了一种已经存在的共同信念，即官僚主义本身就是问题的一部分，而不是问题的解决方案，此外，这也进一步减少了服务对象对于服务的要求或他们对于需求的主张。

当惯例带来可预测性时，它们可能会提升服务对象对于街头官僚的信心。正如一名公设辩护律师在向他的同行讲授如何增进服务对象信任时所建议的那样："告诉你的服务对象，你将在两周内再来见他，然后准时出现，这总比安慰服务对象说，'我会明天再来'，却未能准时出现要好。"①

但是，机构的惯例并不总是能带来可预测性。当惯例造成了延迟、混乱和不确定性时，它们会给服务对象带来相当大的成本。有时，为保护服务对象而建立的惯例会被歪曲执行，进而大量减少街头官僚与服务对象的接触以及服务的次数。例如，为了确保住房督察员能及时对服务对象的需求做出回应，可能需要他们不止一次地联系申诉人。然而，当申诉人可能不在家或不能准时赴约的情况经常出现时，住房督察员可能会对通过电话的方式联系服务对象的做法习以为常。在波士顿地区，这种做法"增加了住房督察员到达时却没有人在家的可能性——而如果这种没人在家的情况重复出现三次，这个案件便会被撤销"②。

那些破坏可预测性，对抗或忽视服务对象，或制造混乱和不确定性的做法的意义在于，它们对服务机构来说通常是功能性的。如果服务对象对街头官僚机构有所不满、消极被动或拒绝表明需求，机构不会因此减轻责任，也不会受到任何损害。某些服务对象需求减少而留下的空档，会被那些主动提出需求的服务对象所填满，而街头官僚也只会稍微提升自己的回应能力，以应对那些不断施压的服务对象。

因此，我们得出的结论是，街头官僚机构所表明的组织目标，如果变得更以服务对象为导向、接受更多服务对象的服务申请以及鼓励服务对象畅所欲言等，无论阐述这些目标的管理者们显得多么真诚，这些目标往往都会被怀疑。对大多数的街头官僚机构来说，反应更敏捷会使它们无法正常运作。假定资源的数量保持不变，服务对象的需求在某一时间点的增加只会导致街头官僚机构发展出一些机制，以在另一时间点对服务进行进一步的限量配给。

对于这种从需求与服务之间关系中延伸出来的合乎常理但荒谬的情况，最典型的一个例子便是图书馆通过暂停开放来降低成本。然而，真正的问题是，当图书馆、博物馆、动物园和其他提供免费公共产品的机构成功地变得更具吸引力时，它们的无报酬成本就增加了。

毫无疑问，在街头官僚日常工作的某些方面，提高回应能力并不会增加街头官僚的工作任务。例如，街头官僚有礼貌而不是粗鲁或冷漠地对待服务对象，就这个方面而言，提高回应能力并不一定会增加他们的工作负担。此外，街头官僚

① Speaker，Annual Convention of the National Legal Aid and Defenders Association，Seattle，Washington，November，1975.

② Nivola，"Municipal Agency：A Study of Housing Inspectional Service in Boston，" chap. 3.

机构的重组也可能会提升公职人员的回应能力。然而，大多数情况下，回应能力的提高——为服务对象办更多的事，乃至更多地倾听服务对象的意见——会给街头官僚带来额外的负担，因此，如果没有强有力的奖惩措施，街头官僚将会阻碍或抵制这些做法。

有时候，街头官僚并不以含蓄的方式来进行服务的限量配给，限制服务对象的数量或减少服务的供给成了机构的正式政策。为了应对预算的减少，或是服务对象与街头官僚之比显著提高等情况，街头官僚机构将会以几种典型的方式来缩减它们的服务范围。在公开减少服务的同时，街头官僚机构将继续遵守普遍服务模式的正式规范。

街头官僚机构可能会按地理分布来减少服务。它们可能会正式地缩减为服务对象提供服务的区域范围，或者减少一些项目所服务的社区数量。另外，由于削减服务的方式不受人们欢迎，因此，街头官僚机构可能更偏向于减少服务中心的数量，从而能在不正式地改变任何人的服务资格的情况下，有效地削减它们在某些地区提供的服务。例如，当纽约整合曼哈顿区市政法院系统，撤销哈莱姆区的地方法院时，它并没有正式地改变服务对象获得法院服务的资格，而是以非正式的方式大幅提升了曼哈顿上城居民使用法院系统的成本。

街头官僚也可以根据服务对象的个人特点，来限制服务对象所能获得的服务。从正式的做法来看，街头官僚机构可以调整收入资格标准。在非正式的做法方面，街头官僚机构可能会采取一些方式来限制服务的范围，如故意不印制西班牙文的宣传海报，或在养老院而不是公共住房里张贴告示，以便吸引以老年人为主的服务对象。

街头官僚机构也可以通过拒绝受理某些案件的方式，正式或非正式地限制服务的范围。例如，将酗酒行为合法化，以正式免除警察对处理酗酒者的责任（尽管公众反对所造成的压力迫使警察仍然对酗酒者采取相应措施）。就非正式的做法而言，如果警察选择了忽视发生在公共场所的酗酒行为，或者降低处理酗酒者这一工作在警察部门中的优先序，那么警察部门也可以限制其服务对象数量。

即使限制服务并不是限量配给工作的明显功能，对于服务的限制通常也不是街头官僚机构无意间造成的后果。街头官僚与机构管理者往往非常清楚，限量配给服务的做法将会影响缩短办公时间、整合服务、增加或减少新员工、信息可用性等方面的决策。举例来说，让我们来思考一下 1969 年纽约市预算局（Budget Bureau of New York City）为减少福利支出所做出的努力。该局在一份非常值得我们注意的文件中提出了若干方案，以节省近一亿美元的预算。① 除了通过减少津贴数额来省下大部分钱之外，纽约市预算局还建议进行四项行政改革。每项改革都将以某种方式明确地进行服务的限量配给。有人提出了一项新的程序，要求申请者在与街头官僚面谈之前先积极主动地寻找工作。这将迫使人们去接受低薪工作，且这项程序的目的就是希望"人们能够更为积极地利用自身优势去寻找工作……这对福利申请者具有威慑效果"②。措施的提出者认识到要使这一改革措施真正见效，需要大幅提升公共就业机构的能力，但没有讨论提升公共就业机构能力所需的成本。

于是街头官僚将更为频繁地进行再次认证，以促使那些虽然登记在册，但因情况变化而不再符合资格的福利受益者主动结案（当时有超过一半的结案申请是由服务对象发起的）。这项改革将缩短从服务对象情况变化到下一个报告期之间的时间。

关闭七所外展服务中心，可以节省一些运营服务中心的成本，但更为重要的是，"据预计，从次生效应中节省下来的成本更多……其中最重要的次生效应便是有机会在从服务对象申请到资格确认的周期内，增加并维持最高限额的待审核人数，将每位服务对象的平均审核时间从两周延长到一个月"③。就关闭服务中心所带来的其他次要好处，提议者指出："因为这种做法可能会对依靠紧急救助金维持生活的服务对象造成不便（通常来说，他们每周在服务中心申请一次以上的紧急救助金），因此，这种做法可能会对那些勉强符合申请资格的服务对象起到一些威慑作用。"④

最后，更强有力的管理审计将使系统中的做法更具一致性，并对福利部门的员工进行更有力的审查，一些文件中常将福利部门的员工描绘为比起控制福利服务成本，对登记服务对象更感兴趣的角色。

同样值得关注的是那些曾被考虑过但未得到倡议的策略。这些策略包括减少服务时间、大量关闭服务中心，以及要求服务对象提供更多的证明文件，如出生证明、工资证明、租金支付证明以及其他获得服务资格的具体证明。虽然这些规

---

① "Budget Bureau Recommendations for Savings in the Welfare Budget," March 24, 1969. 作者档案中的未发表文件。

② Ibid.

③ Ibid.

④ Ibid.

定都被推翻了，因为它们可能导致街头官僚无法有效处理积压的服务对象事务，并会侵害服务对象在一个月内获得申请答复的合法权利，但内部通知也明确地表示，这些措施将提高服务对象的申请成本，从而降低服务对象的申请率。

关于备忘录的规定已经有了相当详尽的说明，这不是因为这些规定本身是值得关注的，而是因为它们表明，机构的管理层认识到了服务的限量配给对限制服务对象需求的影响。如果接受公职人员的说辞，认为他们的行动不可避免地会限制或阻碍服务对象提出需求，那就过于天真了。反之，相反的假设在分析上更为有用，在经验上也更为准确，也就是说，公职人员和高级官员意识到了他们所采取的行动能够有效地增加或减少服务对象的需求。当然，他们可能会公开否认这些意图，因为他们的工作要求他们遵守公共服务规范。就个人而言，他们可能不支持这样的政策，还会因资金限制而无法为更多服务对象提供服务感到遗憾。尽管如此，公共机构对因其行动而导致的限量配给的结果是负有责任的这一假定仍是恰当的。

1976 年，纽约市实施了行政控制，使得新的福利申请者的受理率降了一半，且每月终止 18 000 个案件。但上述效果的实现，是因为合格的申请者被"非常消极的行政工作与有父母支援"拒之门外，而且这些结案的案件当中，有一半的人没有参加福利资格的重新认定、没有回复邮寄的调查问卷或是未能出示学校的出勤证明。严格来说，这些福利申请者之所以会不合格，是由于他们在被迫付出代价前，无法或不愿支付继续留在福利申请者等待名单上的成本。与此同时，一位行政管理人员说，福利中心确实是"拥挤""嘈杂""肮脏"的。"有些服务对象需要等上 4～5 个小时才能得到服务，且为了完成他们所申请的业务，往往需要多次访问该中心。此外，服务对象也不知道为他们服务的街头官僚的名字。"①符合申请条件的服务对象由于上述或其他原因，被迫在寻求救济时付出相应的代价。

---

① *New York Times*，December 21，1977.

第八章

限量配给服务：管理中的不均等

免费的公共物品和服务，可以通过征收成本和固定其数量来实现限量配给，也可以通过在不同类别的需求者之间进行有差别的分配来实现限量配给。在街头官僚机构中，服务的分配之所以存在差异，至少有以下四个相互关联的原因。

第一，如前所述，在某种程度上，社会希望官僚机构能够灵活应对特殊情况，能够根据服务对象的个人情况采取不同的处理方式。街头官僚机构尤应如此。人们希望教师能关心每一个学生，希望警察能够做出灵活的回应，希望社会工作者能理解个人需求。

第二，街头官僚往往希望改善服务对象的生活。他们从改善一些服务对象的生活中获得满足感，并对试图减少其自由裁量权的努力加以抵制，正是这种自由裁量权才使得他们具有这种影响力。

第三，也是最明显的一点，就是官僚机构往往要区分不同的服务对象。并不是每个人都能平等地享受公共服务。街头官僚必须事先确定服务对象是否具备资格、是否有犯罪史以及是否适合官僚干预。事实上，将一个人简化为是否有资格接受官僚干预的过程，实质上就是使他成为服务对象的过程。[①] 就此而言，与人打交道的官僚机构有两项任务：一是发展一套适当的类别，依此来与不同类别的人打交道；二是依据服务对象是否具备资格来对其画像。

在与服务对象打交道的过程中，一个适当的区分模式是鉴别分类法（triage）。该术语起源于战场。它是指医务人员将受伤的士兵分为三类：受致命伤者，治愈希望渺茫；受轻伤者，无需立即治疗；受重伤者，如果救治及时，就能生还。通过将治疗重心放在最后一类士兵身上，审慎的鉴别分类法为优化战场上医疗资源

---

① 这是从普罗塔斯的著作中发展出来的，参见 Jeffrey Prottas, *People-Processing：The Street-Level Bureaucrat in Public Service Bureaucracies* (Lexington，Mass.：Lexington Books，1979)。

的使用提供了指导。今天，这种方法已经被应用于所有医疗环境中（如急诊室），医护人员据此对潜在的病人分配不同的治疗优先级。①

鉴别分类法为官僚机构的区分对待提供了一个有用的类比，原因如下。它是在资源严重短缺的情形下运作和执行的，在这种情形下，等待成本往往不能转嫁给服务对象。尽管建立在合理的基础上，但它仍然对服务对象进行了区分。它要求现场的工作人员有相当大的自由裁量权，而这种自由裁量权不能被简化为官方准则。显然，这种做法对某些人有利，而对另一些人则极为不利。之所以如此，是因为有些被归类为受致命伤者，如果得到关注，是可以获救的。这是说他们并非无可挽救，只是救治此类人群的可能性，要低于医疗资源使用的最佳值。

在许多街头官僚机构中，都有类似的鉴别分类法。建筑检查和警察巡逻的重点，通常都不是最破旧的社区，而在那些被认为"还有救"的社区；学校将一些孩子安排到重点班（high tracks），并将资源分配给这些被认为有能力利用这些资源的孩子；精神病医生和心理学家倾向于接收那些他们认为可能对治疗做出反应的病人。

在某些情况下，有充分的理由认为，区分服务对象本身就是有害的。学校按能力分班的做法尤其应该受到批评，就孩子们而言，它没有起到任何有益的作用，尽管它是使教学和学校管理变得更容易的一件有力工具。② 然而，在公共服务中运用鉴别分类法，其问题主要不是在于这种做法有时具有破坏性，而是在于自由裁量权经常被滥用。

这就引出了服务分配分类化的第四个原因。即使不提街头官僚机构中出现的明显带有歧视性的做法，对服务对象分类对待也是司空见惯的，因为分类对待往往能帮助街头官僚减轻工作负荷，比如学校将学生按能力分班。或者，这可能有助于他们应对工作中的不确定性和心理压力。分类对待服务对象之所以发生，也可能是因为，面对繁重的工作负担和明显不可能完成的任务，街头官僚想方设法最大限度地利用个人或机构的资源，或是当无法在所有服务对象身上都取得成功时，力争在某些服务对象身上取得成功。以鉴别分类法为范式的官僚区分对待，

---

① 这个词语开始通用时，是用来对城市里的各个街区进行分类。人们自以为是地使用该词语，将各街区分为：如果得到政府资金援助就有可能恢复的街区、已经恶化到难以拯救的街区以及不需要政府资助就有可能维持繁荣的街区。

② 参见柯普（David Kirp）对证据的总结："Schools as Sorters: The Constitutional and Policy Implications of Student Classification," *University of Pennsylvania Law Review*, vol. 121, no. 4（April, 1973), pp. 705 – 797。

有可能导致这样一种可能性，即街头官僚在对服务对象加以分类时，与其说是为了优化资源配置，不如说是为了解决与工作有关的问题。因此，尽管机构从规则上坚定地要求普遍性的判断标准，但它们往往还是引入了那种在理论上被现代官僚制所战胜的特殊性。

我曾提及，街头官僚机构的惯例很可能就是机构的政策，而不管它们是否符合机构的规章或标准。为了使这一观察具有实质内容，我将列举这些组织做出酌情判断的一些实践模式。

撇脂

面对多到超出自己所能接纳的服务对象时，街头官僚往往会选择那些依照官僚成功标准最有可能取得成功的服务对象（或者说是取其精华）。尽管正式规定要求街头官僚为服务对象提供平等的服务机会，甚至有政策要求向成功概率相对较低的服务对象倾斜，但这种情况还是会发生。就业顾问可能会把那些无论如何都最有可能成功就业的人送上工作岗位，而忽视那些更难找到工作的人。提升项目[①]致力于丰富贫困高中生的教育背景，但需时常防范那些原本入学概率相当高的学生参与其中。[②]

撇脂现象何以发生，特别是在官方反对这种做法的情况下？在每一个撇脂案例中，机构的激励措施都会奖励那些成功为服务对象提供服务的员工，但那些承担风险的员工却没有获得实质性的回报。由于并非所有潜在服务对象都能得到服务，因此在缺乏强有力的反向激励措施的情况下，该机构的奖励结构就被视为隐含议程（implicit agenda）。如果所有的服务对象都同样值得服务，但又无法为所有人提供服务，那么提高个人或机构的成功率就成了首要任务。决定谁具有或不具有"高风险"或"可能成功"的标准是有问题的，但几乎没有明确的方法来质疑那些可能违反选择规范的街头官僚，这一事实使情况变得复杂起来。

换个角度看，撇脂是在对成功加以评估时缺乏控制措施的情况下发生的。如果评估教师时，其标准是将学生的进步率与预测的进步率相比较，那么，成绩好的学生不一定是最受重视的学生。但在现实中，人们往往暗地里以学生的学习状

[①] 提升项目是美国联邦政府资助的一项教育项目，旨在为参与者的大学入学准备提供基本支持。该项目为参与者提供了在大学前表现并最终在高等教育中取得成功的机会。其服务对象为来自低收入家庭的且其父母均未持有学士学位的高中生。——译者

[②] 我对于这个项目的认识是我在定期到项目现场参观的五年里逐渐形成的。

况和成就来评判教师，因此，教师会寻求教授成绩优秀的班级或转去中产阶级学校。类似地，如果就业顾问在安置那些长期失业人员时获得的荣誉，比安置暂时失业人员时所获得的荣誉要多，他们就会更加重视那些难以获得安置的人。上述考虑让我们重新关注街头官僚绩效的评估方式。

官僚偏见

对服务对象的差异化处理之所以发生，是因为街头官僚对一些服务对象的偏好高于其他服务对象。尽管官方明文禁止差异化处理，但至少在三种情形下，街头官僚会偏好某些服务对象而忽视其他服务对象。归根结底，它们都反映出这样一个事实：街头官僚在与某些服务对象打交道时，会比与其他服务对象打交道更能获得满足感，并有机会根据这些偏好采取行动。

第一种情况是，某些服务对象会唤起街头官僚的同情心或敌意。就像以色列的海关官员一样，街头官僚可能倾向于"放弱者一马"①，或者可能偏袒有相似种族背景的服务对象，就像在歧视性决策中普遍存在的种族或族裔偏袒一样。波士顿住房管理局的工作人员更倾向于偏袒白人老年申请者，当工作人员选择性地向他们提供关键信息时，可能是在同时回应种族诉求和同情诉求。

如果据此推断族裔或种族诉求在影响官僚酌情判断时，总是占据上风或从未占过上风，那就大错特错了。官僚规范的运作限制了以这种方式做出决定的范围。因此，黑人警察在面对黑人公民时，可能会特别努力地按角色规定的方式行事。②白人官僚则表现出一种补充性倾向，他们会因为害怕被指责有种族偏见而对黑人服务对象更加宽容和容忍。来自旧金山的报告称，黑人学童往往被告知成绩优秀，并在学校表现良好，但实际上他们的学习成绩不尽如人意，这个糟糕的例子表明街头官僚对潜在的偏见行为反应过度时会发生什么。

如果公职人员带有偏见或种族主义，并且他们的偏见经常表现在行为中，那么官僚机构中的偏见问题就会更加有害，但也更容易被根除。最起码，通过制定政策指令来减少官僚机构中的偏见，会更加容易。但是，在公开声称致力于平等对待各服务对象的现代官僚机构中，偏见的种种模式会更加微妙。现代官僚机构

① Brenda Danet，"'Giving the Underdog a Break'：Latent Particularism among Customs Officials," in Elihu Katz and Brenda Danet，eds.，*Bureaucracy and the Public*（New York：Basic Books，1973），pp. 329 - 337.

② Nicholas Alex，*Black in Blue*（New York：Appleton，1969）.

承诺通过普遍主义的服务来消除偏见行为；但当偏见确实发生时，要消除它就会更难。

偏见行为的第二种情况是明显的，街头官僚对社会上普遍存在的对服务对象的总体取向——即服务对象是否值得获得服务——做出回应，他们经常助长这些取向的泛滥。这是有关服务对象事务处理的最有根据的概括之一。少年法庭的法官根据被告所呈现出来的价值大小决定量刑轻重。警察根据公众是否表现出敬意做出与之相关的决定。① 创伤小组的医护人员会更努力地抢救年轻人的生命而不是老年人的生命，会更努力地抢救地位高的公民而不是地位低的公民。② 其他急诊室的医护人员会对病人进行道德评估，并据此给予相应的治疗。③

当涉及不止一名街头官僚时，比如在法庭处理中，或对有特殊教育需求的残疾学生进行多学科评估，往往需要对服务对象的道德价值进行协商。④

这些观察结果与组织的政策是一致的，这些组织倾向于把重点放在道德价值较高的服务对象身上，而不是放在那些最需要其服务的人身上。尽管美国的大多数盲人都是老年人或即将退休之人⑤，但盲人服务机构倾向于为儿童或有就业能力的成年人提供服务。当某个社区有新的群体加入时，原本为其提供服务的志愿医院和私人社会服务机构，往往会选择迁往他处或减少该社区服务。

如上所述，我们有充分的理由认为，在没有强有力的反向激励的情况下，对社会价值的总体评价会影响社会的评判，也会影响街头官僚的决定。在什么情况下，这些关于社会价值的总体观念会发挥重要作用？至少三种假设似乎是可信的。首先，当街头官僚必须在服务对象之间做出选择，并且有偏见的选择不会产生重大成本时，总体的道德价值理念就会被证明是重要的。对急诊室偏见的研究表明：当黑人受了重伤且急诊室病人并不是特别多的时候，他们往往会得到同等的治疗。但当急诊室人手不够，那些"不会哭的"黑人就会受到冷遇，因为医护人员在做

① Robert Emerson, *Judging Delinquents* (New York: Aldine, 1969).

② Barney Glaser and Anselm Strauss, "The Social Loss of Dying Patients," *American Journal of Nursing*, vol. 64 (June, 1964), pp. 119 – 121.

③ Julius Roth, "Some Contingencies of the Moral Evaluation and Control of Clientele: The Case of the Hospital Emergency Room," in Yeheskel Hasenfeld and Richard English, eds., *Human Service Organizations* (Ann Arbor, Mich.: University of Michigan Press, 1974), pp. 499 – 516.

④ David Sudnow, "Normal Crimes: Sociological Features of the Penal Code in a Public Defender's Office," *Social Problems*, vol. 12, no. 3 (Winter, 1965), pp. 255 – 276; Emerson, *Judging Delinquents*.

⑤ Robert Scott, "The Selection of Clients by Social Welfare Agencies: The Case of the Blind," in Hasenfeld and English, *Human Service Organizations*, pp. 485 – 498; Donald Schon, "The Blindness System," *Public Interest*, vol. 18 (Winter, 1970), pp. 25 – 38.

出决定时会诉诸普遍的价值观念。

其次，当街头官僚对服务对象的介入没有明显的限度时，他们就会转而求助于价值标准。为挽救年轻人和较富裕人群的生命而付出特别努力的创伤小组，可能会投入更大的精力，因为它们所能展现出的奉献精神是无止境的。理论上而言，它们在任何情况下都应竭尽全力，但在实践中是做不到的。（就这个例子来说，怎样才算是竭尽全力？）因此，它们为在何种情况下表现出最大的奉献精神设立了隐性的群体标准。同样地，教师的岗位决定了他们对学生的付出是没有限度的。在被认为更值得教师投入时间的学生中进行选择，是解决两难困境（理论上无限奉献但实际上有限付出）的一种方法。

这并不是否认，出于私人原因，医生和护士可能发现拯救一个孩子的生命比抢救一位老人的生命更有价值。教师也可能更愿意把精力放在某些孩子身上，而不是放在其他孩子身上。然而，可以说，不管这些倾向是如何根植于街头官僚的个人局限性的，它们都回应了与其工作结构相关联的深层次的个人需求：当成功具有不确定性，且任务是开放式的因而不可能无限付出时，街头官僚会找寻获得回报的机会。

最后，街头官僚在做出明确的道德判断时，允许普遍的道德价值取向渗透到决策中。法律系统中的工作人员，和其他具有准司法职能的人员，如学校训导员、假释官员等，负责分配惩罚，并承担将惩罚与违法人员及其违法行为匹配起来的模糊任务。在这种情况下，对价值的考量就发挥了作用。要使未成年被告日后不再犯罪，轻罚好，还是重罚好？把孩子的监护权交给某位父母，是否是合适的？这些问题都需要道德评价。

问题不在于做出了道德判断，而在于主导社会取向的普遍的道德假设可能会影响决策。或者，尽管有竞争力的规范性标准可以提供替代解决方案，但主导性价值观可能影响决策。少数族裔社区的大声喧哗，或炎炎夏夜的街头聚会，何时会构成破坏安定的行为，何时需要干预这些行为，都是警察必须确定的问题。或者考虑一下警方的速记笔录，它允许警察得出受害人参与性侵的结论："如果他还有时间脱鞋，那就不算强奸。"① 然而我们知道，当胁迫如此彻底以至于受害者无法反抗时，胁迫是最有效的。或者考虑一下中产阶级法官所面临的问题，他们必须决定是否同意福利部门的申请，即是否将一位低收入家长的孩子送给寄养家庭。

---

① Lois Forer，*Death of the Law* (New York：McKay，1975)。

一个家庭何时在法律上变得"不适宜"孩子居住，这几乎不是一个可以客观判定的问题。

街头官僚经常表现出偏见行为的第三种情况是，他们认为某些服务对象比其他服务对象更可能对官僚处理行为做出反应，并依此观点来采取行动。这类偏袒与撇脂相似，只不过动机不是来自机构的奖励结构（虽然这也可能起一定作用），而是来自帮助那些被认为有可能对帮助做出反应的人所带来的满足感。心理学家和精神病学家往往偏爱那些善于言谈的中产阶级病人，因为他们的治疗模式在这些人身上得到了最有效的实践。教师喜欢那些容易吸收信息的孩子，因为他们能从这些孩子身上得到更频繁和更积极的反馈。[1]

与此密切相关的是，由于某个群体被认为不太可能对官僚干预行为做出反应，由此出现了可能的偏见行为。考虑一下全国有色人种协进会（NAACP）对纽约市教育委员会（NYCBE）提起的诉讼，前者指控说，黑人和西班牙裔的问题儿童通常被分配到特殊学校，而有类似问题的白人儿童却在自己的学校里获得帮助。[2] NAACP 就此呈现了一个实例，在这个实例中，个体教师偏好的加总，导致了制度性的种族主义。

对偏见之普遍性的评论

这里讨论的官僚偏见是在街头官僚机构中孕育出来的。其工作的特点是具有高度的自由裁量权和资源限制，并且需要控制服务对象以期高效地处理工作。当工作的结构像在街头官僚机构中那样时，我们就会为区别对待服务对象寻找必要性，以至于假定偏见是存在的（无论多么轻微）并询问为什么有时候偏见没有发生，和假定要平等对待每一位服务对象并询问为什么这种平等性总是被剥夺相比，似乎更为有用。

然而，由于普遍性准则与有偏见的实践之间存在着明显的冲突，我们需要了解这种矛盾何以在实践中持续存在。支持这种持续存在的、未经许可的区别对待服务对象的做法的原因，有如下几点。

1. 区别对待服务对象的情境，使得各种绩效都难以评估。对待服务对象的公

---

[1] 社会学家亨利（Jules Henry）将教师们把注意力集中在少数学生上的这种倾向，称为"部分撤回"（partial withdrawal）。参见 Henry, "White Peoples Time, Colored Peoples Time," *Transaction*, vol. 2, no. 3 (March-April, 1965), p. 32。

[2] 参见 *New York Times*, March 3, 1977, p. 33。

平性尤其难以评估。在某些情况下，收集那些证明偏见模式所必需的数据是违法的。在其他情况下，则没有可靠的服务质量指标，因此也不能从这一方面对官僚进行评估。

2. 关于平等对待服务对象的种种规范，通常起着减少偏见倾向的作用，并以其他方式提供有关服务分配方式的强有力的迷思。街头官僚往往坚信：他们对所有的服务对象都一视同仁。

3. 如果有人观察到对服务对象的区别对待，就会将其归咎于正式或非正式的政策，这些政策据称是为了服务对象的最大利益或是为了最大多数服务对象的最大利益。将学习能力差的学生分在一个班，是为了帮助他们免遭挫败。学校将有身体、心理或情绪障碍的学生分隔出来，是为了帮助他们在与正常儿童接触时免遭羞辱，并集中资源为他们服务。人们认为，被捕的酗酒者应该对一顿饭菜和一间温暖干燥的牢房心存感念。人们认为，寻求心理健康服务的服务对象，能够很好地利用这些服务。那些被拒绝提供服务的人，被认为是无法利用援助的人，因而可以省下时间。有一种关于区别对待的意识形态，它在任何时候都能为街头官僚的做法提供说辞和正当性。（关于对服务对象的区别对待的意识形态的进一步讨论，详见第十章。）

4. 常态规则确立了服务对象行为的标准，并据此来衡量其行为是否有偏差。这有助于确保一部分服务对象会被视为偏差者。社会学家沙德诺（David Sudnow）观察到，公设辩护律师和法官在量刑上的合作，是建立在一种共同预期基础之上的，即什么构成了特定的罪行，以及应以何种方式对其加以惩罚。[1] 法庭工作人员也会将对道德行为的期望附加在特定的正式罪行上，因此，如果一项罪行的道德内容超出或低于对这项指控的期望，即使这一指控准确地描述了有关行为，还是很有可能被更改。米莱斯基（Maureen Mileski）报告说，在康涅狄格州的一个下级法院，法官对那些最初被指控犯有严重轻罪的人的判决，与那些被允许以较轻罪名认罪的人，以及那些被指控犯有重罪的人的判决一样严厉。由此看来，法官似乎是根据行为而不是根据正式指控来进行惩罚的。[2]

常态规则有助于确保一部分服务对象被视为需要干预或能从干预中受益，而

---

[1] Sudnow, "Normal Crimes." 另参见 Erving Goffman, *Relations in Public* (New York: Basic Books, 1971), chap. 6。

[2] Maureen Mileski, "Courtroom Encounters," *Law and Society Review*, vol. 5, no. 5 (May, 1971), p. 513.

另一部分服务对象则被视为对官僚服务反应迟钝或不值得帮助。一般来说，街头官僚对服务对象的行为（包括表现以及与官僚机构的互动）是有预期的。如果服务对象的行为偏离了这些标准，那么他们就有可能被区别对待。法律服务律师可能会对特别合作的服务对象做出更积极的回应。① 那些不尊重司法程序或司法人员的被告，可能会被挑出来，并被给予特别严厉的惩罚。② 有不稳定或"头脑发热"行为的人很难成功申请移民，然而表现出这些行为的意大利人却可以顺利地申请移民，因为这些行为被视为是意大利人的一种文化特征；有类似行为的北欧人就会被排除在申请之外，因为对于北欧人，这种行为特征被视为是不正常的。

或许可以公平地说，无论服务对象对官僚干预的接受程度如何，他们总是会被区别对待，而区分的依据在于街头官僚所感知到的相对常态性。这就为街头官僚提供了一种保障，他们总是认为有一些服务对象是需要他们的。在一所学校里，孩子们都特别聪明，教师们很快就会知道哪些学生教起来更有成就感、哪些则不然。在一个不是特别善于言谈或不属于中产阶级的服务对象群体中，心理学家仍然能迅速发现哪些人似乎是最适合接受治疗的。街头官僚所感知到的由服务对象组成的世界，很可能就像两代人之前扁桃体切除术还很流行的时候，那些被判定为能够从扁桃体切除手术中获益的儿童的状况一样。在社会学家弗雷德森所讲述的一个实验里，一个医生小组从 389 名儿童中挑出了 174 名能够从扁桃体切除手术中获益的儿童。然而，当另一组医生对剩下的 215 名儿童进行检查时，又发现有 99 名儿童需要接受这种手术。而当第三组医生为剩下的 116 名儿童做检查时，又有近一半儿童被建议接受这种手术。③ 人们不禁要问：专业服务人员是否会认为，至少有一部分服务对象完全无法从其干预中获益。

就像惯例的存在一样，街头官僚对常态分布的期望毫不令人惊异。关键问题依然是：这些期望是如何与合法目标相关联的？大量儿童被排斥在学校之外就是一个很好的例子。虽然公立学校的明确目标是教书育人，却依据学生的行为对其进行区别对待，并通过停学和其他惩罚措施将大量学生排除在学校之外。④ 同样，法庭也会对被指控犯有相同罪行的人加以区别对待，依据的不是他们的街头行为，

---

① Carl Hosticka，"Legal Services Lawyers Encounter Clients：A Study in Street-Level Bureaucracy"（Ph. D. diss.，Massachusetts Institute of Technology，1976）.

② Mileski，"Courtroom Encounters，" p. 503.

③ Eliot Freidson，*Profession of Medicine*（New York：Dodd，Mead，1970），p. 257.

④ Children's Defense Fund，*Children Out of School in America*（Washington，D. C.：Children's Defense Fund，1974）.

而是他们在法庭上的表现。在这些情况下，常态的观念有效地起到了拒绝或限制对待服务对象的作用。

5. 自我实现的预言通过对区别对待的有效性的虚假确认，助长了偏见的持续存在。警方加强对黑人青少年的监控，导致他们的被捕率高于其他人群。而这似乎又证实了黑人青少年是青少年犯罪的主力军。[①] 把人送进监狱，让他们接触经验丰富的罪犯，他们在监狱里被贴上罪犯的标签，此后则会被社会贴上同样的标签，这有助于使关于他们本来就是需要严惩的那类人的预言得以成真。[②] 医院工作人员通过微妙的信号引导病人表现出患病之人该有的行为，从而证实他们一开始就有心理障碍或身体疾病。[③] 学校的情况也许最为人所熟知。期望学生取得好成绩的教师会与学生互动，以充分发挥他们的潜能。[④] 那些被老师预期会表现不佳的学生（无论老师表现得多么含蓄），都更有可能失败。

自我实现的预言充斥街头官僚机构，这一点不足为奇。如果服务对象被区别对待，他们会部分地接受这种区分对自身身份的影响，以此来回应这种区分。服务对象也会遵从官僚机构对其行为的期望，以此来回应服务对象的角色。从这种互动论的视角出发，官僚区别对待服务对象和服务对象与官僚机构打交道的必要性，导致了我们称为自我实现预言的人际动力学。

6. 在缺乏适当的绩效评估标准，又需要做出影响服务对象福祉的重大判断时，街头官僚严重依赖对其实践之有效性的主观评估。这种倾向因某种感觉而得到极大的强化，这种感觉是：他们认为自己所做的工作是如此专业，以至于他人没有资格批评甚至评论他们的实践。警察、教师、福利工作者以及其他街头官僚，认为自己与大众是隔绝开来的，大众无法理解他们所经历的困难与伤害，也无法理解其回报的不确定性。[⑤]

街头官僚乐于接受似乎证实他们区别对待服务对象具有合法性的相关信息，

---

① Carl Werthman and Irving Piliavin, "Gang Members and the Police," in David Bordua, ed., *The Police* (New York: John Wiley, 1967), p. 76.

② Richard Quinney, *Criminology* (Boston: Little, Brown, 1975), chap. 6; Forer, *Death of the Law*, chap. 5.

③ David Mechanic, *Medical Sociology* (New York: Free Press, 1968), pp. 115ff.

④ 参见本书第五章。

⑤ 如果你想找一篇具有说服力的讨论，主题是探讨医生在工作中所持有的主观偏见，请参见 Freidson, *Profession of Medicine*, pp. 168 - 172。罗西（Peter Rossi）等人的著作中讨论了老师对于居住在贫民区的学生的主观性看法，参见 Peter Rossi et al. *The Roots of Urban Discontent* (New York: John Wiley, 1974), p. 355。

并由此为他们的实践模式提供支撑。这反映了一种普遍的心理倾向，即接收并整合支持他们的世界观的信息，并过滤掉那些似乎对立的信息；也反映了在同行中寻求信息的普遍倾向，这些同行可能被认为是志同道合之人。

街头官僚显然倾向于审视他们的环境，以便对其观点进行实证检验。他们对于服务对象的看法，往往与那些主张不必对服务对象的命运负责的观点相一致。他们尤其倾向于相信，经验为评估服务对象的境况提供了知识基础。虽然从逻辑上讲，举例说明的有效性是站不住脚的，但它是影响街头行为的重要社会事实。我们可以假设，举例说明的有效性（如"我知道这是真的，因为我曾经遇到过一个服务对象，他……"），将会随着员工应对决策不确定性和这些决策的潜在后果的需要的增长而凸显。一名警察之所以仓促拔枪，是因为最近有一名警察未能拔枪而被刀刺身亡，因而，当他被质疑违反部门政策时，他就会以此作为为自己辩护的有力论据。

毫无疑问，有许多街头官僚拒绝接受形成于职业亚文化中的工作视角。尽管如此，为应对工作而采取的机制的力量是巨大的，这是因为，如果它们是成功的应对手段，那么，很明显它们会发挥作用。街头官僚需要做应对性工作，这种需要阻碍了异常信息的传播，而这些信息可能会挑战长期以来形成的惯例和方向。程序上的改变之所以受到抵制，并不一定是因为员工抗拒改变本身，而是因为改变威胁到了使工作合理化的应对惯例和方向的存在。同样地，人们之所以对异常信息充耳不闻，是因为它与使工作更有价值或使其矛盾合理化的假设相冲突。

7. 未经许可的、持续存在的区别对待服务对象的做法，受到了普遍存在于社会中的并以不平等的结构为基础的种族主义和偏见的支持。区别对待是街头官僚机构的固有特征，但是，社会不平等为其提供了支持，并有助于解释产生区别对待的裂痕。因此，在不平等的背景下，对惯例化、简化和区别对待的需求，导致了普遍存在于社会中的刻板印象倾向的制度化。无论街头官僚个人有没有偏见，他们的工作结构似乎都要求区别对待服务对象，因而在结构上容易接受偏见态度。可以说，官僚对简化的需求，优先于他们对刻板印象的考虑。刻板印象就是在这样的背景下孕育出来的，在这种背景下，刻板印象起着划分服务对象群体的作用。①

---

① 如果你想找一篇文章，其探讨的主题是，在司法判决上种族偏见与一般性带有偏见的行为之间的关系，请参见 Willard Gaylin, *Partial Justice: A Study of Bias in Sentencing*（New York: Vintage Books, 1975），chap. 3。

这并不意味着所有街头官僚都带有偏见，也不意味着减少偏见行为的努力不值得提倡。这意味着，如果消除偏见行为的努力能够直接解决工作中的问题，而持有偏见是一种解决问题的心理方法，那这些努力往往会取得最优结果。有些研讨会旨在帮助员工发现，他们所持的关于服务对象的假设，对于有效运作来说并不是必需的；还有一些研讨会旨在提供关于互动技巧的信息，这两类研讨会，与较为抽象地讨论种族关系的研讨会相比，似乎更能成功地消除偏见行为。

从这个角度看，偏见问题是一个深刻的问题，不仅影响服务质量，而且关系到政府的合法性。如果偏见是通过官僚机构起作用的，那么官方就不会承认偏见的存在。服务对象和相关公众看到了有偏见的行为；街头官僚每天都会看到，从经验中形成的态度在其有效性中得到强化。服务对象看到的是不公平；街头官僚看到的是对官僚必要性的合理回应。

这似乎确保了公共服务供给方面的高度冲突。公民团体将继续花费大量精力，想方设法让街头官僚机构注意到对其偏见的指控，并设计克服偏见的方法。辅助专业运动、权力下放、劳动力整合以及其他改革浪潮，在很大程度上都是由在无法直接参与的情况下克服偏见的愿望所推动的，还有一部分则是此处所说的原因使然。服务对象开始对偏见和忽视有所期待，这使得问题更为复杂。有服务对象观察到，街头官僚随时准备把漠不关心当成惯例程序，把偏袒合理化为与服务相关联，对这些服务对象来说，出于官僚目的的区别对待是不可接受的。

第九章

控制服务对象和工作情境

每一社会秩序都有赖于其成员的普遍同意。即使是最具强制性的机构，比如监狱，也只有在那些受其影响的人员，在该机构的活动中予以配合的情况下，才能发挥作用（即便这种合作是通过暴力实现的）。通常来说，合作既不是积极胁迫而成的，也不是任意施予的，而是从可替代选择的结构中产生的。

在前面的章节中，我讨论了街头实践模式是如何发挥配给服务功能的。街头实践的第二种一般性功能，并不是限制其服务，或在服务对象之间加以选择，而是试图获得服务对象对其处理程序的配合。服务对象被期望配合的工作，可能与街头官僚机构的政策声明相一致，也可能与之相背离。然而，它一定会与街头官僚的某种认知相一致，此种认知即是，如何处理好工作才能将违反惯例的风险降至最低。

前文（第五章和第六章）已经讨论过街头官僚控制服务对象的需要以及这种控制的不完全性。本章将讨论街头实践的某些特定方面，这些方面通常有助于对服务对象进行常规性控制。

1. 街头官僚总是在某种环境中与服务对象打交道，这种环境表征、强化和限制了两者间的关系。法庭是严格约定的，由法官席来主导，后面坐着一位黑袍法官，他俯视法庭的其他出席者——这实际上是一种陈词滥调，传达了法律体系对个人的权力。法官拥有专属的出入口，他到达或者离开法庭时众人都要起立，而法庭书记员晦涩难懂的记录，加剧了法庭的神秘感。

每一种提供服务的环境，其功能都略有差异，但都以不同的方式强化服务对象的遵从性。公众寻求服务的办公室，很多都会通过摆放服务台的方式，在结构上将街头官僚与服务对象明确区隔开来。[①] 当服务对象接受面谈的时候，他们会被

---

① 环境也可以进行设计，以鼓励服务对象跨越这些障碍。多伊彻（Irwin Deutscher）描述了一个负责公共住房申请的官员的案例，他很高兴地把接待员的办公桌挪到一边，以便潜在的申请人绕过接待员直接来到她的办公桌前。参见 Irwin Deutscher, "The Gatekeeper in Public Housing," in Irwin Deutscher and Elizabeth J. Thompson, eds., *Among the People: Encounters with the Poor* (New York: Basic Books, 1968), p. 49.

带到没有区隔的"办公室",在这里,每个人都能看见(和听见)其他人的工作,这就侵犯了隐私。学校的课桌以固定的方式排开,全都面向老师,从物理上代表着学校和老师对秩序的要求。像制服一样,环境发挥了如下功能:吸引服务对象对权力所在位置的关注,暗示其按照所期望的方式来行事,从而推进官僚机构的运作。

这些信息不是偶然出现的。它们是由街头官僚机构培育的,并得到了社会的普遍认同。有趣的是,在现代法院中,我们能观察到许多传统法庭的环境元素——深色的抛光木材、法官席、法官的专属出入口、旗帜、宣扬正义的警句等——在非传统建筑物中的保留程度。

同样需要考虑的是其他公共服务部门环境配置的稳定性,以及在多大程度上背离这些传统就会被视为是激进的。在公众心中,一所非传统学校,或许只是一所没有固定课桌的学校。如果认为服务对象是重要的且应给予应有的尊重,那就为他们提供舒服的座椅和沙发,让他们在等待时可以坐着;询问他们是否舒适;并请他们放心,他们只是不得不等待,而不是被遗忘。如果认为服务对象无足轻重,那就忽视这些细节,提供一间狭小而拥挤的等待室并偶尔过问一下就够了。如果认为服务环境是随意配置的,那就错了。公共服务部门能够或认为自身无法为服务对象的舒适度做出规划,这通常是一个政策问题。

2. 服务对象之间是相互隔离的。① 公共服务机构重新布局,使得服务对象对有相同处境的其他人知之甚少。绝大多数处理程序也是其他服务对象所无法监督的。处于这种信息隔离状态的服务对象,更有可能认为他们要为自身的境遇负责。他们不太可能认为自身的处境是社会结构的结果,也不太可能认为他们所受到的待遇是不可接受的。

当街头官僚公开处理服务对象的事务时,人们会准确地捕捉到某种印象:服务对象在相互竞争,以获得街头官僚的关注或青睐。如前所述,在残酷的分类处理实践中,服务对象认为,他们只有以牺牲其他人的利益为代价,才能获得某种特殊待遇或街头官僚的关照。街头官僚在拒绝这种特殊的要求时,也有一套说辞:"如果我给了你特殊待遇,我就不得不给每个人。"在服务对象相互认识的街头环境里,如学校、精神病院、监狱,街头官僚会通过竞争性奖励制度来实现控制服务对象的目的,由此在服务对象中形成了一种解决问题的个人化倾向而非促成集体行动。

① 参见 Stanton Wheeler, "The Structure of Formally Organized Socialization Settings," in Orville Brim, Jr. and Stanton Wheeler, *Socialization after Childhood: Two Essays* (New York: John Wiley, 1966), p. 98.

街头官僚机构倾向于对服务对象组织起来予以抵制。它们倾向于认为服务对象组织是不必要、无意义、可能不负责任的，或无法代表服务对象的真正利益。没有客观标准来衡量此类断言的有效性。从某些角度来看，任何一种主张甚或全部主张都可能是真的。但是，这些断言最有用之处，是被街头官僚作为对抗服务对象组织的说辞，以便削弱其对潜在的新成员或第三方的影响力，或为生硬的官方回应奠定基础。在过去的十年里，当监狱里的囚犯、黑人高中生和福利领取者试图组织起来时，都会遭遇类似的官方回应。

公职人员常常倾向于压制或干扰服务对象组织，因为他们永远无法确定在什么时候它们会达到顶峰或需要做出重大让步。然而，公职人员在过去十年间很好地汲取了一个教训，那就是对服务对象组织予以鼓励，以便在个体服务对象和机构之间创造一个缓冲区，这通常是可能的，也是可取的。由于缺乏实质性权力或有效行动的资源，服务对象组织常常提供表面的接触机会，但实际上只会影响那些政策决定不会对机构行为产生实质性影响的领域。

3. 街头官僚所提供的服务与工作程序对服务对象是友善的。[①] 影响服务对象的行动，总是从服务对象的最佳利益来考量。街头官僚期盼服务对象对他们所得到的恩惠心存感激。当街头官僚机构对不被视为有罪的服务对象——如在学校、医院和警方的非刑事逮捕（如逮捕酗酒者）中——施加限制时，这种友善干预的理念，对于为那些对服务对象和公职人员来说价值可疑的做法予以辩护，显得尤为必要。如果再考虑服务对象对街头官僚的全面教育、培训和专业才能的敬意，这种理念——街头官僚的干预是为服务对象的利益着想——就成为一种特别重要的控制手段。[②]

4. 服务对象必须前往街头官僚机构获取服务。除了少数重要的例外情形，街头官僚机构都会要求服务对象到办公场所接受服务，而不是派工作人员上门服务。这部分是基于效率考量。如前所述，如果由街头官僚而非服务对象来承担办事的

---

① 参见 Stanton Wheeler, "The Structure of Formally Organized Socialization Settings," in Orville Brim, Jr. and Stanton Wheeler, *Socialization after Childhood*: *Two Essays* (New York: John Wiley, 1966), p. 98。惠勒（Wheeler）观察到，成人社会化机构暗中合谋，将服务对象过程呈现为良性的。有时，这种阴谋并不那么含蓄。

② 街头官僚机构必须不断地证明自己，不仅要向作为服务对象的公众证明，也要向关注官僚机构效率和效益的作为选民的公众证明。为了完成这些任务，街头官僚机构在公共关系上付出了相当大的努力。关于警察部门的公共关系预算，参见 Lois Forer, *Death of the Law* (New York: McKay, 1975), p. 176。关于纽约负责公共关系的副局长对警察事务的描述，参见 Robert Daley, *Target Blue*: *An Insider's View of the N. Y. P. D.* (New York: Delacorte Press, 1973)。

等待成本，那么，服务供给的成本就会急剧增加。然而，要求服务对象到街头官僚机构接受服务，并非只出于经济方面的考虑。当员工离开安全的办公室或服务中心，可能会面临身体与心理的双重压力。随着街头官僚与服务对象之间的社会隔阂越来越大，以及街头官僚认为自己的专业水准越来越高，街头官僚会越来越拒斥"上门服务"，尽管在上一代人中，"上门服务"曾是良好服务实践的基石。现在医生与其他医护人员不再上门问诊；老师也会要求家长到学校面谈而非进行家访。在许多社会机构，"上门服务"的做法日渐式微。

当上门服务无法避免时，社会就会以某种方式支付员工上门服务的费用。当有人报告儿童受虐时，社会工作者必须登门才能确定该家庭是否适合儿童继续居住；建筑稽查人员必须亲自到房屋所在地才能记录违建情况——这些街头官僚通常都要结伴而行，以免在"糟糕"的社区遭受可怕的袭击。此外，他们也会预先安排，好让自己与服务对象的面谈无法列入计划表，或让自己找不到在家等待的人，他们还会因愿意承担危险任务而获得特殊补助。①

最重要的例外发生在警察身上，警察的工作性质要求他们在中立的或者敌对的场所与公众互动。警察的特别惯例，旨在将潜在威胁降至最低限度，而这往往证实了如下观点：环境对管理服务对象是重要的。

5. 与服务对象的互动通常是结构化的，这使得街头官僚可以控制互动的内容、时机和节奏。部分是因为街头官僚搜集信息的明显需要，而他们的工作压力迫使其加快与服务对象的互动速度，以便能够服务其他服务对象。显然，服务对象必须填报的大量表格，虽然无处不在，令人不爽，却能使服务对象专注于眼前任务而无暇他顾。

然而，街头官僚在与服务对象互动时方向明确，不能仅用这些因素来解释，在某些情形下，比如下一名服务对象向街头官僚寻求服务时没有敲门，或服务规范明确地规定了非指导性的方法时，街头官僚对服务对象的控制是可以观察到的。霍斯蒂卡（Carl Hosticka）对法律服务供给时律师与服务对象互动的研究表明，街头官僚对服务对象的控制程度，能够刻画两者间互动的特征，而这种互动大体以相对开放的关系为导向。②

① Judy Riley, "A Case Study of Street-Level Bureaucracy: Child Protective Services," unpublished seminar paper, University of Washington, 1976; Pietro Nivola, "Municipal Agency: A Study of Housing Inspectional Services in Boston" (Ph. D. diss. , Harvard University, 1976).

② Carl Hosticka, "Legal Services Lawyers Encounter Clients: A Study in Street-Level Bureaucracy," (Ph. D. diss. , Massachusetts Institute of Technology, 1976).

通常来说，法律职业规范要求律师增进并忠于服务对象的利益；尊重并鼓励服务对象的自主权；确保服务对象参与并协助做出有关其案件的重要决策；单独处理每一起案件，以便律师只对手头的案件做出回应，而不是对案件的预先设想给予回应。人们期待法律服务律师会特别响应上述要求，因为这些律师是为机构工作的，而这些机构之所以成立，部分是因为它们能够消解其他公共机构与私人律师对穷人的忽视，也因为它们倾向于将自身视为弱势群体的法律卫士。

然而，在与服务对象的实际互动中，法律服务律师往往以破坏这些良好标准的方式来控制服务对象。在一项对两个法律服务办公室的研究中，可以观察到如下现象。

会谈是按照一套旨在加快信息收集速度而制定的惯例来进行的。律师首先向服务对象提问，以完成一份一般性的接收表格，接着提问，以完成另一份更详细的表格，办公室秘书认为这份表格与服务对象的案件可能最有关联。表格的主导性地位将信息搜寻过程限制在格式设定的范畴内，它们必须普遍地适用于范围广泛的服务对象。

我们观察到，服务对象不断努力地以自己的方式讲述自己的故事，这是一种非指导性的信息搜寻过程。但是，律师通过坚持按照既定格式进行面谈的方式，不断地说服服务对象。律师声称对服务对象的观点感兴趣，但随后就会通过一些方式——如诱导性提问或澄清小问题而不是倾听服务对象的想法——来结束讨论或问答。

访谈结构的数据倾向于坐实律师的控制权。人们对谈话的主导性进行了测量，主要是记录一方谈话被另一方打断的情况，结果发现，在一段 35 分钟的会谈中，服务对象打断律师 3.8 次。相比之下，律师打断服务对象 10.4 次。在一项关于控制谈话主题的测量中，律师 94% 的谈话内容都是为了控制主题，其中，80% 的内容是在提问，20% 则是诱导性提问。然而，如果想以一种自由而不受控制的方式来获取信息，诱导性提问是一个糟糕的做法。

这些数据强化了人们从直接观察律师与服务对象面谈中所获得的印象。它们也证实了面谈以常规程序为主，其中假定已经存在某些案件类型，新的服务对象情形与某种早已存在的类型大致相符。依据街头官僚对服务对象的现有期望，服务对象得以被形塑；案件也得以被形塑，以与典型服务对象所呈现的案件类型的现有观点相吻合。所有这些，都以效率、彻底性和服务的名义得以证明。

值得注意的是，高度的惯例化可能会抑制将服务对象视为不同个体的倾向。

除某些极端情形外，律师往往不会认为服务对象之间存在显著差异。只有那些特别不合作和特别有能力协助管理自己案件的服务对象，才可能得到律师差异化的回应。福利工作者也无法做到服务对象的差异化。与律师一样，他们与服务对象的互动也是高度结构化的，以至于他们对待不同服务对象的方式并无明显差异。①

这并不是说法律服务的服务对象或福利接受者总是呈现某种独特的情况。总体而言，街头官僚所面对的情形可能会有很多相似之处。然而，调查的惯例化最大限度地减少了街头官僚通过灵活应对以发现独特情形的可能性。因此，我们就有了另一个自我实现的预言的要素。街头官僚机构预期大多数服务对象将被划分到预设的确定类别中，他们据此遵循信息搜寻程序。通过限制他们所接收的信息的种类，街头官僚机构发现，它们确实可以将服务对象归入某些明确界定的类别中。

6. 如果对服务对象的控制是棘手的，但对于任务完成或人身安全是重要的，那么，公众与街头官僚之间的互动就会受到惯例的支配。一些街头官僚无法通过环境或设定的面谈程序来控制服务对象。他们会开发一套惯例，以使控制服务对象成为互动的前提条件。

在教师与学生、警察与犯罪嫌疑人的互动中，权威的象征化和先前的社会化，有助于确保服务对象对街头官僚机构的遵从。然而，这些社会控制机制往往是不够充分的，教师和警察都必须立即行动，以确保服务对象的配合。例如，贫民区学校的老师认为维持纪律是他们的一项主要工作。在提供教育服务时，"让他们守规矩"和避免肢体冲突消耗了老师的大部分精力，这是一个特别关键的议题。② 即使在威胁较小的情况下，小学教师也会被要求"尽可能惯例化"③，以便成功实现目标。

在老警察的非正式社会化影响下，新手警察变得强硬起来，以此作为他们接受训练④的一个主要前提条件，新手警察能否被视为可靠的伙伴，在很大程度上取决于他们在必要时使用武力的意愿。警察最需要的是确保服务对象服从其权威的

① Joel Handler and Mary Jane Hollingsworth, *The Deserving Poor* (Chicago: Markham, 1971).

② Howard Becker, "Social Class and Teacher-Pupil Relationships," in Blaine Mercer and Edwin Carr, eds., *Education and the Social Order* (New York: Rinehart, 1957), pp. 278 – 279.

③ Bernard G. Kelner, *How to Teach in Elementary School* (New York: McGraw-Hill, 1958), p. 19. 另见 Willis Hawley, "Dealing with Organizational Rigidity in Public Schools: A Theoretical Perspective," (paper prepared for delivery at the Annual Convention of the American Political Science Association, September, 1971), p. 6.

④ Arthur Niederhoffer, *Behind the Blue Shield* (New York: Doubleday, 1967), p. 53.

机制。他们依靠这些惯例来保护自己，而无须诉诸武力或其他不可接受的威慑手段，能避免问题演变成生死攸关的冲突。他们将互动方式惯例化的一种方式，是在面临袭击时最大限度地保障自身安全。比如，一旦冲突在即，即使被袭击的可能性很低，警察也会将自身置于最有利的位置。[1]

警察常规工作的另一个方向，就是操控其公众形象，即宣称在必要时随时准备使用暴力。正如一位观察者所述：

> 在大多数威胁性情境下，警察试图通过管理自己的外表来保持自身优势，以使别人相信他已经准备好采取行动——但并不急于行动。警察们的种种姿态，如大摇大摆地走路、大声地叫喊、松开枪套以及紧握警棍，都在传递这种印象。这样的姿态容易给人以果断之感，尽管警察本人可能对自己将要做什么几无想法。[2]

警察常规工作的又一个方向，就是开发预知能力，并在巡逻时找出可能犯有某种罪行或可能造成危险的人。依据一个人走路的样子、衣着、驾车风格或镇定自若的神情，警察可以找到某些识别潜在攻击者的线索。[3] 这些惯例也许是有效治安的先决条件，但也为警察进行控制提供了预警系统。

这些程序也许能够有效地协助街头官僚在不那么安全的环境下获得对服务对象的控制。当然，他们相信这些程序对于有效完成任务是必需的，而且最不愿意放弃这些程序。然而，有很好的理由认为，这些控制惯例有助于创建一个服务对象群体，该群体以某些未知的方式有别于那些缺乏这些保护装置的服务对象群体。此外，街头官僚可能在控制服务对象的程序中设计自我实现的预言。借由敌对、粗暴和可疑的方式接近服务对象，街头官僚可能会激发他们所预测的行为。使用权威可能会导致对权威的反抗。因此，学校员工可能会诱发妨碍其工作的行为问题，在管理层缺乏合法性认同时尤甚。

一个受疑被拦截接受检查的人可能对警察怀有敌意，不是因为他起了罪意或对警察怀有内在的敌意，而是因为被拦下时有不公平感。当少数群体或少数族裔社区普遍认为警察敌视他们时，这种不公平感就容易被触发。警察辩称，这些手

---

① Jonathan Rubinstein, *City Police* (New York: Farrar, Straus, 1973), pp. 301 – 316.

② John Van Maanen, "Working the Street: A Developmental View of Police Behavior," in Herbert Jacob, ed., *The Potential for Reform of the Criminal Justice System* (Beverly Hills, Calif.: Sage, 1974).

③ 参见 Jerome Skolnick, *Justice without Trial* (New York: John Wiley, 1967), pp. 45 – 46。另见 Rubinstein, *City Police*, chap. 6。

段对于有效完成工作来说是必需的。要理解这种声辩，就需要公众对警察职位有一定程度的同理心，并对其角色要求有所体恤，但服务对象群体对此可能并不认同。深思熟虑的警察显然做出了勇敢的努力，试图在诱导公众服从与回应公众因不当行为被拦时的反应之间达成平衡。警察在许多社群获得了帮助，这些社群相当熟悉警务程序，因此，当警察拦截嫌疑人时，这些社群将视之为例行公事而非针对个人。尽管如此，对控制常规的需求，仍然是警察与公众之间持续紧张的根源。

7. 街头官僚制定惩罚措施，以惩处那些不遵守规定的行为。这些惩罚措施往往特别重要，因为它们被用来影响服务对象对官僚命令的服从，而不是影响与服务有关的行为。例如，像警察一样，教师也有些机制，用于警示潜在的问题学生，或将那些行为可能威胁到学校工作结构的人排除在社会之外（对教师来说，这个社会就是学校）。一些因没有通行证、上课迟到、旷课过多或在卫生间抽烟而被停学的学生，并不是因学业而被指控。[1] 在极少数情况下，律师会终止与服务对象的面谈，往往是因为服务对象不愿意遵守律师要求的（合理的）程序。[2] 法律程序方面的另一个例证是，法官往往会依据被告违反规则的严重程度及其对法律代理人的不尊重程度来惩处他们。[3]

有人威胁说，要拒绝街头官僚对服务对象使用程序性应对措施，如果我们审查这一威胁的可能后果，就能深入了解这些控制服务对象的程序对街头官僚有着怎样的意义。警察强烈抵制公民审查委员会，是因为他们担心，那些不体谅警察工作压力和风险的人会加入该委员会，并对那些为了保护自身而执行必要程序的警察妄加评判。传统学校的教师同样担心会废止对学生的惩罚措施，不管正确与否，教师认为这些惩罚措施有效地遏制了学生的不当行为。

有时，街头官僚由于某种原因无法调用常规的处理程序。这会使得他们极度恐慌，或极力表现出一切尽在掌控之中的样子。比如，华盛顿州的福利工作者在处理吉卜赛人的事务时会感到非常沮丧，因为这些人无法提供证明自己出生、婚姻或社保状况的文件等。吉卜赛人声称自己是文盲，当讯问变得紧张时，他们还会习惯性地冒出罗姆语（他们自己的语言）。这些福利接受者是一个相对较小的群

---

① 柯普在一篇未刊稿中提出了这一观点，详见 "The Bureaucratization of Childhood"。

② Hosticka, "Legal Services Lawyers Encounter Clients."

③ Maureen Mileski, "Courtroom Encounters," *Law and Society Review*, vol. 5, no. 5（May, 1971），p. 503.

体，其特征不太可能蔓延到一般的福利人群，因而能够逃避正常的官僚程序要求。然而，他们在福利工作者中引起了极大恐慌，工作人员担心，他们的行为可能开创逃避部门控制程序的先例。就像家长们只有在警告孩子们不要有任何会获得宽宏大量或灵活处理的想法后，才允许孩子打破家规一样，福利工作者通常也只有在警告他们的服务对象最好学会阅读和写作后，才会容许例外情形。①

在判处缓刑而不是监禁的法官中，也可观察到类似的惩罚服务对象的过程，而他们原本对服务对象很友善。对于判处缓刑的罪犯，法官通常会附加训诫与说教，但对于判处入狱的罪犯则不多言。② 似乎法官为了避免因违法者日后的行为而使判决遭受质疑，必须通过施加等值的口头惩戒才能弥补对他们的宽大处理。

精打细算

面对复杂的任务与有限的资源，组织会开发工作模式，以节约可用资源。管理者会努力地以更有效的方式调配资源或降低工作处理成本。他们也可能明里暗里地重新定义组织目标，以使其目标更容易实现。在公共服务官僚机构中，资源管理的这些基本方向——效率、生产力和目标明确——都是大多数组织改革的核心，接下来我们将详细讨论，因为它们会影响工作质量。

然而，在街头官僚机构中，出现了一些旨在节约可用资源但与组织目标无关的做法。这些都是街头官僚为了节约自己的工作资源而开发出来的做法。有的时候，一些做法在被开发时即明确地指向节约资源；其他时候，一些做法可能被解释为了节约资源，但并没有因此而得到明确的开发。就像本书讨论的其他实践模式一样，它们通常对公共政策的内容有着重要影响。

街头官僚机构经常受到不可预测的需求激增情况的影响。警察局和急诊室显然就是这样。对于福利办公室、学校和其他工作节奏似乎更符合预期的机构来说，情况也是如此。一位服务对象可能提出一个特别复杂、特别难以处理的问题，一些孩子可能会在某一天变得特别具有破坏性。如果加上不可预期但经常发生的组织运作失调——比如需要为同事打掩护、临时加入严格执行新法规的要求，街头官僚必须拥有某些后备能力来加以应对。

面临不可预测的工作量激增的情形，街头官僚会试图确保安全时间，以便在

① Dennis Trees, unpublished seminar paper, University of Washington, 1976.
② Mileski, "Courtroom Encounters," pp. 529 - 530.

必要时能够调配，这些时间通常起到缓冲工作日的作用。"当工作量或资源供应出现波动时，人们倾向于有所储备……"① 这正是警务调度员工作的意义所在，他们默许警察在完成任务后推迟报告，直到完成剩下的书面工作。在公认需要后备能力的公共服务部门，这种工作日缓冲机制是合理的。人们期望警察局和急诊室能在一定的合理限度内，为执行高峰负荷任务调配资源。这些服务部门要想有效地运作，就必须总是预留应对超负荷工作的能力。与此相反，那些不被广泛承认具有紧急功能的公共服务部门——如果有的话——预期会超负荷运行。当学校实行"两班倒"工作制，或者福利工作者工作量过大时，除了少数关心和细心的市民外，大多数人不会认为这有什么问题。

在这种情况下，街头官僚就会有强烈的动机——只要有可能——扩大自己的工作，以填满可用的时间。这种"彼得原理"现象通常被认为是懒惰和缺乏计划性的结果。它虽然可能与这些因素有关，但植根于街头工作必须能够应对需求的不可预测性。

街头官僚意识到，如果有任何迹象表明他们没有满负荷工作，他们就会面临额外的任务，因为总是有额外的任务要做。因此，他们没有动力快速地完成检查或面谈，因为工作高效而腾出的时间将被重新分配，以完成更多的检查或面谈。如果街头官僚有既定工作配额要完成或要进行业务预约，情况就不一样了。在这种情况下，街头官僚会因为更快地完成任务而获得奖励，并能享受他们的高效所释放的时间，或将这些时间用于其他目的。

街头官僚是在节省工作时间——这一说法是否正确，部分取决于街头官僚寻求保护当前工作量的激烈程度。办案量总是太大，工作责任总是太重，这些论点很难被理性地加以审视。效率专家将寻求公开一大批尚待开发的资源，并将其拨给机构使用。街头官僚的代表将展示街头官僚如何善用他们的空闲时间（如果他们有空闲时间的话）——做好文书工作、为开展任务做好准备工作、稍事休息以保持效率。如果某项工作必须在非当班时间完成，他们将要求给予补偿。对服务对象来说，闲暇时间仍然是一个明显有更多可用资源的目标，个体服务对象和群体服务对象都可以利用这些资源。

街头官僚可能超负荷工作，也可能磨洋工。但将此视为一个结构性问题或许更有裨益。由于工作需求持续不断，服务质量的绩效评价又无关紧要，因而街头

---

① 　James D. Thompson, *Organizations in Action* (New York：McGraw-Hill, 1967), p. 123.

官僚没有保护措施以防止责任的增加。考虑到需要储备能力来满足不可预测的需求，街头官僚对资源的节俭使用随之而至。

在组织层面，有一些典型方法用以处理需要节省时间的问题。组织通过设立专门的部门，并以专门的程序，处理有问题的个案，从而使其员工不必费心处理非常规问题。后文将详细讨论这些机制。

街头官僚节约资源的另一种方式，就是创造条件，以使决策尽可能不受各方服务对象隐形压力的影响。例如，美国马萨诸塞州的教育工作者，被要求在家长在场并积极参与的情况下，为所有有特殊教育需要的儿童设计教育计划，因而，在这些会议召开之前，评估小组通常会先举行闭门会议。我们可以合理地推断，评估小组之所以要在没有家长参与的情况下开会，就是为了向家长展示统一战线，避免在外人在场的情况下冲动地做出决定。[1]

美国波士顿的住房督察员提供了另一个例证。这些住房督察员在检查后，要向投诉人提交一份由他们记录的违规情况的副本。之所以出台这项规定，是为了使投诉的房客看到住房督察员的行动，并留下检查记录。但是，住房督察员不需要给房客留下一份检查报告副本。该报告通常列出住房督察员离开现场后所采取的行动，包括对发现的违规行为所采取的措施。因此，住房督察员可能会给房客留下工作富有成效的印象。实际上，住房督察员可能会决定不对违规行为采取法律行动，而这一决定并不是在房客知情或参与的情况下做出的。此外，如果住房督察员认为没有理由对违规行为采取行动，那么房客只有在事后询问为什么不采取行动时才会知情。[2]

同样，可以观察到，当下级法院的法官认为，案件的一方服务对象可能会反应过度，或可敬但有罪的一方可能会对判决感到失望时，就会保留判决以待日后宣布。

街头官僚希望私下里对他人做出决定——特别是当这些决定可能是消极的或令人失望的时候——这种想法是完全可以理解的。然而，公共政策往往要求街头官僚在公开场合做出决定，以使他们能够接触到受此决定影响的人。这种政策包含了如下理论：当街头官僚做出决定时，如果服务对象也在场，那么街头官僚就会将其视为官僚参照群体的一部分。因此，令人担忧的是，街头官僚往往能够将决策场所转移到服务对象无法介入的地方。与此相关的一个倾向是，模糊决策场

① Richard Weatherley, *Reforming Special Education: Policy Implementation from State Level to Street Level* (Cambridge, Mass.: Massachusetts Institute of Technology Press, 1979).

② Nivola, "Municipal Agency."

所，使任何个体都无需面对失望的或受委屈的服务对象，这同样威胁到服务对象的利益。

最后一组节约可用资源的做法的共同之处在于，将与服务对象相关的决策责任有效地转移给其他公职人员。这些做法包括：允许相对低阶的工作人员代替他们行使自由裁量权（筛选）、采纳他人的评判结论而非自行做出评估（"加盖橡皮章"）以及转介等。

筛选

大多数以人事处理为主的组织，为员工提供了一种正式的角色，即在街头官僚与服务对象之间充当缓冲器。尽管在决定服务对象的状况或为其提供服务上，街头官僚才是那个正式做出关键性决策的人，但其他员工也扮演着重要的正式角色。比如向服务对象提供信息，在自由裁量权最少的情况下为服务对象留有机会，或保护街头官僚免受服务对象不适当压力的干扰（是否适当由机构来定义）。

因此，街头官僚机构一般都会雇用接待员、办事员、秘书和其他辅助人员，以现场或电话方式为服务对象提供信息，协助他们找到恰当的办事场所，还可以为他们提供一些非正式建议，协助他们判断是否应该坚持寻求帮助。这同样适用于法律服务办公室的接待员、退伍军人管理局医院的护工、911报警系统的接线员以及地方公共住房管理局的秘书。

如果筛选人员依据理论上的要求来开展工作，即做出涉及最小自由裁量权的决定，他们的角色就无可厚非。但是，在一些重要方面，筛选人员充当了街头官僚，在人们生活的重要领域行使了自由裁量权——尽管他们无权这样做。急诊室的挂号员决定病人接受医生问诊的顺序，甚至决定病人到底能不能被接诊。[1] 对潜在的服务对象来说，秘书可能是有所帮助的，也可能是缺乏回应的，取决于秘书传递信息——机构是否愿意接受潜在服务对象——的方式，或是否帮助潜在服务对象以赢得青睐的方式描述自身处境。和急诊室的挂号员一样，秘书描述案件的方式会影响街头官僚的最终处理。[2]

---

① Jeffrey Prottas, *People-Processing*：*The Street-Level Bureaucrat in Public Service Bureaucracies* (Lexington, Mass.：Lexington Books, 1979), chap. 4.

② 霍斯蒂卡对接待员的影响力做了有说服力的讨论，详见 "Legal Services Lawyers Encounter Clients"。更普遍的观点，参见 David Mechanic, "Sources of Power of Lower Participants in Complex Organizations," *Administrative Science Quarterly*, vol. 7, no. 2 (December, 1962), pp. 349-364.

有一个极端的例子，公共住房机构里负责申请审核的一位办事员确定了她认为合意的潜在住户，在空置房源对大众开放之前就把他们安置在项目中，并以非正式的方式筛选掉其他合格的申请者，即把这些申请资料放进文件抽屉后面的一个特殊卷宗。尽管这位办事员所在机构的正式程序要求公正地对待所有服务对象，且不许带有任何自由裁量空间，但她还是做出了上述行为。[1]

无论这些筛选人员在哪儿与公众打交道，他们都扮演着守门人的角色，确定服务对象的资格，传递信息，并向服务对象展示机构的形象，如友善、冷漠或充满敌意。因此，无论低阶公职人员的工作是受到严格限定的，比如退伍军人管理局医院或报警电话系统的职员，还是有相当大的机会行使非正式的自由裁量权，比如公共住房机构的办事员，这些充当机构缓冲器的职员能够对公众获得公共福利产生至关紧要的影响。

加盖橡皮章

那些习惯把他人的判断视为自己的判断的街头官僚，则采取另一种形式的筛选作为决策的依据。他人的观点有时决定了街头官僚将会采取的行动，有时决定了街头官僚将付出的努力。我们通常称之为"加盖橡皮章"，尽管该过程比这一贬义标签所意指的要复杂得多。

例如，在下级法院的刑事案件中，法官通常会认可警察或缓刑监督官的决定，并在其判决中或多或少采纳这些决定。[2] 在某些家事法庭（domestic relations court），社会工作者对有争议的离婚案中儿童安置问题的建议，几乎总能为司法行动提供指引，尽管社会工作者的报告应该只是建议性的。同样的情形也见于收养机构，其工作人员对司法安置决定也有指引作用。[3] 根据卡林（Jerome Carlin）的说法，在许多专门处理穷人问题的司法情境中，"将决策权委托给行政人员，如裁判、专员、缓刑监督官、法医、婚姻咨询师等等，已然司空见惯"[4]。

在将某人送进精神病院和其他精神能力存有争议的情况中，会发生一种特别

---

① Deutscher，"The Gatekeeper in Public Housing."

② Joel Handler，"The Juvenile Court and the Adversary System: Problems of Function and Form," *Wisconsin Law Review*，vol. 17（Winter，1965）.

③ 收养机构的社会工作者"名义上是为儿童谋利益，并就与儿童发展有关的各种替代方案和可能结果向法院提供咨询，但实际上已经获得司法权力"。参见 Thomas E. Nutt and John A. Snyder，*Trans-Racial Adoption*（Study supported under NIMH grant ♯R03 MH 19805 - 01），p. 19。

④ Jerome Carlin，"Courts and the Poor"（paper prepared for delivery at the 1966 Annual Meeting of the American Political Science Association，New York，September，1966），p. 3.

重要的授权。街头官僚在没有听证或未采取任何其他程序（在这些程序中，也许会有人提出可信的反驳证据）的前提下，仅仅依据入院申请或诊断报告，就决定将某人送进精神病院，或得出某人无行为能力的结论。① 这些做法，尽管近年来在某种程度上有所改进或改革，但使人们对在某些情况下废除自由裁量权有了深刻认识。

法官不是唯一的在做出权威性决定时接受他人建议的群体。一项研究表明，早在小学二年级时，教师就会在非正式的课堂任务中，采纳孩子们以前的老师的判断。② 公设辩护律师根据警察的指控对罪犯的价值做出评判。③ 急诊室医生接受导诊员的判断，即一个人是否需要立即诊治，或者他只是喝醉了，因而应该排在其他病人之后接受治疗，尽管这位"醉汉"身上可能闻不到酒味，但可能有严重的医疗需求需要立即引起医生的注意。④ 急诊室的工作人员或许是最机械地运用刻板印象的人，他们对所有乘坐公务车（如警车）前来就诊的病人，都会立即给予关注，不管其病情如何。⑤

官僚们在做决定时为何会接受他人的判断，这一点相当容易理解。街头官僚遭遇的问题是，他们必须对人、对复杂的情况做出重大决定，却无法在做决定前对相关人员进行充分的询问，也无法对其主张开展背景调查。其他专业人员通常被认为是了解自己工作的，并负有在自己工作领域做出适当评估的责任，因而，在缺乏其他信息来源的情况下，这些人的主张为决策提供了重要且合法的线索。

依据受人尊敬的人提供的线索来做决策，是一件完全合理的事。人们总是这样行事——请朋友推荐一位机械师、一部电影或者一位搬运工。遗憾的是，理性的私人决策可能会推翻公共政策。是法官，而不是警察、缓刑监督官或社会工作者，被赋予司法裁决的责任，因为他们在理论上更能寻获和听取各方信息，在程序上更能保护案件参与人。从有限的角度看，这也许是他们所能做的最好的事情。

① 参见，例如 *Mental Illness and Due Process* (Ithaca，N. Y.：Cornell University Press，1962)，cited in Jerome Carlin，"Courts and the Poor" (paper prepared for delivery at the 1966 Annual Meeting of the American Political Science Association，New York，September，1966).

② Ray C. Rist，"Student Social Class and Teacher Expectations：The Self-Fulfilling Prophecy in Ghetto Education," in Yeheskel Hasenfeld and Richard English，eds.，*Human Service Organizations* (Ann Arbor，Mich.：University of Michigan Press，1974)，pp. 517 – 539.

③ David Sudnow，"Normal Crimes：Sociological Features of the Penal Code in a Public Defender's Office," *Social Problems*，vol. 12 (Winter)，pp. 255 – 276.

④ Julius Roth，"Some Contingencies of the Moral Evaluation and Control of Clientele：The Case of the Hospital Emergency Room," in Hasenfeld and English，eds.，*Human Service Organizations*，pp. 503 – 504.

⑤ Prottas，*People-Processing*.

但是，当法官将责任转移给他人时，他们就否定了自己的责任所代表的理论上的保障作用，转而认同专家或非正式意见所提供的安全性。

街头官僚通常不得不根据当下的情况做出决定，这实际上破坏了公共政策。服务对象在面见街头官僚之前，就已经被贴上了标签，这些标签预示了他们将会受到何种对待，街头官僚就是依据这些标签所唤起的刻板印象而不是依据当下的情况来做出回应的。因此，学校里的"问题学生"、急诊室里的"醉汉"和少年法庭上的"坏小子"所得到的回应，都是街头官僚基于他们的标签，而不是基于最初将他们与公共机构关联起来的行为或情境做出的。

街头官僚通过专业人员的先期判断来处理与服务对象有关的事务，这会导致另一个麻烦：这些专业人员自身会遭受街头官僚所面临的决策压力，因为他们的决定实际上替代了街头官僚的决定，而获得正式授权的却是这些街头官僚。缓刑监督官或社会工作者要做的调查很多，而彻底开展调查的机会很少，他们就走了一些捷径，比如参考接受他们报告的官僚所做的相似但不完全相同的描述和判断。因此，某位社会工作者会惊恐地发现，她在巨大的压力下，提交了一份关于一桩离婚案中子女如何安置的报告——这份报告充满着矛盾性和高度的试探性，很能反映调查结果的不确定性，且多次恳求开展进一步的、深入的调查——但它仍被视为权威性的意见，充当了法官行动的适当依据。她的报告是法官做出判决的唯一信息源。社会工作者和法官的感受和行为都是可以理解的。但即便如此，家庭成员的利益也可能受到损害，无法获得公正和人道的决定。①

转介

最后一组节约资源的做法与转介有关。如果某位服务对象的需求是明确和具体的，而接办单位又有资源可用，那么将该服务对象从一家机构转介到另一家机构，显然是符合服务对象的利益的。但是，有一类转介，无论它对服务对象是不是有好处，似乎都更多的是为了帮助资源匮乏的机构处理繁重的任务，而不是为了满足服务对象的具体需求。街头官僚可能会将转介视为一种成本最低的做法，无需提供任何服务就能将服务对象的事办好。这样一来，机构可以保持乐于助人和服务的良好形象，而不必明确地将服务对象拒之门外。

---

① 一种与此相反且与节约资源相一致的做法，倾向于把做出决定的责任转嫁给其他机构。这是监狱改革者当下的怨言，他们认为原本旨在允许因犯表现出可救赎特征的不确定性判决，实际上是将他们置于监狱官员的控制之下，而监狱官员可以操纵刑期的延长或减少。

使用转介方法的部分原因是，机构的资源供应有限，而服务对象的需求巨大。公共机构尽职尽责地去满足服务对象的需求，当自身资源陷入困境时，就尝试帮服务对象联系其他机构。当其他机构有资源可用时，这种做法就会令所有人满意；但当其他机构也面临同样的窘境时，这种做法就会变成"旋转木马"。当波士顿的罗克斯伯里多元服务中心开业时，人们期望它能为黑人社区居民提供接触其他社会机构的通道，不然他们可能不会去这些机构。然而，该中心很快就接到了许多从其他机构转介过来的服务对象，数量和它转介给其他机构的一样多。由此可以推断，波士顿的其他社会机构人手不足，无法满足需求，因而将这所新的多元服务中心看作它们现在可以利用的资源。[1]

转介也是机构自我保护的一种方式，当它们无法提供实质性的服务时，还可以提供象征性的服务。加尔珀（Jeffry Galper）大胆地以大城市的停车问题做类比："停车位永远不够用，但任何时候都会有一些车在街上开来开去，寻找着停车位。转介就是这样一种做法，与有需要的服务对象打交道，而不真正解决他们的问题。"[2]

转介还具有法庭延期审理或候补名单的某些特点。尽管实际上没有提供更多的服务，但能同时将更多的人纳入服务框架内。转介也能促使人们停止寻求服务，因为他们认为，与成本相比，他们的需求现在也没那么重要，或者他们被鼓励自行解决问题。不管什么原因导致转介网络的衰减，它都在某种程度上起到了配给既有社区服务的作用。

对常规做法的结果予以管理

街头实践致力于配给服务、安排服务对象在官僚机构获得服务的通行权、节省稀缺的组织与人力资源。由于种种原因，这些做法有时被证明是不充分的，或者它们会激发服务对象那些无法通过常规程序来处理的反应。然而，偏离常规处理程序的个案也不能免于惯例化。街头官僚机构要求采取额外的做法，以管理按常规方法处理服务对象事务所产生的首轮成本。这些做法的作用，是消化对常规程序的不满，从而使机构能够继续以常规方法来处理大多数案件。

从理想的角度看，复杂的系统应当有在特殊情况发生时能够发挥作用的程序。例如，学校必须定期举行消防演习。然而，从服务对象的角度看，组织在管理那

---

① Robert Perlman, *Consumers and Social Services* (New York: John Wiley, 1975), p. 67.

② Jeffry Galper, *The Politics of Social Services* (Englewood Cliffs, N. J.: Prentice-Hall, 1975), p. 70.

些偏离常规的做法时，常常与提供最佳服务无甚关系。

街头官僚经常将棘手的或有问题的个案移交给其组织中的其他人员。这种情形通常并不复杂，比如新手会请主管或更有经验的工作人员处理麻烦的服务对象。将棘手的个案转介给更有经验的工作人员，这可以理解。从服务质量的角度看，当转介发生时，问题不在于转介个案超出了工作人员的能力范围，而在于它们与常规程序相抵触。它们必须受到官僚机构的特殊对待，官僚机构无力倾听对决定的投诉或强烈异议，与此同时，官僚机构还在处理其他有着相似诉求但不太愿意表达诉求的服务对象的事务。问题被踢开，不是为了寻求专业知识，而是为了管理异议或不服从的行为。因此，街头官僚机构引入了"压力专家"①，让他们负责处理并决定那些积极为自己发声的服务对象的事务。

压力专家以多种方式发挥作用。比如单独处理持有异议的服务对象，保证绝大多数服务对象接受常规程序。压力专家也承担繁重的任务，否则全体员工都会受到困扰。例如，学校的严厉处罚通常都是由行政人员或特定的纪律人员来实施的，从而使教师专心指导学生，而不必严厉处罚他们。

在某些方面，压力专家的存在，可以保护工作人员免受服务对象强烈的负面情绪的影响，因为这为决策提供了替代方案。对工作人员来说，与其倾听服务对象的抱怨，或者担心某个决定可能激发服务对象的敌意，不如通过压力转介的方式来处理个案。如此一来，工作人员的合法性就部分地得到了保护，因为有了这样一个渠道，就可以将做出困难决定的责任移交到他人手上。

工作人员可以利用压力专家的存在，增加其所青睐的服务对象获得服务的机会。例如，福利工作者常常乐于巧妙地向主管陈述案情，以便主管更有可能认可他们的判断。或者，街头官僚在服务对象不知情的情况下，表面上保持官僚中立但私下向主管呈送对服务对象不利的信息，从而破坏服务对象获得服务的机会。

服务对象对街头官僚的决定可以提出申诉，这也增强了官僚机构对于服务对象的合法性。然而，要使其持续有效，必须满足两个条件。首先也是很明显的一点是，申诉渠道必须看起来是开放的。其次也是不那么明显的一点是，服务对象使用这些渠道的成本肯定很高，且成功率很低，即便成功，也肯定不会被广而告之。原因很简单，如果申诉渠道使用成本低廉或成功可能性比较大，它们很快就

① Rikva Bar-Yosef and E. O. Schild, "Pressures and Defenses in Bureaucratic Roles," in Elihu Katz and Brenda Danet, eds., *Bureaucracy and the Public* (New York: Basic Books, 1973), p. 295.

会被那些寻求增加福利或更好待遇的服务对象所利用。申诉渠道很快就会被阻塞，而一些服务对象会因为寻求更多的利益而得到比其他人更多的利益，这种显失公平的做法将会破坏整个系统。①

因此，申诉通常需要长时间的拖延、辩护人的服务、复杂的行政程序以及来自受质疑机构的普遍敌意。② 最近为应对来自服务对象的压力而进行的创新，通常要求公共机构公布申诉要求，告知服务对象有申诉的权利，并在规定的时间内做出回应，以及为寻求申诉的服务提供咨询。这些创新的做法仍然需要个体服务对象有相当大的决心，并投入相当多的精力。

公共机构还致力于确保服务对象不能集体提出申诉。只要个别服务对象无法为某类服务对象赢得补偿，申诉程序就能够发挥作用。只要个别服务对象无法为团体赢得利益，公共组织就能通过多种方式对大量服务对象的诉求配给服务，从而避免淹没在服务对象泛滥的需求之中。

如果审视公共机构的申诉量，就可发现上述观察得到了普遍支撑。例如，20世纪60年代初，尽管联邦法律要求各州制定一套申诉程序，但几乎没有对福利决定提出申诉的情况。与全国其他地区相比，纽约市的福利环境相对宽松，但在1964年，也只受理了15起申诉，尽管当时有50万人在领取福利金。③

服务对象也会因为申诉的成功率太低望而却步。人们很少通过官方渠道对警察滥用暴力进行指控，因为他们确信不会得到听证委员会官员的同情。例如，在1965年之后的5~7年间，罗切斯特市共登记了102起针对非必要使用暴力的投诉，但只有两起得到了警方内部调查办公室的支持；在368起针对非必要使用暴力和其他不当行为的投诉中，有46起得到支持。④

有时，街头官僚机构会将压力专家制度化，设立一个特殊单位来处理机构普遍感到棘手的个案。在许多城市，房东不会因为违反住房规定而遭到严厉起诉，

① 关于征兵系统中上诉功能的有益探讨，参见 James W. Davis, Jr. and Kenneth Dolbeare, *Little Groups of Neighbors* (Chicago：Markham, 1968), chap. 5。

② 关于对警察予以投诉的诸多困难，参见 Walter Gellhorn, *When Americans Complain* (Cambridge, Mass.：Harvard University Press, 1966), pp. 186ff。

③ Frances F. Piven and Richard A. Cloward, *Regulating the Poor：The Functions of Public Welfare* (New York：Pantheon, 1971), p. 173. 两位作者将申诉数量低的原因，归结于福利制度对服务对象的控制，这一控制导致服务对象默许了福利制度的条款，这一论点与本书前文的论点一致。

④ David C. Perry and Paula Sornoff, "Politics at the Street Level：The Select Case of Police Administration and the Community" (rev. version of a paper presented to the Annual Meeting of the American Political Science Association, Washington, D. C., 1972), pp. 62 - 63.

部分是因为，当法官同时面临明显更具公共紧迫性的案件（比如袭击案和毒品案）时，无暇顾及住房案件。① 但有时候，法院未能有力地起诉这些房东，可能会损害法院系统的合法性。在这种情况下，地方住房法庭，比如在波士顿设立的法庭，就能专职处理这些麻烦的案件，同时使一般的法庭能专注于处理常规案件。

战术巡逻队为警察部门提供了特殊能力，即将警察配置到犯罪率高的社区和极有可能发生暴力事件的地方。学校为捣乱的学生和有学习障碍的学生开设特殊班级，教师就不必费心那些控制性问题。这对分配到这些班级的孩子意义重大，对那些免于和这些孩子共处的普通学生也有同样重大的意义。即使可以找到为这种隔离进行辩护的理由，但将学生归类到特殊班级的做法仍具有高度的主观性，会引起人们对其组织功能而非教育功能的关注。

针对少数族裔和妇女权利运动所产生的诉求，许多公共机构的一个典型反应就是成立专门的单位，以听取公民的申诉，并负责这些领域的制度变革。警察部门成立了内部审查委员会（有时会引入外部公众参与）和向黑人社群传达友善态度的社群关系单位（community relations units）。公立学校系统聘请了社群关系专家和平权行动（affirmative action）官员，后者负责处理少数族裔和妇女的投诉，并阐明符合这些群体利益的机构观点。这些措施有助于增加少数族裔和女性在官僚机构中的就业人数，为这些支持群体提供象征性奖励，或许能真正改变某些机构中工作人员的态度，在某些情况下还可能更好地回应服务对象的需求。

然而，这些创新也起到了保护官僚机构免受变革压力影响的作用，并使街头官僚无需面对某些服务对象群体。面对有关族裔态度的质疑，警局会将贴上少数族裔标签的案件移交给人际关系部门（human relations units），从而使普通警员不必解决这些问题。平权行动办公室负责招聘女性加入工作队伍，从而使通常负责招聘的人员无需改变其对女性员工的态度。此外，普通员工意识到新增部门本质上是象征性的和非整体性的，并有可能将对它所代表的群体的反感情绪迁移到它身上来。因此，负责社群关系的官员感到他们没有得到巡逻人员的尊重，这种感觉不是无中生有。② 负责整合工作队伍的机会均等办公室的职员，必须努力赢得雇用他们的机构的尊重。

特别单位往往最终要负责某些领域的工作，这些工作本应属于其他官僚的一

---

① Michael Lipsky, *Protest in City Politics* (Chicago：Rand McNally，1970)，chap. 5.

② 参见，例如David C. Perry and Paula Sornoff，"Street Level Administration and the Law：The Problem of Police-Community Relations," *Criminal Law Bulletin*，vol. 8，no. 1（January-February，1972），p. 54.

般责任。它们为极具争议性①的问题提供了一种象征性解决方案,当街头官僚遭遇服务对象的对抗时,它们为街头官僚提供了一道安全防护墙,这对于改变机构人员的总体倾向可谓好坏参半。社会学家小赖斯说得很直白:"……设立一个专门的人际关系部门,将使一项重要的职能从一线职员的职能中剥离出来……如果没有关于一线执行的具体规定,就几乎没有机会将人际关系应用于与服务对象打交道上。"② 当然,警察几乎无法避免广义上的人际关系。但重要的是,人际关系部门会使他们免于承担在某些情况下的行为方式的最终责任。

紧急状况

在应对惯例后果的诸方法中,最常见的结构性方法是紧急状况。应急处置解决了街头官僚机构的主要服务困境,无论其他功能如何。

一般来说,大多数人都熟悉一些紧急程序。医院会为那些具有某些症状的病人设定紧急状态,并据此为他们采取特殊行动。在发现紧急状况时,那些辅助性的健康保护机构,如救护车服务中心和消防部门,就会采取特别行动。警务调度部门会为那些最有可能挽救生命或逮捕重罪嫌疑人的报警电话分配优先级。

紧急状况并不局限于美国人通过电视所熟悉的那种反应性、救生型公共服务。新的福利金领取者经申请就能获得紧急补助金;原有的福利金领取者,若遭遇火灾或其他灾难,也能获得紧急补助金。如果房屋被归类为紧急状况,就可能加快房屋检查进度;在一些城市,如果紧急状况被判定属实,公共机构甚至可能对房屋加以维修。如果某位公共住户申请者的住房需求属于紧急状况,那他将获得优先权。心理健康诊所只接受有严重问题并会对自己或他人造成伤害的病人。法律服务办公室有时只接受有紧急法律需求的服务对象。极少有不提供援助的援助提供机构,也极少有不受理紧急状况的服务提供机构。

然而,什么是紧急状况呢?对此可能会有一些共识,即它表示的是一种需要立即予以关注、威胁到主体的持续存在,并要求其他方面采取特别行动的状况。③

---

① 此处英文原文是 devisive(2010 年纪念版亦是如此),疑似 decisive 或 divisive 的笔误。译者根据上下文译为"争议性"。——译者

② Albert Reiss, Jr., *The Police and the Public*(New Haven:Yale University Press,1971),p. 125.

③ 在对公共服务的研究中,"紧急状况"一词很少被定义,除非在某种具体的应用场景中。例如,参见 Morris Schwartz and Charlotte Green Schwartz, *Social Approaches to Mental Patient Care*(New York:Columbia University Press,1964),p. 50;Egon Bittner, "Police Discretion in Emergency Apprehension of Mentally Ill Persons," *Social Problems*, vol. 14(1967),pp. 278-292;Freidson, *Profession of Medicine*, p. 118。

然而，使用紧急处理分类或将服务对象分配到这些类别中，可能无法反映某些紧急状况。警方定义的紧急状况，就是要在某些情况下采取先发制人的手段，这些情况之所以被认定为紧急，主要是因为似乎有可能抓获犯罪嫌疑人。但是，能不能逮捕犯罪嫌疑人与拯救生命并不必然相关。最高优先级被非正式地分配给警察生命受到威胁的情况。就此而言，最高优先级取决于主体的职业。

　　比较容易找到其他的例子，其紧急状况与上述定义中的紧急状况有所不同。如前所述，急诊室对乘坐警车来就诊的病人会给予特殊待遇，而不管其病情如何。公共住房官员与福利工作者可以通过指导特定的服务对象该如何做才能被划归为紧急状况的方式来表现出偏袒。纽约市针对住房条件恶化的情况，制定了一项紧急措施，即优先考虑由租金罢工者（rent striker）和其他租户团体提请市政府关注的状况。[①] 这里的紧急状况取决于谁拉响了警报。

　　显然，在公共服务中，紧急状况的类别是由组织与情势决定的。在公共服务中，只有当权威机构将某一状况称为紧急状况时，这种状况才是紧急的。通常会出现一些模式，使应急实践逐渐成形，因此，按照惯例，人们通常可以判断某种情况何时可能被视为紧急状况。然而，紧急状况既不存在于机构的需求之外，也不存在于官僚机构与服务对象的关系之外。

　　街头官僚机构以两种方式定义紧急状况。它们创建紧急状况类别，并决定服务对象或个案何时符合这些类别。在创建紧急状况类别时，它们分配优先级，但也确定自身灵活性的范围与限度。它们决定哪些个案属于紧急状况，并根据案件的正式的相关性和非相关性来分配官僚资源。

　　鉴于已经认识到紧急状况是根据情境来决定的，我们可将紧急程序的功能归纳如下：

　　1. 紧急程序有助于合理分配资源。之所以制定这些程序，就是为了将资源用于最紧急的情况。在这一点上，紧急程序不同于分流程序，后者要找的不是最紧急的个案，而是可能对处置做出反应的最紧急的个案。大多数关于紧急程序的讨论完全集中在对合理性的考虑上：如何最有效地区分个案，以及如何最有效地调配资源。

　　2. 紧急程序有助于为个案调动资源。医生（如果他们能行的话，病人也可以）

① Lipsky, *Protest in City Politics*, p. 89.

会在不确定的情况下启动紧急程序，以便获得医院资源。①

3. 当资源有限使得街头官僚无法全面地处理所有个案时，紧急程序允许他们全面地处理部分个案。因此，街头官僚机构能够将各种资源用于处理部分个案，从而维护了一种观念，即在理想条件下提供何种服务的观念，并部分挽救了官僚机构的合法性和公职人员的服务理想。

街头官僚在处理部分个案时所遭遇的困难是：一些人获得了特殊待遇，但有同样需求的人被忽视了。客观上有同等诉求的服务对象，不向机构报告情况，也不寻求激活紧急程序，尽管他们的状况或处境可能与那些被视为紧急状况的服务对象相似。

4. 紧急状况分类允许机构和作为个体的街头官僚有选择权并做出例外的决定。因此，他们找到了一种方法来克服公平性的要求，并根据私人的或非官方的需求观念来分配资源。

5. 紧急程序允许街头官僚向那些威胁到机构顺利运作的人提供资源。对于那些抱怨或抗议待遇不公的人来说，紧急程序充当了一道处理有争议的、可能造成麻烦的情况的安全阀。有时，如果服务对象的问题严重到会使负责这些问题的机构声誉扫地，它们就会被确定为紧急状况。在这种情况下，考虑到服务对象的状况或处境可能会造成尴尬，街头官僚就可能启动紧急程序。坚持不懈、地位较高或更容易接触媒体（例如，通过有组织的团体的代表）的服务对象，与缺乏这些特点的服务对象相比，更有可能陷入尴尬境地。

通过提供一些方法来管理常规化的某些负面后果，紧急处理极大地促进了街头官僚机构的常规化。它提供了一种在不破坏组织合法性的前提下做出例外处理的常规方法。在分配资源的同时，紧急处理还允许街头官僚挑选某些服务对象来给予特殊照顾，从而对自己的工作实施一定程度的控制。此外，它还提供了一种方法来处理那些造成最大客观性或政治性问题的个案，保护该机构免受批评和公众监督。

对于那些受到特殊待遇的服务对象（获得紧急标示通常是先决条件），公共机构尤其具有回应性。然而，所有服务对象都希望得到同等程度的回应。因而，一些服务对象会想尽办法，以使自己被贴上紧急的标签。服务对象个体和以服务对象为导向的团体，都有兴趣扩大紧急状况的范围，以使越来越多的服务对象获得

---

① Freidson，*Profession of Medicine*，p. 118.

紧急标示。但是，如果每个服务对象都被视为紧急状况，就没有人能获得紧急援助。具有响应性紧急程序的组织，最终会设计额外的配给机制来限制服务对象的需求。当服务对象试图获得他们一时期望的特殊待遇时，设施和服务都将变得不堪重负。有时，随之而来的混乱，将导致公共服务责任的扩大。当服务对象知晓自己的权益后，急诊室会增加人手，福利办公室对紧急补助程序也不再遮遮掩掩。

　　然而，如果服务对象仍然保持非自愿性且依赖于街头官僚机构，那么，这种创造性混乱可能很快就会达到极限。具有响应性紧急程序的组织，最终会设计出额外的配给机制，以限制服务对象的需求，或者重组紧急服务，以便在不威胁组织运作的情况下满足需求。①

---

　　①　参见 Michael Zubkoff，"Emergency Room Service，" in Eli Ginsberg，ed.，*Urban Health Services* (New York：Columbia University Press，1971)，pp. 119 – 124。

第十章

与服务对象打交道时的心态

教官坚持要求士兵身姿挺拔、目视前方、齐步向前进，即使在不了解新兵的心理状态、个人倾向或过往军事经验的情况下，教官也能达到想要的训练效果。他不会为新兵的个体需求所困扰，对同时训练大量新兵游刃有余。街头官僚却没有这样的运气。他们的工作包含一种内在的矛盾，即虽然人们期望他们在回应个体服务对象和个案的需求时能够行使自由裁量权，但在实践中，他们必须依照惯例、刻板印象和其他有助于完成工作任务的机制来行事。

街头官僚在心理上捍卫这些工作模式。他们认为对工作的适应不仅是应对资源有限的机制，而且首先是做好工作的功能性要求。因此，那些在批评者看来是应对资源限制的折中方案，在街头官僚眼中，却是工作环境理想的、必要的组成部分。攻击工作惯例，就相当于攻击工作结构。当行政人员对服务对象进行控制或对有关机构程序的问题进行防御性回应时，那些试图挑战官僚常规的服务对象就会得到这样的教训。

然而，这并不能完全解释街头官僚是如何对这些工作所明显需要的心理调适类型予以处理或详尽讨论的。首先，它没有解释街头官僚是如何将理想中的服务与实际提供的服务之间的差异加以合理化。如果我们想要解释街头官僚对工作的坚持和相对满意，至少要考虑另外两个有关街头工作心理的视角。

首先，街头官僚会调整他们的目标，使之更匹配他们的工作能力。其次，他们会从心理上看淡自己的服务对象，以减少因无法按照理想的服务模式来处理服务对象事务时所产生的紧张感。简而言之，街头官僚会形成一些关于自身工作和服务对象的看法，用以减少能力与目标之间的压力，从而使他们的工作在心理上变得更容易。[1]

---

[1] 有关调整心理失衡现象的文献综述，参见 David Sears and Richard Whitney，*Political Persuasion* (Morristown，N. J.：General Learning Press，1973)。

这一点之所以特别重要，是因为街头官僚对自身工作与服务对象的看法，是公众极为关注的问题。人们经常指责街头官僚对特定的种族或族裔持有偏见，或认为他们在履行对特定社会群体的义务时显得特别愤世嫉俗和不可信赖。有人认为，公职人员的态度在很大程度上是在回应工作环境时形成的，这一说法与某些流行的观点相冲突。流行的观点是：公职人员对服务对象与工作的态度，来源于其成长过程与社会背景中的偏见。这些观点导致人们提出建议：聘用受过更好教育的人员，或进一步提供公众和人际关系方面的教育、培训。

　　这些观点通常没有考虑到街头官僚的工作对其态度的影响。从新入职到在工作中遇到麻烦，街头官僚的态度明显发生了改变。在新员工培训和新兵社会化的过程中，人们在阶层背景上的差异渐趋消失。① 此外，有证据表明，如果要对经历极端工作压力的街头官僚的态度进行预测，与阶层密切相关的教育背景并不是一个重要的因素。在此方面，社会学家弗雷德森在回顾了有关医生教育背景与工作绩效关系的文献后，得出如下结论："有一些非常有说服力的证据表明，在解释专业绩效的重要因素时，用'社会化'来解释，远不如用即时的工作环境来解释有效。"②

　　这并不是说对服务对象的偏见不会影响街头工作。然而，聚焦公职人员的社会背景或经历，不会产生有说服力的关于街头官僚偏见的理论。这样的理论应该解释街头官僚态度的发展、存续及其变化方向。

　　换一个角度看，街头官僚偏见可能源于需要对工作压力予以回应的工作结构。街头官僚的态度变化就是以这种方式起作用的，这种变化表现在：他们重新定义了工作的性质，或重新定义了他们所要服务的对象的性质。将工作结构纳入考虑，有助于解释偏见的持续存在以及消除偏见所固有的困难。

　　然而，应对措施的内容可能较好地反映了社会的普遍偏见。对偏见的需求可能植根于工作结构，但这种需求的表达形式各不相同。因此，刻板印象可以被视为一种简化形式。简化是概括并代表更复杂现象的心理捷径（有许多不同的种类），而刻板印象则是这样一种简化：人们坚信其有效性，但作为对名义上具有相

　　① 有关新员工的态度会随时间而发生变化的讨论，参见 John H. McNamara，"Uncertainties in Police Work：The Relevance of Police Recruits' Backgrounds and Training," in David Bordua, ed., *The Police*：Six *Sociological Essays* (New York：John Wiley, 1967), pp. 163 – 252. 也可以参见 Richard Cloward and Irwin Epstein, "Private Social Welfare's Disengagement from the Poor：The Case of Family Adjustment Agencies," in M. Zald, ed., *Social Welfare Institutions* (New York：John Wiley, 1965), pp. 623–643。

　　② Eliot Freidson, *Profession of Medicine* (New York：Dodd, Mead, 1974), p. 89.

似性的人群的概括来说，它们是偏颇且不准确的。

这种分析街头官僚与服务对象打交道时的心态的方法，将其对服务对象和工作的态度从其态度所指向的内容中抽离出来。它表明，态度倾向可以是僵化的，也可以是灵活的，主要取决于它们在多大程度上有助于街头官僚应对工作压力。此外，它也表明，如果存在某些情形，街头官僚的态度及相应的行为就可能受到挑战并有助于变化，这些情形包括：工作结构中的奖惩机制是鼓励变化的；改变工作结构能减少街头官僚对心理应对机制的需求；街头官僚能够成功地应对工作压力，而无需依赖不可取的简化形式；努力使简化服从于实际的工作需要，而不是无关的偏见。这些一般性指导原则植根于这样的认识：不恰当的态度与工作经历是有关系的，要改变这些态度，最好的方法是将注意力集中在工作要求上。

以下各节将更详细地讨论街头官僚应对工作压力的倾向，这种变化是通过改变他们对工作的看法和对其所服务的服务对象的看法来实现的。同时，如下各节也表明了态度应对反应与态度支持的实践模式之间的关系。

改变街头官僚对工作的看法

目标与能力之间的张力

退出工作是人们应对工作压力的一种方式。人们可能在事实上放弃工作，也可能只是心理上逃避工作。在极端情况下，能力与目标之间的矛盾可以通过辞职来化解。或者，由于预期会出现这种矛盾，人们可能一开始就拒绝申请公职。理想主义的年轻教师之所以辞职，是因为他们无法忍受上司的偏狭，或无法按照自己的意愿或所接受的教育模式来开展教学。热心的年轻律师辞去公共律师的工作，是因为他们对改善贫困服务对象的生活感到绝望。在某些方面，这些理想主义者可能是最敬业的公职人员。在其他方面，他们反而是最不适合从事公职工作的人。无论如何，最后留在公共机构的，是那些最不受他们应该做的事和实际做的事之间的差异所困扰的人。

他们降低了街头官僚机构中明显的退出行为的程度。因此，与那些最缺乏应对能力但继续留在工作岗位上的人相比，这种调适性态度或许更为合适。

那些没有真正地退出工作的人，可能只是在心理上逃避工作，他们不是真正地辞职，只是拒绝为机构绩效承担个人责任。管理者和那些关注劳动关系的人，对这种退出倾向的外在表现并不陌生：旷工、频繁跳槽、摸鱼、怠工以及基本不参与组织活动。街头官僚为了从任务处理和完成过程中获得满足感，有时候会遇到一些难以承受和难以克服的困难，所有上述反应都是他们在面对这些困难时所表现出来的态度的外在迹象。当街头官僚无法或没有能力实现个人满足与任务完成的共生目标时，心理发展能够帮助他们摆脱挫败感。①

街头官僚机构中实际的或心理的退出问题，因多种原因而变得复杂。除了工作环境本身之外，还有许多激励措施可以将街头官僚留在公共服务领域。公务员制度可以防止管理决策的专断，但也会增加解雇公职人员或对他们采取行动的成本。此外，街头官僚的权利因其担任公职的年限增长而增长，这极大地激励了他们在工作满意度较低或下降的情况下留守岗位。例如，服务满20年可退休的权利，或随着任职年限的增长而增长的养老金权利，都鼓励街头官僚即使面临固有压力也继续留守公职。②

事实上可以说，公共职位的上述条件和其他条件，再加上衡量工作绩效的困难，足以使街头官僚在达到一定的年资后，就将其对机构目标的贡献减少到最低限度。愤世嫉俗的观点认为，公职人员几乎没有努力工作的动力。然而，虽然有些街头官僚选择退职，但绝大多数人会继续合理地致力于实现他们所确立的职业目标。③

街头官僚之所以选择公共服务领域，除了工作中常见的物质和精神激励外，也因他们对服务对象导向的工作感兴趣，乐于接受对服务对象采取利他行为的职业定位，并不断地与服务对象互动，从而经常回应服务对象的特质与关切。此外，街头官僚并没有完全放弃机构目标，因为他们的工作具有自由裁量的性质，他们工作的组织环境鼓励他们对机构目标形成个人理解。他们努力实现这些经过修改

---

① 在整个研究过程中，我一直关注街头官僚与其工作的关系。我在这里不探讨街头官僚疏离的其他原因，其中就包括工作情况之外的因素。有关街头官僚旷工和做出的其他对工作的适应性反应的行为的讨论，请参见 Chris Argyris, *Integrating the Individual and the Organization* (New York：John Wiley，1964)，chap. 4。

② 公共雇员在很大程度上受到保护，使其不会被轻易解雇。因此，街头官僚可能会形成相对极端的态度，即他们不尽心尽力甚至逃避其工作，但仍留在工作岗位不辞职。有关这方面的讨论，参见 Eric Nordlinger，*Decentralizing the City* (Cambridge，Mass.：Massachusetts Institute of Technology Press，1972)，chap. 3。

③ 对一些读者来说，似乎没有必要探究街头官僚在某种程度上继续为组织目标工作的原因。但在职业伦理不太明显的社会中，让街头官僚贡献他们劳动的问题不能被视为理所当然。例如，学者有关公共服务工作的分析，参见 Judith Chubb，"The Organization of Consensus in a Large Southern Italian City：The Social Bases of an Urban Political Machine" (Ph. D. diss.，Massachusetts Institute of Technology)，1978。从成员对组织所做出的贡献的角度来分析组织问题的有关研究，参见 James March and Herbert Simon，*Organizations* (New York：John Wiley，1958)。

的目标，并根据这些目标来衡量他们的日常成果。通过发展自己的公共服务理念（可能与其他公职人员共享），他们将目标中的含混与冲突加以合理化。街头官僚将工作中的局限性视为一种固定的现实，而不是视为一个需要去解决的问题，由此发展出一种方式，以获得工作满足感，并使愿望与自身能力保持一致。

将工作中的局限性视为一种固定的现实而非一种有问题的存在，这一看法值得深思，原因有两点。其一，它阻碍创新，鼓励平庸。说资源有限是一回事，说努力应对有限资源的做法是最佳做法是另一回事。然而，当人们为了避免遭遇工作挫败而必须从心理上捍卫实践模式时，就会出现一种强烈的倾向，即将现有的做法等同于最好的做法。

其二，如我所指，街头官僚机构的组织实践模式就是该组织的政策。因此，街头官僚对机构目标的个人再定义，直接导致他们将手段视为目的。在其他组织中，手段可能变成目的，但很少有低阶的工作人员能够像街头官僚那样，对目标的偏移产生如此大的影响。

街头官僚个人对目标的定义

正如我们所看到的那样，作为个体的街头官僚发展出了一些有效分配资源的程序。其中有的得到了组织的认可或纵容，有的则未获组织批准。同样的情形也发生在工作任务上。组织在实现目标方面遭遇困难时，可能会在目标上有所退缩，以便使能力与目标更为契合。[1] 街头官僚也是如此，为了缩小能力与目标之间的心理差距，他们能够也确实修改了自己对工作的看法。因此，法官可能倾向于惩罚和威慑，或倾向于惩教和纠治。教师可能倾向于课堂控制，或倾向于认知和人格发展。警察倾向于关心秩序的维护或法律的执行。[2] 与那种理论上盛行于现实中的工作观念相比，街头官僚所持有的工作观念更为简单，因而能制定出一种明显与其工作更一致的方法。

街头官僚为某些服务对象提供卓越服务时，也会提出他们个人对工作的想法，

①　Aaron Wildavsky, "The Strategic Retreat on Objectives," in Wildavsky, *Speaking Truth to Power: Policy Analysis as a Problem* (Boston: Little, Brown, 1979).

②　有关法官在不同情境下对贫困者的倾向的讨论，参见 Jerome Carlin, "Courts and the Poor" (paper prepared for delivery at the 1966 Annual Meeting of the American Political Science Association, New York, September, 1966), p. 7；关于教师的倾向，参见 Howard Becker, "Social Class and Teacher-Pupil Relationships," in Blaine Mercer and Edwin Carr, eds., *Education and the Social Order* (New York: Holt, Rinehart and Winston, 1957)；有关警察执法的风格，参见 James Q. Wilson, *Varieties of Police Behavior* (Cambridge, Mass.: Harvard University Press, 1968).

承认自己无法对所有服务对象都尽心尽力。这种观点有时会导致街头官僚对某些社会群体的偏袒，但也可能适用于没有群体偏见的情况。公设辩护律师就是一个很好的例子，他们只能挑选几个案件进入审判程序，而对于其他案件，则只能尽可能地去处理好。① 同样地，教师会对某些学生予以特别关注，并从这些学生的进步中获得特别的满足感，这就使自己无法密切关注所有学生的现象得以合理化。

在上述案例中，效率仍然是准则，而有效的分流仍然只是理想。但是，当并非所有服务对象都能获得良好服务时，这种通过修改目标使之与服务少数人相一致所获得的利益，并不是公共利益。相反，这些利益主要由街头官僚（也可能还有那些受到特别关注的服务对象）所享有。此外，它们不会受到公众评判，通常也不用于政策分析。在某种意义上，如果街头官僚个人不用承担与之相伴随的更多工作压力，就不会随意放弃对工作的个人观念。由于这些个人观念是一些调适性反应，因而会被顽固地留存下来并且不被公开讨论。

上级和公众仍然期望街头官僚效忠于一套更为复杂的目标，但官僚个体所发展出来的实践模式，只有在官僚对工作所持有的个人想法之中，才是可以理解的。例如，一名警察发现了一起违法事件，但没有对违法人员实施抓捕，旁观者可能会认为他玩忽职守。但是，如果该警察认为其主要工作是维护社会秩序与社区和谐，在地区执法不过是次要任务，那么，根据该警察对工作的个人定义，这种行为也许是可以接受的。

同样地，如果一位教师将自己的工作定义为充其量只能对少数学生给予足够的关注，并在几名学生身上花费了大量时间，那么该教师就会认为，任何对这种做法的指责都是不合理的。搞清楚街头官僚对工作的个人想法，并追溯其与工作表现之间的关系是很困难的。然而，如果你想重新调整街头官僚的工作目标，这可能是必要的。

在官方政策中，也可以找到与街头官僚对工作的个人看法相对应的部分。在某些情况下，机构自身也会通过对工作施加某种特定的导向来解决街头官僚的困扰。在另一些情况下，街头官僚对其工作的调适性防御态度，会被整合进机构的服务导向中，尽管这一整合未获官方认可。因此，一些学校的教职员工对其工作形成了集体观念，一些警察部门对巡逻实践也形成了共同想法，这些观念和想法

---

① 有关公设辩护律师在选择加以特殊关注的案例时所面临的难题的有效描述，参见 Arthur Rosett and Donald Cressey，*Justice by Consent*（New York：Lippincott，1976），chap. 6。

与其主管的偏好正好相反。聘用一些志同道合的人，并排除那些挑战工作目标共识的人，有助于集体适应官僚工作的压力。①

专业化

在官僚机构中，职能的专业化通常被视为有助于提高效率，也有助于官僚发展技能和专业知识并专注于工作。对一些分析者来说，专业化就是现代官僚制的代名词。② 专业化是街头官僚机构的常见特征，而且这一特征越来越突出。福利部门在评判服务对象是否具有申请资格时，不会考虑社会服务方面的内容。法律服务部门会将自身对服务对象个体的服务与法律改革部门（law reform units）区分开来。学校致力于培养教育方面的专长。

与其他有助于提高效率的因素一样，专业化不仅解决了街头官僚的问题，也解决了街头官僚机构的问题。特别是，专业化可以使街头官僚减轻压力，不然会令他们的工作状况更为复杂。法律改革部门的律师不必平衡由源源不断的案件所带来的压力，其他律师则需要处理大量的案件，但不必考虑服务对象的案件所带来的较大议题。负责资格审查的社会工作者不再担心服务对象融入社会的问题，而负责收入保障的工作人员则不必担心服务对象是否得到了不应有的支持。

毫无疑问，让一些街头官僚在其他人未经培训的领域接受培训，是一种恰当的做法。例如，并不是每个教师都要懂法语、希伯来语或汉语，学校才能提供英语以外的语言培训。但是，某些方面的专业化，使得其他官僚无法发展出他们本应具有的技能。正如我提到的那样，社群关系专家减轻了其他人在处理少数群体事务方面的责任。特殊社群的维护者，其作用可能是使其他工作人员免于成为维护者。即使是语言专业化的情况，也不像它最初看起来的那样明显。在一些城市，学校的所有教师都懂西班牙语，能够与大部分学生交谈——难道不应该是这样的吗？为什么要让西班牙语教师与有西班牙背景的教师负责与讲西班牙语的学生交流呢？在这个例子中，专业化使其他教师在工作生涯中摆脱了一个重要的麻烦。

专业化可以使街头官僚避免将自身的工作视为一个整体。一旦实施专业化，他们就期待自身也被他人期待去形成一项工作议程，这个议程要求他们运用一套

---

① 有关选择性聘用的其他功能的论述，参见 Anthony Downs, *Inside Bureaucracy* (Boston: Little, Brown, 1967), pp. 228 - 233.

② Harold Wilensky and Charles Lebeaux, *Industrial Society and Social Welfare* (New York: Russell Sage, 1958), pp. 233 - 265.

有限的（也许是高度发达的）技能，以实现这些技能所确定的结果。这些专业人员倾向于按照他们在受训时所接受的方法和此前确立的分类处理程序来理解服务对象及其问题。[①] 很少有专业人员能对服务对象及其可供选择的处理方法有全面的了解。在某些领域，如特殊教育领域，批评者主张对一般的专业人员进行培训，以使他们具备与有各种学习障碍和特殊生理或心理行为的孩子打交道的能力。（这证明了一个显而易见的事实：教师应该接受良好的职业培训，而且他们据以开展工作的实践和理论的基础已经有了很好的扩展。）

公共机构的目标通常是冲突的或模糊的，这是有充分理由的。这些机构之所以接受模糊性、矛盾性和复杂性，是因为社会不能也不愿放弃公共服务供给中某些基本的愿望和期待。对于那些无法在全体员工中培养重要技能和工作导向的组织来说，专业人员无疑给它们带来了这些技能与导向。然而，应该对专业化和任务特殊性予以分析，以发现那些使街头官僚为避免矛盾性和模糊性而付出的成本可能高于收益的情况。

意识形态和环境

目标整合的另一个维度，是由支配街头官僚机构的职业或专业意识形态来提供的。意识形态提供了一个存储、理解和检索各种不同信息的框架。[②] 在街头官僚机构中，当多种目标相互竞争时，意识形态也可以充当一种规约目标导向的方式。当一所学校构建开放式课堂或回归传统模式时，校领导就在表明他们的目标，同时也在表明他们的方式。同样的情形也适用于那些主张管教优先于"治病救人"的惩教机构。[③] 通过强调某些目标而不是其他目标，行政人员部分地解决了他们将管理什么类型组织的问题。因此，由于目标更加明确，人员聘用变得更加理性，被聘用的人员对其预期目标也有了更清醒的认识。

近年来，人们对社会问题"医疗化"的趋势给予了极大的关注。这种"医疗化"模式由医生提出，得到了那些迫切希望为行为"问题"找到"解决方案"的

① 参见 Richard Weatherley and Michael Lipsky，"Street-Level Bureaucrats and Institutional Innovation：Implementing Special Education Reform，" *Harvard Educational Review*，vol. 47，no. 2 (May，1977)，pp. 171 – 197。

② 维克多·汤普森（Victor Tompson）讨论了意识形态作为心理防御的程度，参见 *Modern Organization* (New York：Knopf，1961)，pp. 114 – 137。

③ 参见 Donald Cressey，"Achievement of an Unstated Organizational Goal，" in Amitai Etzioni，ed.，*Complex Organizations* (New York：Holt，Rinehart and Winston，1961)，pp. 168 – 176。

公众的支持，由此侵入教育与惩教领域，以及其他关于人类发展的领域。这种趋势一直被正确地解读为是对某些个体的政治和社会地位的损害，这些个体被贴上了"病态"或"有病"的标签，社会期望这些人能够接受他人对其境况和康复手段的定义。社会控制的意义是重大的。在其他时代可能被理解为大逆不道的行为，今天可能被视为单纯的疾病，不意味着要指责那些可能导致这种行为的社会机构，当然也不意味着它们要承担责任。

为什么医疗化趋势变得如此突出？医生的影响力和大多数人对他们的崇高敬意无疑提供了部分答案。但这没有充分解释医疗化趋势对教育工作者等群体的吸引力，后者在某些方面持有竞争性的专业视角。

医疗化环境的引入有助于简化公共服务工作者的目标导向，认识到这一点，对于理解医疗化趋势在教育、惩教和其他领域的吸引力有实质性的补充作用。通过将责任归结为服务对象的身体或心理发展，它为街头官僚的个人责任提供了辩护。它提供了一种有关服务对象行为的理论，以帮助解释街头官僚的复杂世界。它还清晰地阐明了服务对象的问题，并据此制定应对措施。医疗模式的盛行，不仅可以通过医生的影响力来解释，还可以通过它帮助街头官僚解决目标复杂性问题的方式来解释。

这并不是说明确目的和重构工作目标是没有价值的。那些主张阅读优先的学校，可能比那些目标较为分散的学校，更能实现目标。尽管药物治疗有时比疾病本身更糟糕，但在某些情况下，异常行为无疑有生理方面的因素。问题在于，公共机构是否明确其目标和方向，是否清楚为其选择所付出的代价，以及放弃某些目标而更加关注其他目标的做法是否恰当。

对自由裁量权的种种防御

街头官僚有时会通过私下修改其权限范围来处理工作。对街头官僚的权力范围施加限制，可以使他们摆脱对结果的感知到的责任，也可缓解资源与目标之间的紧张。

否认自己拥有自由裁量权，是街头官僚限制责任的一种常见方式。街头官僚试图否认他们有影响力，否认他们有做出决定或提供选择性服务的自由。严格按规章办事，在可以破例的情况下拒绝例外处理，这些都为街头官僚提供了防御机制，使得他们能够尽可能地不依服务对象的意愿行事。"事情就是这样""这就是法律"，以及类似的合理化说辞，不仅可以保护街头官僚免受来自服务对象的压力，而且可以使他们不必面对自己作为公共服务工作参与者所具有的缺点。① 有时，这些说法最好被理解为街头官僚消解服务对象诉求的策略。但在其他时候，最好将它们理解为一种顽固的态度，这种态度部分地源自对期望与实际能力之间差距的困扰，而困扰反过来强化了态度。

机构经常对其工作人员施加严格的限制。例如，在20世纪60年代后期，福利权益运动开始向福利工作者施压，要求他们向大量受助人酌情发放补助金，全美各地的福利部门于是取消了可以酌情发放的家具和其他物品的特别补助金。这样，福利部门就取消了其工作人员的一部分自由裁量权。这限制了工作人员的权力，但也消除了其帮助服务对象的愿望与控制支出的需要之间的紧张关系。

机构帮助解决员工角色紧张问题的另一种方式，是广泛颁布那些规定正式程序的规则。从缓解角色紧张的角度来看，遵守规则并没有那么重要，重要的是规则可以充当权威性工具，有了这些工具，街头官僚就能刷新工作理念，更好地符合工作实际。因此，规则不仅可以规范工作，也可规范员工的角色观念。②

在前面几章，我们重点关注了街头官僚在处理服务对象事务与履行职责时的工作惯例。这些惯例通常不只是提高效率的工具。街头官僚还对实践模式产生了依赖。他们认为自己的工作需要这些惯例。在一些街头官僚机构，实践惯例变得如此重要，以至于工作人员试图通过谈判来达成惯例，而不是为了达成目标制定惯例。

例如，人们发现，法律服务律师不鼓励服务对象提出问题，并惩罚那些拒绝遵循首选程序的服务对象。同样地，人们也发现，福利工作者不喜欢那些不允许他们按照标准模式来进行面谈的服务对象。③ 这些例子和其他严格遵守工作程序的例子都表明：对街头官僚来说，追求手段比追求目标更重要。

对抗官僚体制

前面几章强调了街头官僚在抵制那些限制其自由裁量权的努力时所表现出的

---

① 关于过度顺从以及其他防御的讨论，参见 Rivka Bar-Yosef and E. O. Schild, "Pressures and Defenses in Bureaucratic Roles," in Elihu Katz and Brenda Danet, eds., *Bureaucracy and the Public* (New York: Basic Books, 1973), pp. 288–299。

② 参见 Michel Crozier, *The Bureaucratic Phenomenon* (Chicago: University of Chicago Press, 1964), pp. 220–224.

③ Carl Hosticka, "Legal Services Lawyers Encounter Clients: A Study in Street-level Bureaucracy" (Ph. D. diss. Massachusetts Institute of Technology, 1976).

不屈不挠。他们可能会主张一种比理论上所要求的程度更大的自由裁量权，以使人们感觉他们是为了为公众提供更好的服务。通常情况下，他们形成了对自己工作的看法，即专注于为某些人提供良好的服务，而不是为所有人提供短缺的服务。

大多数时候，摆脱官僚体制，意味着偏爱某些类型的服务对象（这种倾向将在下文讨论改变服务对象的想法时予以阐释）。有时，摆脱官僚体制，仅仅表现为拒绝接受工作中的决策程序。一些社会工作者的做法就表明了这一倾向，他们开始提供上门服务而不是接纳新的服务对象，因为他们认为机构无法为额外的服务对象提供良好的服务。①

街头官僚呈现了摆脱官僚体制的另一面，他们在处理服务对象事务时，通过将其行为的非正式但可能的后果纳入考虑，从而重新定义了他们的工作。例如，法官和检察官总是要基于他们对被告接受量刑的结果的预期，来做出指控和量刑决定，尽管正式地讲，他们在审议时不应该考虑惩教机构的质量。这一倾向也使得司法人员受到了相当多的批评，因为他们总是做出宽大处理的决定。② 对工作予以重新概念化的情形，也明显地见于公共住房工作人员。就像前面讨论过的那样，他们违背官方机构政策，考虑到了将一些受青睐的申请人安置在不够理想的住房项目中的后果。

摆脱官僚体制的做法是可取的吗？人们经常批评官僚缺乏回应性，那么，这种做法是否代表了一种回应倾向呢？当然，对从这些取向中获益的人来说，它表达了回应性。然而，街头官僚机构的困境仍然存在。工作人员通过偏袒某些服务对象，破坏了服务对象接纳规则，从而使那些不能被列入机构服务名册的人得不到最低限度的服务。那些不被受理的公共住房申请者处于不利地位，因为更好的住房项目意味着更少的住房供给。法官和检察官在起诉和量刑时，形成了对量刑适当的个人看法，这会使他们尽其所能地维护被告人的权益，但对适当量刑的个人看法的回应方式，也使惩教机构的人口受到了影响。而且，从强制性量刑立法的泛滥来看，他们迫使相关方面出台僵化的政策，以便恢复正式秩序。人们可能会同情那些因考虑服务对象利益而采取自由裁量行动的法院工作人员，但不能由

---

① Robert Perlman, *Consumers and Social Services* (New York: John Wiley, 1975).
② 预计其行动的后果，似乎是刑事司法系统各级工作人员的典型做法。1973 年，美国纽约州通过了强制性判决的新毒品法案，但纽约市警察局拒绝改变执法策略，因为他们担心增加因毒品问题被逮捕者的数量……会在法院处理案件时造成无法容忍的延误。参见 Anthony Japha et al., "The Effects of the 1973 Drug Laws on the New York State Courts" (New York, 1976), pp. 2 - 3。

此得出结论，限制自由裁量的权限范围与否定官僚体制的规则约束的两难困境得到了实质性的解决。

改变街头官僚对服务对象的看法

人们期望街头官僚在普通情境下对所有人一视同仁。诡异的是，在多种因素的作用下，偏袒（某些服务对象）与不平等对待（另一些服务对象）成为现代官僚体制的特征。这些因素包括：判断所固有的主观性、评估街头官僚工作的困难、能影响街头官僚行为的公众反馈的匮乏以及为区别对待服务对象提供辩护的意识形态考量。前面三章对此有所讨论，其重点是探讨为使工作更易管理而形成的实践模式。

然而，如果不考虑作为一种应对策略的服务对象差异化在心理上的重要性，那么，对导致服务对象差异化的实际做法的重要性的讨论就是不完整的。服务对象差异化，是街头官僚使其工作中的矛盾合理化的一个重要方面。不能简单地认为街头官僚喜欢某些服务对象而不喜欢其他服务对象。这些偏好使得他们能够灵活地对有限的服务对象做出回应。因此，街头官僚为部分服务对象做了他们无法为所有服务对象做的事。街头官僚获得了一部分服务对象对他们工作表现的认可，这与他们对工作的理想看法是相一致的。因而，在体验工作的过程中，街头官僚发现，他们应该做的工作与为一部分服务对象做的工作之间没有什么冲突。街头官僚私下里知道自己有能力把工作做好，并能更好地抵御街头工作结构经常带来的对自我的攻击。教师所偏爱的不仅是一个听话的学生，还是一个能向教师证实该教师能力的学生。

之所以考虑街头官僚对服务对象看法的改变，还有另一个重要原因。正如区别对待服务对象支持配给服务和其他组织工作的实践一样，它也支持工作者个人对工作看法的改变。对工作的看法也意味着对服务对象的看法。没有一个隐含的实践模型，你就无法进行实践。与传统课堂的孩子们相比，开放课堂的孩子们有更多的自由和灵活性。与以同伴互动和自助为导向的戒毒中心相比，精神病学导向的戒毒中心建立在一个不同的人类动机模型之上。

那些无法为所有服务对象都提供尽心尽力服务的街头官僚，发展出种种观念机制，以划分服务对象，并使这种划分合理化。因此，前面几章所讨论的服务对象差异化，就不仅为街头官僚分配稀缺资源提供了理论依据，也有助于其表明自己工作的正当性。人们观察到街头官僚经常在观念上对服务对象进行划分，这表明这一工作维度对于维持街头实践是重要的。

通过追溯街头官僚对服务对象的基本划分，可以了解这种对服务对象予以重新观念化的私人做法在心理上的重要性。例如，街头官僚把服务对象划分为值得服务的和不值得服务的两大类型，这一未经官方许可的划分，缩小了街头官僚必须尽全力服务好的服务对象的范围。在服务过程时，街头官僚总是更愿意回应那些乐于助人或乐于合作的服务对象。向那些乐于合作或回应的服务对象倾斜，使得街头官僚相信他们正在优化资源的配置。与此同时，允许这样的私人决定，即让一些服务对象接受超过公平份额的资源，有助于街头官僚对自己拒绝为所有人提供服务（或者仅仅是常规服务）的行为予以宽恕。

也许，街头官僚个人对服务对象重新观念化的最常见方法，就是为服务对象的困难确定责任方。关于谁或什么要对服务对象的处境负责任的假设，是使街头官僚与服务对象保持距离的重要观念工具。例如，协助专家责备受害者，将服务对象的处境归咎于他们本人而不是社会与环境，这些做法有助于将责任定位于一个街头官僚免责的地方。①

有许多归责于受害者的例子。长期失业者被描述为一群不思进取和不愿工作的人，而他们的处境可能归因于就业结构与此前的工作经验。校方在解释学生学习困难的原因时，会把重点放在学生缺乏学习动力上，而不愿考虑教师的教学技能与学校的学习氛围。指责服务对象未能遵守约定，可以保护街头官僚免于反思此前面谈存在的问题——这些面谈可能打消了服务对象的积极性，或使之产生了疏离感。教师殴打明显有精神障碍迹象的儿童的事例，特别残酷地表明，至少有些街头官僚显然想把责任归于服务对象的不服从。② 一旦把责任归于服务对象，街头官僚就不必面对自己或其所在机构的失败。

另一种与之相反但在功能上相当的对服务对象的认知模式，也有助于免除街头官僚对服务失败的责任。这是一种完全从环境角度出发的倾向，把服务对象完全视为背景条件匮乏的产物。因此，如果孩子被认为是未开化的、种族低劣的或文化贫乏的，那么教师就很难归责于自己，尽管他们也没能让孩子们有所进步。③同样地，工作培训顾问在解释培训失败的原因时，会归咎于受训者的积极性不高，

① William Ryan，*Blaming the Victim* (New York：Random House，1976).

② Jonathan Kozol，*Death at an Early Age* (New York：Bantam，1967)，pp. 10 - 19.

③ 肯尼斯·克拉克（Kenneth Clark）把种族自卑和文化剥夺的理论视为在功能上对等的理论，从而进行了分析，请参见 *Dark Ghetto* (New York：Harper & Row，1965)，pp. 125ff.

而这又源于其作为贫民窟青年所经历的挫折，从而使他们避免面对自己的失败，即未能使培训计划变得有意义。

不可否认，文化和社会因素会影响服务对象的表现，正如人们对自己的行为负有责任一样。然而，重要的是要注意到，这些解释起到了认知保护的作用，减少了街头官僚角色期望中可能存在的责任和问责。此外，由于这些对责任的解释在正式的机构政策上是不合法的，因此，它们仍然是隐藏在表面之下的，没有被言明。因此，当它们隐含地构成关于服务对象的决策的基础时，就会造成误解，也会使得服务对象对据此行事的机构产生敌意。

鉴于服务对象与机构在权力上的不对等，并非所有服务对象都会对基于这些隐含假设的决策抱有敌意。也许更常见的是，服务对象接受了这些关于责任的隐含假设，而这些观念框架有助于服务对象遵守机构的政策。服务对象可能会对自己的处境承担责任，而不考虑自身的环境条件。或者，他们可能会认为自己的处境毫无希望，因为他们的环境难以改善。以上每一种态度都不利于个人的进步和成长。[1]

这并不是说，我们可以轻易地找到一种关于责任的解释来推翻另一种解释。对服务对象所处环境的结构性解释是重要的，有利于将注意力引导到对政治、经济和社会结构的改变上来，这些结构限制并规定了行动的可能性。因为，如果环境因素没有规定生活的变化，那么，它们肯定会规定机会的范围。

同样地，在某种程度上，在一些重要方面，服务对象必须对自己负责。如果没有这种假设，在目前的安排结构中，服务对象就不会有所发展，而且也不会有个体的或集体的服务对象为改变这些安排做出贡献。在对监狱、精神病院和其他总体性机构（total institutions）的研究中，戈夫曼发展了他对服务对象责任和免责解释之间关系的洞见，这一洞见通常具有更广泛的适用性。

> 虽然有关于精神失常的精神病学观点，有关于犯罪和颠覆活动的环境学观点，这两种观点都使违法者不必为其违法行为承担道德责任，但全控机构几乎无法承受这种特殊的决定论。必须让违法者以一种可控方式来进行自我指导，为了促进这一点，必须将机构期望的和不期望的行为，都界定为源于违法者本人的意愿和性格，并界定为违法者本人有能力做些什么的行为。[2]

---

[1]　参见 Murray Edelman, *Political Language: Words that Succeed and Policies that Fail*（New York: Academic Press, 1977）。

[2]　Erving Goffman, *Asylums*（Chicago: Aldine, 1961），pp. 86 – 87.

当然，这些社会责任观并非源自街头官僚。但是，它们却被街头官僚采用并恪守，这些官僚面临着矛盾：他们本应该能够改善服务对象的生活，但通常做不到。所以，这些观点解释了失败的原因，并允许街头官僚与他们工作中的矛盾和解。

并非所有的街头官僚都会形成这些态度模式。值得注意的是，一些公共服务体系发展出不同于其他体系的服务对象责任归属模式，在各个公共服务体系内部也能发现此类差异。① 对于有兴趣提升街头官僚机构服务质量的人来说，其任务是帮助维持在责任归属上的模糊性。一些街头官僚找到了一种方式来平衡三种责任观点——服务对象的责任、环境的原因、他们自己的干预潜力，这无疑是街头官僚服务的一个重要衡量标准。

街头官僚持有那些会影响服务分配和服务质量的私人看法，而且他们强烈地坚持这些看法。他们的偏见一旦存在，就很难被打破。与大多数人相比，街头官僚更有机会推翻这些刻板印象，那为什么情况还是这样？

前面已经对此做了部分可能的解释。第一，对服务对象加以细分，是对工作实践的补充，而这些工作实践本身就是妥协的产物。此外，它也是对由此产生的对工作目标重新概念化的补充。换句话说，如果街头官僚想要成功地解决工作矛盾，就必须将实践模式、对工作的看法和对服务对象的看法整合在一起。街头官僚个人对服务对象的看法，将会随着其对于以私人办法来解决工作矛盾的需求同步发展。

第二，街头官僚对服务对象看法的改变，倾向于接受一般社会态度并以此为基础，因此在日常生活中得到强化。偏袒处于弱势的服务对象，或歧视那些被社会认为是不值得认真对待的服务对象，可以部分地经由社会大众的同情和反感获得解释。社会学家贝克尔（Howard Becker）指出，在以健康和整洁、性和侵犯、抱负和工作以及年龄组关系为核心的价值观方面，教师可能在道德上无法接受在这些方面做出不轨行为的学生。当教师和学生之间的阶层差异很大时，这些考量因素就会特别突出。② 这些对学生特征的反应，不太可能为教师所独有。但当教师

---

① 关于白人与黑人在贫民窟居民能力和失败原因上的差异，参见 Peter Rossi et al., *Roots of Urban Discontent* (New York：John Wiley, 1974)。关于街头官僚对服务对象责任归因的一些差异，请参见 Clarence Stone, "Paternalism Among Social Agency Employees," *Journal of Politics*，vol. 39（August, 1977），pp. 794–804。

② Becker, "Social Class and Teacher-Pupil Relationships," pp. 278–299.

确实在这些方面对学生做出反应时，他们的反应就具有了公共政策的意蕴。

街头官僚对服务对象的其他看法似乎增强了他们的工作成就感，尽管这些看法似乎与主流的社会规范背道而驰。想想社会服务工作者的情形：他们宁愿被分派去处理虐待儿童案件，也不愿处理忽视儿童案件。虽然虐待儿童是一种特别令人反感的犯罪行为，但社会工作者的这种反常选择似乎可以解释为：虐待儿童案件更有可能因社会工作者的干预而得到改善，而那些典型的忽视儿童的人，不太可能对社会工作者的援助做出回应。[①] 看来，对服务对象加以细分的做法，通常是与流行的社会规范相一致的，但它不能完全靠这些规范来解释。

第三，街头官僚用多种方式接收工作信息，这些方式的各个方面，都有助于他们改变对服务对象的看法。说明性验证、自我实现的预言、为失败开脱并加以合理化以及选择性地保留信息，都倾向于确证而非反证工作人员对服务对象的态度。

第四，街头官僚工作在这样一个环境中：其同事也都有类似的细分服务对象群体的需求。因此，不论其态度对某些服务对象是有偏见的还是有利的，都可能会在其同事中引起反响而不是遭到反驳。

街头官僚需要改变他们对服务对象的看法，尽管这些看法迥异于一般社会偏见，但通常与一般社会偏见并不违和。而他们的工作结构往往会证实他们的偏见是有效的。我观察到，街头官僚持续地将未经批准的偏见引入服务对象事务处理过程中，基于这一观察，我提出了本节的一般性观点，这一观点表明，如果不改变让这些偏见起作用的工作结构，就很难根除区别对待服务对象的做法。

这并不是说任何特定的偏见都是应对工作所必需的。毫无疑问，如果管理者对街头官僚的特定行为给予足够的关注，他们就会发现，街头官僚会用明显不同的方法来对待不同类别的服务对象。但是，如果不改变工作结构，我们就可以预期：偏见将会很快地在其他领域蔓延，或者，在缺乏足够警惕性的情况下，旧的偏见将会很快以新的形式出现。

---

① Judy Riley，"A Case Study of Street-level Bureaucracy: Child Protective Services" (unpublished seminar paper，University of Washington，1976).

第四部分

Street-Level Bureaucracy

街头官僚的未来

第十一章

对人性化服务的抨击：官僚控制、问责制与财政危机

本章探讨当前为确保街头官僚问责制而采取的行政措施。我认为，对于行使高度自由裁量权的街头官僚来说，官僚问责制几乎是不可能实现的，至少在工作的质量方面要实现问责是不可能的。尽管如此，公共管理者迫于压力，要利用激励措施和工作结构的其他方面确保或提升员工的责任感。若同时考虑到公共管理者所追求的其他目标，追求官僚问责制的结果可能不仅是无效的，还会导致服务质量的下降。

当前对财政危机的感知，加剧了对官僚问责制的担忧。试图削减或限制预算的州和地方的政治官员，想要减少公共部门的工资，就必须从街头官僚机构入手。当学校、福利办公室和警察部门遭遇裁员的要求时，问责问题就变得紧迫起来。如果公职人员不能表现出责任感，就更有理由裁减他们的人数。如果他们的人数被削减了，政治官员就更有理由想方设法让留下来的人承担起责任，以便向服务对象和公众保证，公职人员将继续以负责任的方式执行基本的政府任务。

问责制是官僚制和民主制之间的纽带。现代民主依赖于官僚机构的问责制，以执行既定的政策，并以其他方式管理由政府决定的机会和规则的持续结构。如果是这样的话，问责制就不仅仅意味着必须对上级负责任，或期望对自己的行为负责任。这是因为，这些定义恰恰没有指明问题所在：在上级的目标与下级的行动之间，是否存在任何可靠的关系？

我建议换一种策略：当人们极有可能对合法的权威或有影响力的人做出响应时，就应被认为是负责任的。对问责制的这一定义，将人们的注意力引向该概念的两个重要方面。首先，问责是人与人或群体之间的关系。问责不是抽象的，一个人总是要对某个人负责任。尽管有时这个词会被宽泛地使用，但除非我们明确

问责关系中的双方主体，否则就会造成混淆。[①]

其次，问责制指的是行为模式。只有当某一行为模式存在时，可预测性才会存在，因此才有问责制的存在。实际上，这意味着，除非行为模式发生改变或改善，否则改变或改善问责制的努力不会成功。例如，医疗与警务审查委员会必须先改变其与公民或上级的一般性关系，否则不会加大问责力度。这就好比法律只有在不仅惩罚不法行为也能威慑不法行为时，才是有效的。

从这个角度看，尝试通过行政控制来加强问责制，可被视为一种努力，其目的是增强员工行为与机构管理者的政策之间的一致性，而其手段是运用组织可用的制裁和激励措施。运用行政控制不是确保问责制的唯一方法。最近的努力与思考方向也聚焦于：通过再造市场环境（如代金券），对消费者更负责任；通过改变政府项目的结构（如学校权力下放），对公众更负责任；通过寻求司法救济，对法律更负责任。最近还有人强调，通过提高员工的地位和加强对他们的培训，对专业规范更负责任。然而，所有这些强化官僚问责制的努力，都代表着那些管理公共机构的人在短期内可以采取的行动。不管其他方法在理论上有什么优势，努力实现官僚问责制，将对员工和服务对象产生最大的直接影响。

要用好组织性激励与惩罚措施，至少必须满足以下条件。这些条件是官僚问责政策的先决条件。

1. 机构必须知道它们想让员工做什么。如果目标是多元的且相互冲突的，机构必须能够对其偏好进行排序。

2. 机构必须知道如何衡量员工的绩效。

3. 机构必须能够对员工进行比较，以建立一个判断标准。

4. 机构必须具有能够规训员工的激励和惩罚措施。这些奖惩措施必须能够战胜其他可能实施的奖惩措施。

问责政策的先决条件可能存在于许多官僚情境中，但在关涉街头官僚时，这些条件并不适用。在这些情境中，改善官僚问责政策的努力，可能会损害而不是提高服务质量，并且，当公共官僚机构盛行某些情况时，可能会系统地降低服务质量。

街头官僚机构的实质在于，它们要求公职人员对其他人做出决定。由于服务

[①]　参见 Edward Wynne, "Accountable to Whom?" *Society*, vol. 13, no. 2 (January/February, 1976), pp. 30 - 37.

供给的本质要求人的判断，而人的判断无法被程序化，也无法由机器来替代，街头官僚因此拥有自由裁量权。街头官僚有责任对个体的服务对象及其情形，做出独特的且完全恰当的回应。我们所谓的人性化服务，其本质就在于，公共服务人员能够了解人们及其处境的独特方面，并在其机构规定的限度内，将其转化为针对个案的行动方案。事实上，他们不会以独特的方式处理所有个案。各种可能采取的回应措施，通常受到现行法律规定或服务对象被划归的服务类别的约束。然而，街头官僚仍然负有一种责任，即至少要对如下可能性持开放态度：每个服务对象都存在着特别的情形和机会，对这些情形和机会的处理可能需要新颖的思维和灵活的行动。

如果是这样的话，街头官僚就必须承担起对服务对象的责任，并对服务对象的处境与环境做出适当的回应。尽管街头官僚是代表其机构对服务对象负责，但这些考虑因素不能被合理地转化为权威机构的指导方针。我们说公职人员有责任以适合当前个案的独特方式来回应每一位服务对象，这其实是一个自相矛盾的说法。这是因为，如果机构不知道自己喜欢什么样的回应，就不可能存在问责；如果每个员工都应该对如下可能性——独特而新颖的回应是适当的——持开放态度，那么，机构就无法明确自己喜欢何种回应。更有用的说法是，建议街头官僚对两个影响来源负责，即对机构偏好和服务对象的诉求负责。①

还有人断言，街头官僚通常要对服务对象负责，这可能与他们所工作的机构相冲突。其中最重要的一点是，大多数街头官僚是专业人员，或者他们所从事的职业渴望获得专业地位。在任一情况下，对工作的基本期望都是：服务对象的需求是第一位的，公众对街头官僚信任的程度，取决于街头官僚在工作过程中遇到作为个体的公众时，是否对其负责。社会工作者、教师，当然还有医生和律师，都被期望对个人和当前的情况做出回应，而不管他们的工作环境是多么不利于做出灵活的回应。

这是公共服务的一大优势，也是一大弱点。当官僚服务组织趋于忽视公众需求或回应僵化时，它提供了一种对官僚回应性的衡量尺度。但由于提供了另一个问责焦点，这也意味着街头官僚不容易受到控制。

---

① 对于扮演缓冲角色（buffer roles）的人，即那些代表组织与公众接触的人来说，情况并非如此。举例来说，推销人员对购买者应负的责任和社会工作者对服务对象应负的责任是不一样的。有关缓冲角色的讨论，参见 James D. Thompson, "Organizations and Output Transaction," in Elihu Katz and Brenda Danet, eds., *Bureaucracy and the Public* (New York: Basic Books, 1973), pp. 191 – 211。

使员工遵守机构目标

尽管街头官僚的角色内在地具有问责的双重焦点，公共管理者却想通过减少街头官僚的自由裁量权和限制他们的替代性选择，使街头官僚更负责任。他们编写手册，以应对突发事件。他们审查员工的绩效，以便给予回溯性惩罚，并期望其日后的行为能够得到改变。他们坚持要求员工明确目标，以期更有效地监控其责任落实状况。

这些管理工具有时可以有效地控制员工。明确规定适当程序的工作手册，可能有助于使回应标准化并提供指导。绩效审查可能使员工更清晰地认识到管理层正在观察他们的绩效，从而使他们更加小心谨慎地工作。明确目标总是具有指导意义的，它引导员工将注意力集中到可用资源与他们试图实现的目标之间的关系上。①

然而，街头官僚可能会以问责制的名义，推翻那些试图更有效地控制他们的努力。在这些努力以及其他试图加强控制的例子中，街头官僚能够相对容易地调整自己的行为，以避免被问责。首先，管理层获得的有关街头官僚绩效的信息，可能就来源于街头官僚。他们完全能够提供有关当前情况的信息，使所采取的行动看起来是对原初问题的回应，但其实可能并非如此。这与其说是明目张胆地弄虚作假，不如说是对真相的巧妙掩饰和对自己行为的真诚合理化。

由于多种原因，管理层极难反驳员工的报告。一条关键的信息，是员工的心态及其对当前情况的分析。由于街头决策是私下做出的，因此要对员工进行事后批评是极其困难的，因为进行事后批评的人，无法评估可能促成原初判断的无形因素。因此，街头官僚所保存的记录几乎从来都是不完整的，或不足以支持事后审查工作，而且，即便保存了记录，也都是草草了事，并带有防御性，以防止日后受到不利的审查。②

保存记录有助于确保程序得到遵守（因为伪造通常不是问题）。可以要求医务

---

① 我并不认为自由裁量权不应该被削减。相反地，如果在街头官僚滥用其自由裁量权的情况下，管理层进行干预显然是理所当然的。有关滥用自由裁量权的例子，参见 Irwin Deutscher, "The Gatekeeper in Public Housing," in Deutscher and Elizabeth J. Thompson, eds., *Among the People*: *Encounters with the Poor* (New York: Basic Books, 1968), pp. 38 – 52。然而，当街头官僚的自由裁量权被完全限制时，街头官僚还是要完成基本的工作。

② 有关医学领域的记录保存和问责问题的讨论，参见 Eliot Freidson, "The Development of Administrative Accountability in Health Services," *American Behavioral Scientist*, vol. 19, no. 3 (January/February, 1976), pp. 286 – 298。

人员进行某些检测，社会工作者提出某些问题，警察遵循某些程序；但是，要判断街头官僚的行动是否适合当时的情形，仅凭借这些记录是不够的。

通过管理性控制来实现问责的另一个主要困难，在于街头官僚机构对街头官僚的依赖。由于学校、警察局或法律服务办公室提供的服务，从根本上来说，是由教师、警察和律师的行为构成的，因而，这些机构受到限制，不能过多地控制其员工，在质疑他们的绩效方面尤为受限，因为它们担心这样做会引起员工对管理政策的反对，从而进一步削弱问责制。管理层对绩效不佳的行为实施惩罚的机制较为单薄，这就导致了一种氛围，在这种氛围中，强烈质疑街头官僚的决策自主权，会被认为是摧毁了士气和抑制了员工的积极性，从而对服务供给产生负的净后果。①

管理层试图控制街头官僚，这些努力是否存在负面影响，或者是否普遍无效？在几个方面，控制实践对服务质量起到了很大的破坏作用。

首先，以问责为由对如何与服务对象打交道做出明确规定，实际上可能导致街头官僚减少对服务对象的服务。在引导员工更好地遵守机构政策，与促使员工减少服务或给予服务对象更少的选择和机会之间，往往只有一线之隔。例如，在尼克松执政期间，卫生、教育和福利部②曾试图通过审查福利工作人员在接收服务对象的福利申请时的出错率，提升他们的责任感。福利工作人员所犯的错误中，有些对服务对象是有利的，但这项政策只是鼓励福利工作人员少犯错误，这就使得他们最终减少了服务。联邦指导手册当时并没有要求降低潜在福利人口的整体出错率。如果这样做了，所有福利申请者的申请都将接受审核，而不管该申请是被接受了还是被拒绝了。以是否过于宽松为依据来严格地审查福利工作人员的决定，这等于弱化了福利工作人员的角色，降低了他们对服务对象的责任，也降低了他们对专业行为标准的责任。

其次，要监督具有广泛自由裁量权和责任的下属，管理层就必须确定优先序，以期加强问责制。警察部门可能会审查交通罚单、刑事逮捕或跨族裔的警民冲突。但是，它们不可能让警察在所有的时间对所有的事情都负起责任。如果什么都要

---

① 管理制裁不力会对发展支持性低效能水平的互惠规范产生影响，对这方面最好的讨论，参见 Eric Nordlinger, *Decentralizing the City，A Study of Boston's Little City Halls*（Cambridge, Mass.：M. I. T. Press, 1972），chap. 3。

② 美国卫生、教育和福利部（Department of Health, Education, and Welfare）是 1953 年至 1979 年间的内阁部门。它于 1953 年 4 月成立，1979 年 10 月被拆分为教育部和卫生与公共服务部。

审查，那就什么都审查不了。因此，控制街头官僚的努力不仅影响那些作为管理目标的领域，而且影响那些不是管理工作重点的领域，因为这意味着这些工作将不会受到监督。努力在某些领域加强问责，可能被理解为，只有这些领域才需要责任追究和行为审查。

最后，管理层对街头官僚所采取的许多控制措施，不过是披着问责的外衣，实际上并未很好地约束街头官僚的行为。管理控制系统具有象征性价值，它们向相关公众保证：公职人员是负责任的，尽管实际上并非如此。管理系统的引入，至少暂时起到了让机构躲避公众批评的作用，这就像那个古老的童话，从外表和个人经验来看，皇帝没穿衣服，但大臣们声称皇帝衣着华丽，这时你就会发现，要质疑皇帝是极其困难的。[1]

厘清目标

许多公共服务的一个显著特征，就是其目标具有模糊性和多重性。批评家问道：如果公职人员不清楚自己的目标，又如何实现问责呢？厘清机构目标（然后付诸实施）以增强问责制，源于一种观察和认知的力量，这种观察和认知是：官僚问责政策需要厘清目标（如前所述）。

如果目标模糊不清或自相矛盾，且这种模糊或矛盾没有必要也无关紧要，那么，厘清目标无疑是可取的。如果你知道自己应该做什么，就更容易使机构有效地运转。然而，机构目标不明确或相互矛盾，可能是因为疏忽或历史惯性造成的，也可能是因为它们反映了机构所服务的社会存在着矛盾性力量。学校教导学生，也灌输与社会行为和公民身份相关的态度。学校之所以这样做，并不是因为教育工作者目标不清，而是因为这两个目标都受到家长的青睐（也因为没有令人信服的理由表明这两个目标是不相容的）。刑事司法机构以惩罚和改造为导向，这不是因为法官和惩教人员头脑简单，而是因为社会不仅希望改造罪犯，也希望威慑罪犯。

近年来，教育、惩教和福利等公共服务领域都在努力通过明确目标来强化问责。教育工作者试图将注意力集中在提升学生的阅读能力上，忽略了其他教育目标；惩教分析师试图强化惩罚的作用并使之更加确定，忽略了对改造的重视；福

---

[1] 埃德尔曼探讨了行政管理和官僚制度对公众的象征意义，参见 *The Symbolic Uses of Politics*（Urbana，Ill.：University of Illinois Press，1964），chap. 3。

利改革者成功地将关于收入资助的决定与社会服务供给区分开来。问责的两难困境是：既要知道什么时候需要厘清目标，因为持续的混乱与矛盾会使机构运转效率低下；也要知道厘清目标的一个后果，就是公共服务的范围和使命的收缩。目标模糊不清，会导致提供社会工作、惩教和心理健康等服务的机构名声扫地，并导致这些领域中许多援助项目被废止。但是，如果这些机构曾经的服务对象和潜在的服务对象，只能求助于非机构性的社群与个人资源，那么，要评估这一现象的长期影响，还需要最严谨的调查。

绩效评估

对官僚问责政策来说，发展绩效评估是至关重要的。管理者为了控制员工的行为，会尽力发展绩效评估。

毫无疑问，通过发展有效的绩效评估可以改善公共服务。在这种情况下，公共服务人员必须对所产生的结果负责，就像机器操作员必须在一定的时间内生产出一定数量的产品一样。与机器操作员一样，公共服务人员也必须接受质量控制方面的评估，因为如果不考虑在生产过程中保持产品标准，那么，生产再多的产品也是没有意义的。这里也有矛盾之处，对绩效评估的追求可能会影响公共服务的质量。

从理论上讲，绩效的量化标准应该是很容易获得的，对其有效性的认可也难有争议。然而，在街头官僚机构中，情况并非总是如此，原因如下。

街头官僚将会专注于对其所开展的评估活动。如果以警察开出的交通罚单或刑事逮捕令作为评估标准，那么，警察在这些领域的活动就会增加。如果我们认可警察可以控制他们的搜查活动，并且能够选择将注意力集中在其工作的某一方面或另一方面，那么，这种情况完全是可以预想的。只要把注意力放在某些任务上，而不是放在其他任务上，街头官僚就能在管理者所引入的大多数量化指标上提高自己的绩效。如果管理者对福利工作人员的出错率进行评估，他们的出错率就会下降，因为他们将会更加关注出错率。如果在对教师进行评估甚或远程评估时，采取的标准是学生通过期末考试的比例，那么将会有更多的学生通过考试，因为教师只"教授考试内容"。这并不令人感到惊讶，也不会令人感到遗憾，只是这种事极有可能发生。每当管理层开始专注于评估员工绩效的某个方面时，员工就会恰当地将其视为管理层优先序的信号。然而，如果这种评估导致员工减少了对其工作其他方面的关注，且对工作质量不加控制时，问题就会产生。[①]

与此相关的是，街头官僚在做出选择和行使自由裁量权时，会以提高绩效得分的方式来指导自己的行为。这一现象并非始于也非终于布劳关于就业顾问的经典报告，报告发现，在对这些顾问进行评估时，如果依据的是他们帮助服务对象成功就业的比率而不是他们所承担的案件数量，那么，就业顾问就会为那些容易就业的服务对象付出更大努力，而牺牲那些不容易就业的服务对象。[②] 社会项目招聘中的这种撇脂现象，也有着类似的动力机制。街头官僚为他们的项目挑选可能做得好的服务对象，以便提高表观上的成功率。正如汤普森所说："当工作量超出某个人的能力范围，且这个人有选择余地时，他就会选择那些有望提高他在评估标准上得分的任务。"[③] 这个结论不仅适用于个人，也适用于他所属的工作单位。

欺诈和欺骗也会影响绩效评估。华盛顿特区警方为其减少严重犯罪的记录感到骄傲，直到一项研究发现，警察们所报告的大多数盗窃案件所涉及的物品价值不足 50 美元。值得注意的是，严重盗窃（即重罪）的定义明确规定盗窃物品的价值要超过 50 美元。[④] 特区警察低报盗窃案中的物品价值的动机，与纽约市环卫工人给垃圾浇水的动机如出一辙，对环卫工人来说，这样做能够使垃圾车到达垃圾填埋场时，垃圾的重量达到预期的标准。

或许可以说，这些问题——诱使街头官僚的行为符合评估标准，但忽视其他责任，而且他们只是表面遵照评估标准来执行——不过是熟练的管理专家可以克服的困难。特别是，管理层往往会寻求资源配置的评估标准，因为他们相信，资源配置是服务供给的一个替代性做法（当然也是一个先决条件）。如果问题的性质

---

① 威尔逊（James Q. Wilson）描述了警察部门中的这种趋势。"警察局长……将不得不根据巡警维持治安的能力来评估他们，而这……必然是主观的，依赖于密切的观察和个人的随意性。那些通过'客观'措施（根据逮捕犯罪嫌疑人和开具交通罚单的数量）来评估警察的部门，与上述的理想状况背道而驰。"参见 *Varieties of Police Behavior* (Cambridge, Mass.：Harvard University Press, 1968)，p. 291。

② Peter Blau, *The Dynamics of Bureaucracy*, rev. ed. (Chicago：University of Chicago Press, 1963)，pp. 35 – 56.

③ James D. Thompson, *Organizations in Action* (New York：McGraw-Hill, 1967), p. 123.

④ David Seidman and Michael Couzens, "Crime, Crime Statistics, and the Great American Anti-Crime Crusade：Police Misreporting of Crime and Political Pressures" (paper presented at the Annual Meeting of the American Political Science Association, Washington, D. C., 1972). 或许由于受到了相当多的审查，因此与其他公共服务机构相比，警察操纵统计数据的案例更可能引起公众注意。例如，人们对加州奥兰治县的一项实验提出了批评，该实验以增加警察薪资的做法来降低犯罪率。一份关于这一实验的报告提到"盗窃案的增加可能意味着犯罪活动的转变，也可能是警察将盗窃案重新归类，使其成为一个密切相关的类别，而这不会降低他们获得奖励的可能性"。参见 *New York Times*, November 10, 1974, p. 77；另参见 *New York Times*, May 12, 1972, p. 1.

是资源配置，比如警察调度、救护车响应时间、环卫服务中的社区轮班调配等，那么这种推论是可以接受的。[1]

如果推断某一特定类型的资源配置与服务供给的质量相关联，那么问题就来了。例如，案件数量可以用作绩效评估的量化指标，因为它表明了街头官僚与服务之间的正式关系。班级规模表明了教师与学生之间的关系。法院处置（court dispositions）[2] 表明了被告与司法人员之间的关系。但在上述所有情况下，街头官僚的参与质量与其服务的服务对象数量之间，可能存在反比关系。如果问题仅仅是让人们接受处理或让他们与公共服务人员建立联系，那么这些量化指标就会与所期望的服务产生有意义的关联。但是，我们对公共服务有着不一样的期望。给服务对象指派一名社会工作者，让学生坐在课堂里，审理案件，这些都是不够的。我们还期望，街头官僚在处理服务对象的事务时，能够给予他们某种程度的关切，并关注他们的处境与潜质。因此，服务的量化指标和服务质量之间，可能没有什么关系，也可能存在反比关系。

街头官僚拥有的自由裁量权越大，我们就越不能推断量化指标与服务质量之间的关系。即便是警察逮捕人数或急诊室治疗人数这样看似简单的评估指标，我们也不知道逮捕是否谨慎，或者治疗是否符合适当的标准。经验丰富的管理专家承认，从量化指标推断服务质量，是会产生问题的。[3] 但这并不妨碍他们把量化指标作为评估服务质量的替代指标，也不妨碍他们忽视其使用中的推理问题。[4]

当然，人们之所以频繁地使用量化指标，是因为实际绩效几乎无法测量。坦率地说出这一点，或许是有用的。我们无法衡量街头官僚的工作质量，尤其是他们工作中最重要的那些方面。绩效的许多方面是可以测量和评估的，并且可以开发出许多具有重要意义的、能够替代绩效指标的管理工具。但是，服务绩效最重要的方面却是无法度量的。

---

① 值得注意的是，有关在公共服务供给方面的生产率的文献，可以从上述和类似的资源配置案例中而不是从公共服务领域中，得到最有说服力的例子。有关示例参见 Edward K. Hamilton, "Productivity: The New York City Approach," *Public Administration Review* (November/December, 1972), pp. 784-795。

② 法院对涉案案件的最终裁决。——译者

③ 有关上述问题带来的影响的讨论，参见 Harry Hatry, "Issues in Productivity Measurement for Local Governments," *Public Administration Review* (November/December, 1972), pp. 776-784。

④ 汉密尔顿（Hamilton）的《生产率》（*Productivity*）一文，特别称赞了量化措施的使用，"……产出很难测量……改善资源的配置，以使我们的资源在最需要的时间和地方得到最大限度的利用"（第787页）。量化措施对于消防工作可能是有用的，因为消防员的在场是提供服务的关键。但是，当资源可用性可能与服务质量无关时，量化措施对街头官僚机构来说用处就不大。

对绩效质量的评估是难以把握的，其原因类似于为何难以限制街头官僚的自由裁量权。如果服务对象或当前的个案，应该被视为某种可能出现的独特情况，就不可能将应对措施简化为几组适当的、事先制订好的回应方案。换句话说，越是要求街头官僚酌情处理，其酌情处理的范围越广，就越难开展绩效评估。如果我们对什么是好的教学没有共识，我们如何对教学进行评估？如果我们不愿意剥夺警察的自由裁量权（因为在街头工作时，他们需要根据对整体状况的评估来做出判断），那我们如何提出逮捕和干预公民等行为的质量衡量指标？如果每位服务对象都应该被视为可能需要量身定制的回应的个体，那么，我们如何规定良好面谈的要素？

也许有人会说，我们仍然可以通过制定结果指标来评估服务质量。但这也会出现类似的问题。首先，如果没有充足的控制手段来对困难程度加以评估，那么，对服务质量的评估就是毫无意义的。由于所面临的困难不尽相同，即便结果是相同的，所需的服务也可能是迥异的。举例来说，如果两组学生成绩水平相当，这可能表明，存在学习困难的那组学生的老师的工作是出色的；聪明好学的那组学生的老师的工作则不尽如人意。

如果没有控制，就不可能对分析单元加以比较，除非我们假设难度水平是相当的，但这种假设通常是毫无根据的。因此，教师通常拒绝以学生的进步程度来评估自己，除非有足够的措施控制学生此前的成绩水平，（并且更重要的是）能评估学生的学习能力。因此，警察部门拒绝以每名警察的人均逮捕率作为绩效评估标准，除非能对该地区的犯罪行为倾向加以控制。由于此类控制措施的不足，因此，根据结果对各地区进行比较，往往毫无用处。

有些人主张采取诸如此类的措施，以发现街头官僚的实际工作与标准做法之间的偏差，进而将那些偏离标准的街头官僚拉回正轨。这些建议有一定的价值，但问题在于，除非我们确信最优秀的员工或地区做得很好，否则这种比较可能只会将平庸制度化。

最近的关注点，也集中在利用服务满意度调查来获取员工的绩效信息上。这类调查遭到了抵制，因为从专业的角度看，人们怀疑，令服务对象满意的绩效，可能与高质量的实践没有关系。最受欢迎的教师可能不是教学效果最好的教师；最受欢迎的法官可能不是最公正的法官。尽管如此，在一份综合评估项目中，如果服务满意度确实被认为是值得追求的目标（通常也是如此），那么，服务满意度调查还是有一席之地的。

街头官僚倾向于私下或是在上级的监督范围之外与服务对象打交道。面谈在私人办公室里进行，并遵守保密规定。教学在教室里进行，校长和主管通常不会进教室；如果他们想进教室，就会事先发通知，这样一来，教学可能就像表演一样，会因某位观众的出席而有所变化。虽然警察也会在公开场合采取行动，但他们在行动时，通常不会受到其他警察或上级的监督。警察的搭档是个例外，他受警察规范的要求，必须保护其搭档免受批评。在我们研究过的街头官僚中，只有法官倾向于在公开场合做出重要决定。

这一事实为绩效评估的重要潜在来源设置了障碍。街头官僚们或许可以相互审查彼此的工作，并提供质量评估意见。但鉴于这些机构的结构，这类审查会对员工与服务对象的关系造成极大干扰，如果广泛开展的话，成本也会非常高昂。因此，公共服务机构很少对其一线员工进行直接观察，而是依赖于员工提供的书面记录（其可靠性前已述及）。

问责与生产率

到目前为止，我集中讨论了行政问责政策制定中的一些主要困难。但是，这些政策有负面影响吗？例如，尝试制定绩效评估标准会有什么损害？衡量绩效可能是困难的，但也许我们只是刚刚开始开发一种管理工具。也许目前的绩效评估标准并不是完全合适的，但它们可能有其用途，而且可能会日趋完善。

上述论调的提出者，是那些致力于实现官僚问责并认识到目前的措施不够完善的人，但他们显然坚信自己的方法在根本上是正确的。[①] 这种讨论让我们相信，当前通过改进绩效评估来发展问责制的做法是有一些好处的，这些好处可能会不断增加，而且不会有太大的成本。管理层肯定会从制定员工绩效评估标准的操作和尝试中获益。即便无法充分衡量管理层所偏好的行为，对绩效的衡量和监督也能向员工发出强有力的信号，表明哪些方面的绩效是最显著的。

然而，在当前时期，官僚问责政策也会产生负面影响，因为对行政人员的要求是相互竞争的，行政人员自身的要求也是相互竞争的。目前，公共机构面临最

---

① 可参考以下选自有关生产率方面的论文集中的一段文字："诚然，测量生产率存在不均衡的问题。有些测量比较复杂，有些则不够细致。不过，在普遍缺乏测量生产率的标准的情况下，即使是粗糙的信息也是有价值的。至少，这是将系统的定量分析引入决策过程的一种手段。一旦这一先例确立，再经过渐进式的改进，无疑将产生更复杂而精细的量化标准。但是，只有当组织具有定性和技术能力，能够有意义地阐释和应用指标，才应尝试去运用量化的方法。"（Mark Holzer，ed.，*Productivity* in *Public Organizations*（Port Washington，N. Y.：Kennikat Press，1976），p. 19.）

大限度降低成本和提高生产率的巨大压力，也面临削减政府开支或防止政府开支增加的压力。它们面临着提高生产率的压力，以便在财政紧缩的情况下维持服务，或声称它们正在维持服务，以便为公职人员加薪提供正当性，由于通货膨胀对工资的影响，这种加薪的压力尤其明显。（当服务不能被削减到一定水平以下且服务成本不断上升时，稳定政府预算的唯一方法，就是提高现有工作人员的生产率。有组织的公职人员声称，除非他们能够分享成果，否则就没有动力去提高生产率，而之所以取得这些成果，是因为他们更加努力地工作，并配合通常由生产率改革所带来的工作重组。）①

公共部门的生产率，概括了资源利用与产出的公共服务产品之间的关系。有三种提高生产率的方式：成本不变而公共服务增加；成本下降而服务不变；或者，成本增加但服务增加的幅度更大。概而言之，这里蕴含着公共服务的两个维度，一个是质的维度，另一个是量的维度。如果公共服务的数量增加或保持不变，但服务质量下降了，那么生产率不一定会提高。② 比如，在不增加人手的情况下，环卫工人在街上捡起更多的垃圾，但其中一半又散落在街上，这就谈不上提高了生产率。纽约市交通运输系统的员工声称提高了生产率，并因此获得了加薪，而纽约市民正在为服务质量的下降感到愤怒。然而，表面上看，运输管理局（Transit Authority）成功地实现了以较少的人力提供服务的目的，但这不过是增加了列车运行的间隔时间和减少了营运车辆。③ 依此观点，公共交通人员被错误地认为提高了生产率。

这些是生产率的基本要素。然而，在实践中很少考虑服务质量降低的问题，尽管研究生产率的理论家们会在口头上提及这一问题。这可能有几个原因。第一，如果服务质量难以衡量，那么服务质量的下降也难以衡量。第二，有很多方法，能够通过降低服务质量来节省开支，但表面看来又不是很明显。这些方法包括：以小组而不是以个人为基础来提供服务；用准专业人员来代替正式员工，而这些准专业人员的报酬通常由其他来源支付；反过来迫使专业人员处理文书工作和其

---

① 如果公职人员工资的增加以及城市服务的成本都取决于生产率，那么，很明显，生产率的测量和评估将变得高度政治化。例如，纽约市的工人试图从工人产出增加给本市带来的净盈余以及额外收入角度来测量生产力盈余的规模。然而，财政管理人员认为，生产力盈余应该只根据因需要更少的劳动力来完成工作而导致的更低的工资总额来评估。参见 *New York Times*，March 26，1977。

② 生产率的这些基本方面的讨论，参见 Nancy S. Hayward，"The Productivity Challenge," *Public Administration Review* (September/October，1976)，pp. 544 – 550。

③ 参见 *New York Times*，October 22，1976，p. A26。

他日常杂务，从而减少他们与服务对象打交道的时间。① 此外，街头官僚也可缩小他们的活动范围。例如，法律服务办公室决定只受理紧急案件，警察部门决定对某些不法行为视而不见，学校则提供一个删减版的教学方案。上述每一种技巧，都可以让管理者在降低成本的同时，维持提供同等服务的表象。第三，在当前时期，公共管理者所遭受的削减预算和提高生产率的压力是紧迫而普遍的，而维持服务质量的支持者却是无组织的、软弱的或根本不存在的。只有服务对象才会体验到服务质量的下降，他们想拿自己的体验与他人进行比较并组织起来反对服务质量的下降，却受到了严重的限制。具有讽刺意味的是，最反对服务质量下降的，正是街头官僚自身。对他们来说，服务质量下降，往往意味着更辛苦的工作、更低的工作满意度以及与服务对象打交道时遭遇更多的个人问题。然而，他们却面临着双重压力：一方面，他们要帮助自己的机构，以使其在财务方面显示出负责任的样子；另一方面，他们要与政府官员合作，以分享生产率提高所带来的财务利益。

但是，公共服务的贬值不仅仅是因为压力和利益。很大一部分问题源于测量、精确性和科学管理本身的导向。考虑一下这个公式：生产率 ＝（服务数量＋服务质量）/ 成本。其中的两个决定因素——服务数量和成本很容易被测量；但是第三个因素，即服务质量则几乎不可能被测量。面临提高生产率的压力，管理者可能会尝试裁员，或尝试让现有人员承担更多的工作，因为这些都是等式中可以被测量的部分，也是管理者可以操控的部分。因此，在不减少职责的情况下，员工数量被削减到最低限度；在不增加人手的情况下，员工被要求去做更多的工作。②

街头官僚与财政危机

在有限的资源和对公共服务不可遏制的需求之间，始终隐约存在一种紧张关系。然而，这种紧张很少在政治上表现出来。街头官僚机构预算（和雇员数量）不仅随着所要服务的人口的增长而增长，也随着公民权利标准的提高、同类私人

---

① 有关这些服务配给的讨论，参见 Richard Weatherley and Michael Lipsky, "Street-level Bureaucrats and Institutional Innovation: Implementing Special Education Reform," *Harvard Educational Review*, vol. 47, no. 2 (May, 1977), pp. 171-197。

② 对于其他现代管理观点的明显可取性，也可加以类似的观察。请考虑以下近期管理控制发展的看法。"落日法（sunset）和零基法（zero-based）的批评者警告说，这些看似中立的程序实际上偏向于硬件改善，但远离了人类服务。战斗机、高速公路里程或水利工程容易被量化；但心理健康、充足的营养或家庭福利则不然。"参见 Ross Milloy, "Is Carter Serious about Reorganizing the Government? Should He Be?" *Working Papers* (January/February, 1978), p. 28。

服务可及性的降低和对更有效与更完善的社会控制机构（强制性的或操作性的）的需求的感知而增长。在这些领域增加支出的冲动很少因资源限制而受到质疑。第二次世界大战以来，联邦政府对州和地方政府公共服务的补贴，推迟或缓和了公共卫生、教育、警察和福利等领域的收支矛盾。然而，当前时期以州和地方政府遭遇财政危机为特征，这迫使人们认识到一对关系，即从政府那里获得什么与辖区愿意付出什么之间的关系。

"财政危机"一词只适用于财政协议和长期实践模式无法持续的情况，如一个政治辖区无法支付公职人员工资或无法偿还债务。但这个词也在一个宽泛的意义上被使用，即用来鼓动人们，以使其相信：相对于可用财税收入和其他收入而言，当前的支出和预期的支出有了麻烦或出了问题。如果政治和经济精英能成功地宣扬危机感，他们就能够使政府的收支冲突显现出来并为之设定冲突条款。例如，在平时，社会服务随着人们所感知到的社会需求的增加而增加，但在财政危机时期，增加服务的必要性要受到所感知到的政府收入的限制。①

像其他政治冲突一样，对财政危机的管理也会导致再分配。为回应支出限制的需求而付出的成本，并非均匀地或随机地落在全体人民身上，而是会对不同阶层的人口产生不同的影响。城市的财政危机，为攻击和损害公共服务供给提供了一个靶子和一个貌似合理的理由。这些危机也表明，高水平的公共服务质量容易受到攻击。

城市的财政危机以两种重要方式对服务供给的质量产生影响。第一，以各种方式对服务进行配给，在维持服务表象的同时，实际上减少服务数量和降低服务质量。这并不是说，不消除可能存在的"真正的"浪费和重复服务，就不能实现合理的节约。② 然而，在城市管理中，"真正的"节约往往集中在资源配置问题至关重要的领域，而不是集中在提供和培养与街头官僚互动的领域。例如，显而易见的是，当管理者以节约劳动力为荣时，环卫部门通常是取得最大成功的部门。在警察部门，节约劳动力集中在调度（部署）领域而非与公众打交道的领域。大多数街头官僚机构不得不与那种减少员工花在服务对象身上的时间的冲动做斗争，

<hr />

① 有关危机的讨论，参见 Murray Edelman, *Political Language: Words that Succeed and Policies that Fail* (New York: Academic Press, 1977), chap. 3。

② 我将"真正的"一词打上引号，是因为存在一个经验性和规范性的问题，即什么时候政府的节约才是真实的，什么时候节约代表政府努力的减少。有时，危机会迫使管理层关注成本问题，以便发现如何才能做到真正的节约，例如，通过降低电灯的瓦数来节约能源。但在其他时候，只需通过将其称为重复或减少浪费就能为改变正名，尽管它可能并非如此。

而不是相反。

对政府官员来说，管理财政危机的问题在于：必须削减开支，同时要最大限度地减少这种削减行为带来的明显冲击。这就能解释为什么最初总会说削减开支是为了消除浪费和重复，而不管浪费是否真的存在或重复是否真的发生。配给通常意味着增加服务对象寻求服务的成本而同时维持服务的外壳，或者减少服务以降低其潜在收益。这两种情形都可能导致服务对象的需求下降。关闭邻近区域的分支机构，同时继续由位于中心（市中心）的机构提供服务，是实现这一目标的典型手法。减少热线电话或接线员的数量，会导致公众咨询量的下降。在调查投诉案件时，延长调查的响应时间，会降低投诉的效力，进而降低未来的投诉量。城市机构在体验某些旨在提高工作绩效的技术的同时，其处理公众需求的能力往往会下降。至少可以说，公众所获得的关于机构响应的信息变得混杂难辨。

当公共管理者决定与削减服务的要求做斗争时，他们会说所有的浪费、重复和非必要的服务都已被削减，任何进一步的削减，都将对最基本的服务产生影响。他们的主张是否有效，取决于公众对公共机构重要性的总体认知和公职人员集体抵抗的能力。因此，学校相比于福利机构、警察部门相比于环卫部门，能够更有效地提出这样的主张。削减服务供给，显然会影响服务质量，但从公开的说辞中，我们无法确定向公职人员分配城市资源的政治在哪里结束，对服务供给的损害从哪里开始。

第二是裁员。人事实践尤为重要，因为人员薪金占城市预算的大部分；因此，必须在公共就业领域寻求节约之道。

财政危机中的人事实践倾向于从严管理。管理者首先会增加各机构替换离职员工的难度。接下来，管理者暂停招聘新员工，然后放慢工资增长速度或冻结工资，最后开始裁员。所有这些步骤都会影响服务的提供，但最重要的一点是，每一步都对公职人员越来越不利，姑且不论其对服务对象的影响如何。优先序的确定，依据的是劳动关系的重要性，而不是服务对象对服务供给的需求。

增加替换员工的难度和冻结员工名册，这两种方式代表了管理者通过自然减员实现节约的努力。他们企图不替换那些因退休或其他方式离职的人员，以达到减少员工数量的目的。由于在正常情况下，几乎所有行业的离职率都很高，因此，在不解雇任何人的情况下，也能够在几年内大幅减少员工数量。通过自然减员来节省开支，满足了公共管理者与有组织的公职人员和平相处的需要，但除了造成显而易见的减员之外，它也造成了服务供给成本的大幅提高。由于员工并不是依据机构的优先序来退休或以其他方式离职的，因此人员的流失率在整个员工队伍中是分布不均的。这意味着在服务供给方面出现了重大缺口。相比于那些最边缘的员工，对某个特定部门的运作至关重要的员工或那些拥有关键技能的员工，更有可能离职。如果他们空出的关键职位无人填补，这对服务供给的伤害就是显而易见的。但是，即便这些职位被剩下来的员工所填补，也不太可能达到补缺的良好效果。

在专业化程度较高的街头官僚机构中，空缺将由那些缺乏必要技能或资源的员工填补。五年级的老师会被分配到幼儿园班级执教，而当体育老师过剩且数学老师不足时，体育老师就会被安排去教数学。然而，即使是专业化程度较低的街头官僚机构，也很难充分填补空缺。例如，警察部门会指派文职人员去巡逻，以便在无法增聘警员时保障巡逻警力。但是，与他们所替代的警察相比，这些文职人员可能更适合在办公室工作。此外，除退休人员外，那些在财政危机中离开公职的人，往往是更有就业能力的人，因此整个队伍也会因自然减员而变得平庸。

财政危机造成的压力尤其严重，因为在很多方面，它反映出的是国家层面的状况而不只是地方层面的状况。如果国家经济健康，而某个城市陷入财政困境，那么，年轻的公职人员还能在其他地方找到工作。然而，各地政府都或多或少地同时面临着控制成本的压力，因为财政危机在很大程度上是国家经济和政治趋势的反映。因此，不再像过去那样，至少在郊区、加州或其他地方，还有工作等着年轻的教师或社会工作者。

街头官僚的工作表现并不直接与工资激励挂钩。晋升和加薪，与其说取决于工作表现，不如说取决于人际关系、额外的在职培训、工作负荷应对以及其他与为服务对象提供服务无关的因素。此外，街头官僚几乎难以晋升到责任更大的职位，因为在大多数街头官僚机构中，职位的等级结构类似于相对扁平的金字塔，最底层的既有职位几无分别。当大多数教师预期只能做教师、大多数警察预期只能做警察时，除非有特别的激励，否则，旨在提供高质量服务的激励就会失效。①

---

① 在某种程度上，街头官僚机构内人员的晋升和留任不是以提供的服务的质量为基础的，这是因为服务的提供是很难测量的。因此，有效提供服务的一些替代指标，例如终身职位和高级培训等（它们与公职人员的工作效能之间的关系往往不大），就被广泛用于激励和提升公职人员。这些替代指标通常不会与更适合测量服务提供的指标相矛盾。有关街头官僚机构中人员晋升的讨论，参见 John Van Maanen，"Working the Street: A Developmental View of Police Behavior," in Herbert Jacob, ed., *The Potential for Reform of the Criminal Justice System* (Beverly Hills, Calif.: Sage, 1974); David Goodwin, *Delivering Education Services: Urban Schools and Schooling Policy* (New York: Teachers College Press, 1977), pp. 66 - 67。

由于上述原因，那种认为冻结工资将直接影响公职人员积极性的说法，可能是不正确的。其影响可能会有些不同。首先，冻结工资和减缓工资增长速度会影响员工留在工作岗位上的可能性，并迫使其在不被解雇的情况下主动离职。这再次影响了街头官僚机构中年龄和技能的分布。年长的员工为了保护和强化养老金福利而留下来。年轻的员工更有可能辞去公职，这在某种程度上受到其他地方工作机会的影响。

在高通胀时期，冻结工资降低了公职人员的实际收入，也降低了他们相对于其他行业职工的收入。以这种方式减少街头官僚收入可能造成的被剥夺感，与他们在其他时期对工资的态度迥然有异。虽然工资可能不会在激励绩效方面发挥什么重要作用，但降低实际收入的做法，可能会对街头官僚的工作态度产生重大影响。

如上所述，街头官僚可能会对管理者和服务对象负责。但他们对服务对象负责，是因为他们代表其所在的机构和其所象征的公共目的。降低员工的工资，就是使工资关系中被有关职业地位和态度的诉求与意识形态所掩盖的方面浮出水面，从而切断这些责任纽带。那些接受相对固定的公务员工资增长模式的人，不会轻易接受现有工资比此前工资更少的情形，特别是街头工作的动机导致一些员工相信，他们的工作在某种程度上是志愿性的，也就是说，从一开始就是报酬不足的。由于工资实质性地降低了，街头官僚可能会更多地考虑他们的福利和报酬，而不是去关心他们工作中的服务层面。

裁员也会产生类似的影响，而最极端的裁员方式是开除员工。[①] 当员工离职后，其空缺如未被填补，他们的责任将会分配给留下来的员工，这些人原有的责任通常不会因此而减少。在不增加报酬或工作资源的情况下，增加其他员工的责任，就相当于在繁忙的流水线上再提速。

让我们听一听纽约市某所学校的一位教师对裁员、增加责任和减少资源的温和的抱怨：

> 我一直不太清楚（"提高生产率"）究竟意味着什么。然而，如果真的如我所想的那样，他们希望我们比以前更努力地工作，那么所有"提高生产率"的支持者都会很高兴地知道，我们在这方面做得相当好。

---

① 这句话来自 Donald H. Sweet, *Recruitment: A Guide for Managers* (Reading, Mass.: Addison Wesley, 1975)。

例如，我们每个班有45名或更多的学生，但只有10分钟用于考勤、宣读通知、分发注意事项、做报告（一式两份）、回答问题等等。在许多情况下，我们的课堂名单上有49名或更多的学生，但教室里只有30把椅子；打字班有47名学生，但只有32台打字机。此外，我们还需要应急代课、在食堂或其他场所巡视，处理项目问题，解决物资和设备短缺问题，等等——所有这些都发生在人员缩编的背景下——更不用说我们还要带大量工作回家做。任何不参与学校日常活动的人，都无法理解我们的工作压力。是的，我们确实提高了生产率，但这样做，却降低了我们作为个体来说对我们的学生、我们的家庭和我们自己的意义。①

或者，让我们看看马萨诸塞州冻结预算后对公共服务的影响，由于公职人员的流失，州立机构里的精神病人受到了更多的身体上和药物上的限制。随着"成百上千的工作人员因无法应对预算冻结带来的处境与创伤而辞职，预算冻结使得他们的人身安全受到了威胁，也使得他们无法充分照顾他们本负有照顾责任的居民"②，病人更加自立的计划也完全被放弃了，这些机构从护理机构变成了收容精神病人的"仓库"。

当公职人员被解雇时，管理者也破坏了与员工之间的隐形契约，使以前看似有保障的就业岗位暴露了工作不稳定的现实。同样，留下来的公职人员要承担原本属于被解雇者的工作任务。虽然可能会有一些更大的、英雄式的努力，但同样可能的是，他们处理工作的方式，将会减少与服务对象打交道的时间，并降低其质量。③

同样，这种裁员不是根据对服务的影响来计算的，而是根据资历原则来进行的。例如，不同的公共机构通常被要求按某个固定比例来削减员工。政务官员不

---

① 参见莱博维茨（Hanna B. Leibowitz）致《纽约时报》的信。（*New York Times*，September 28，1976，p. 38.）

② "Frozen Means You Don't Move：The Impact of Budget Cuts on People in Massachusetts Institutions"（Massachusetts Advocacy Center，1978），pp. 46-47.

③ 财政危机中最容易被忽视的方面也许是，解雇公职人员的做法在一定程度上削弱了大城市政府的一项关键职能，即提供相对安全和体面的工作。在对财政危机进行了几个月的强烈警告之后，《纽约时报》终于意识到了这一点。"问题在于，官僚组织也是由人组成的。因此，对市政卫生保健机构提出的节省开支和提高效率的要求，在财政上看来是合理的，但这却可能导致数千名医院工作人员的离职。如果没有其他的工作机会，这将导致少数群体的痛苦和绝望，以及申请福利的人数的急剧增加。"参见 *New York Times*，November 9，1976，p. 36。皮文写出了颇具说服力的有关城市财政自由主义和紧缩政策的再分配方面的文章，参见 *Boston Globe*，December 9，1976，p. 8。

想在各种服务之间做出选择，因此制定了裁员的决策规则。必须在部门或服务之间做出选择的街头官僚机构，通过给资深员工提供"挤掉"资历较浅员工的机会，削弱了其选择的战略意义——这些资历较浅的员工所在的服务部门并不受预算削减的影响。

对某些企业来说，裁员能起到汰劣存优的作用，但公共机构却不能利用这些机会淘汰效率低下的员工。特别容易受到裁员影响的是年轻员工和新聘员工，他们往往也是少数群体的成员。很难准确地表明裁员的影响，但我们可以看到，对新近受过培训且有新思想、新观点的人来说，这种影响是不均衡的。经验丰富的人受到的影响较小，这一好处仍存有争议。①

我们不应仅根据这些关于裁员的观察就得出如下结论：街头官僚机构应该维持现在的规模，或者扩大规模，或者永远不应该比现在的规模更小。事实上，我们对街头服务提供单位的适当规模知之甚少。一所公立学校在裁减专家之后，让普通教师重新依靠自己的资源，实际上可能会有利于更好地为学生服务。重点在于，当公共官僚机构日渐壮大时，通常会根据感知到的需求来创造就业岗位，也会参照资历和表面上的资格来聘用新人。但是，当公共官僚机构被迫精简时，它们很少会根据最有效地利用精简后的资源来决定怎样削减员工。

在这个重视绩效评估和生产力提升，以及充满财政危机的时代，谁会为服务质量发声？公共管理者对成本和资源配置的控制，要强于对产品质量的控制，因而会以提高效率和生产力的名义来牺牲服务质量。街头官僚越来越沦为生产单位，工作节奏越来越快，而其管理者似乎满足于通过牺牲质量来维持数量。在此过程中，工作条件恶化了，公职人员无法利用许多应对机制和态度，这些机制和态度，曾帮助他们在早期的困难条件下维持其工作。因此，财政危机提高了工资关系的显著性，而降低了服务的显著性。这是具有讽刺意味的，因为有组织的公职人员对工资和福利的要求，一直被广泛地认为是造成财政危机的一个主要原因。

联邦政府在财政危机上的作用值得关注。过去几年，通过反周期收入分享计划和《全面就业和培训法》（CETA）所获得的资金，一直在为城市的工资发放提供保障。这帮助许多城市避免了对街头官僚的庞大财政义务。然而，有一种观点认为，联邦政府在城市财政危机管理方面的作用，不如限制联邦预算重要，基于

---

① "教师正在变成一种年龄较大的人群的职业。"参见 "Levittown Loses Its Younger Teachers in Trims," *New York Times*, May 13, 1978, p. 27。

这种观点的当前政策，可能会立即暴露各城市无力留住公职人员的问题。限定 CE-TA 资金只能提供给长期失业者，这可能是合理的人力资源政策，但这有可能使城市中为技术娴熟的中产阶级提供服务的机构陷入混乱。

本章提请人们注意：官僚问责政策加剧了服务质量问题。但问题不止于此。这些政策为未来管理服务供给和理解人性化服务角色的观念奠定了基础。如果当前的行政实践削弱了公职人员对服务对象的责任感，那么未来要建立一种非操纵性的、回应性的公职人员/服务对象关系，将会更加困难。如果忽视服务供给质量，那么当街头官僚和管理者根据机构的优先序信号来调整其行为时，就会更多地关注成本降低和数量问题。尽管人类对养育、保护、支持和援助的需求仍未得到满足，但这有助于形成一种自我实现的预言，即社会服务是无效率的，而最终将是无关紧要的。因此，即使当前的预算警报最终平息下来了，财政危机的余音也可能挥之不去。

第十二章
官僚关系的大背景

在考虑街头官僚机构变革的可能性时，如果将分析局限于街头官僚的应对困境与调适举措，或是在他们之中形成的实践模式，就会犯错误。如果不考察这些公共机构在社会中的作用，以及社会影响官僚关系之特质的方式，就无法理解街头官僚机构中矛盾倾向是如何处理的。正如小克伊（V. O. Key Jr.）所观察到的那样："……官僚机构的一项重要功能，就是作为文化价值的保护者。在官僚机构的目的、程序、仪式、观念和习惯中，传统的文化价值被正式化了。"① 这一观察可以被积极地理解为宏大的社会与官僚体系结构之间的互惠关系。对街头官僚机构来说，这意味着这些机构被嵌入一个更大的系统中，该系统创造并强化了工作条件。反过来，街头官僚机构有助于重建个人与政府组织之间的主要关系。②

不同社会的官僚关系各不相同，就像各社会在不同领域有所差异一样。即便是美国和英国这两个看似相似的社会，在官僚互动方面也表现出巨大的差异。以警民关系为例，与英国警察相比，美国警察更倾向于以非正式方式行使控制权，

---

① V. O. Key Jr., "Politics and Administration," in Leonard D. White, ed., *The Future of Government in the United States* (Chicago: University of Chicago Press, 1942), p. 160. Cited in Jesse McCorry, *Marcus Foster and the Oakland Public Schools: Leadership in an Urban Bureaucracy* (Berkeley, Calif.: University of California Press, 1978), chap. 1.

② 克罗齐埃（Michel Crozier）在其《官僚现象》（*The Bureaucratic Phenomenon* (Chicago: University of Chicago Press, 1964)）一书中，对民族文化与工作组织之间的相互作用进行了讨论，该书是对法国官僚机构的比较研究。类似的讨论也见诸多尔（Ronald Dore）的《英国工厂与日本工厂：工业关系中民族多样性的起源》（*British Factory-Japanese Factory: Origins of National Diversity in Industrial Relations* (Berkeley, Calif.: University of California Press, 1973)）。斯汀康（Arthur Stinchcome）在马奇（James March）主编的《组织手册》（*Handbook of Organizations* (Chicago: Rand McNally, 1965), pp. 142 - 194, esp. pp. 153 - 169)）中探讨了组织结构与其环境起源的关系。感谢麻省理工学院的萨贝尔对这个话题富有思想性的评论。参见其未刊论文《工人与世界观》（Workers and World Views）。在本章中，我详细阐述了如下假设：更大的社会和官僚机构之间存在着互惠关系。因此，在不同的国家（甚至地方）文化环境中，官僚组织间存在明显的差异。

而美国公民往往更不尊重法律，很少期望从警察那里获得礼遇。①

在一个技术发达的社会，对官僚关系来说，一个重要考量就是不同亚文化和阶层的范围和持久性，特别是表现在服务对象为官僚机构的非个人主义、等级制度和制度化所做的准备上。② 在这种关联性中，美国的官僚-服务对象关系，可以说强化了从属群体所体验的持久且累积的不平等的美国制度，并由这种制度所构建，特别是这种制度使人们陷入贫困，降低了对社会流动性的期望，垄断了服务功能，并以一种不情愿的态度提供公共服务。

在说明这一点时，我们必须超越这样的观察：街头官僚对待服务对象的方式，反映并强化了社会阶层和种族分化。虽然有些人可能试图视美国社会服务的特点为种族主义和对大众社会中个体态度的一种表现，但我们的认识不能就此止步。这种观点没有解释如此复杂的服务和控制机构的发展，没有解释服务对象有哪些机会可以申诉、如何在服务网络中寻求支持以及如何抵制非人性化的服务，也没有解释或有助于理解全美街头官僚机构中影响服务对象的各种形式和结构。

此外，关于街头官僚机构加剧社会分裂的断言，并不能解释官僚行为的内容。应对性行为和调适性态度可能是组织生活中的普遍现象。但这并没有说明应对性行为的本质或调适性态度的取向。街头官僚并没有完全创造出应对工作压力的方法，这些回应方式至少部分地反映了其机构所处的文化。换句话说，对工作压力的反应源自工作情境，但其内容或取向受到主流文化假设的影响。

街头官僚机构以何种方式反映并延续社会的价值观？至少在两个方面，官僚和服务对象之间的关系结构似乎源自美国社会的特殊性。

首先，街头官僚受到美国社会对穷人的普遍态度的影响。这些态度包括了一种深深的信念，即穷人在某种程度上要对自己的处境负责，而接受贴有"穷人专享"标签的福利是可耻的。这些信念集中体现在如下观察中：针对穷人的公共项目几乎总是被媒体视为社会成本，而不是收益。

这些对为穷人提供社会服务的态度，造成了对穷人的普遍污名化。一方面，污名化导致人们不愿加入这种社会中的异常群体；另一方面，污名化为服务供给

---

① 这些发现来自：Gabriel Almond and Sidney Verba，*The Civic Culture*（Boston：Little，Brown，1965）；Michael Banton，*The Policeman in the Community*（London：Tavistock，1964），cited in Elihu Katz and Brenda Danet，eds.，*Bureaucracy and the Public*（New York：Basic Books，1973），p. 33。参见该书第31～42页对官僚机构和文化的总结性讨论。

② Katz and Danet，*Bureaucracy and the Public*，p. 34.

不足的实践模式提供了一种微妙的辩护理由。对穷人的普遍态度使忽视服务对象的做法得以合理化，而如果服务对象来自中产阶级并受到普遍尊重，这种做法就很难被合理化。在培训和控制机构中，也可观察到同样的情况。例如，一些下级法院和公立学校因主要服务于低收入人群而获得社区声誉，与服务中产阶级服务对象的类似机构相比，这些机构形成了较不尊重服务对象的实践模式。

与对那些被污名化的贫穷服务对象的态度交织在一起的，便是整个社会中盛行的对服务对象种族或民族背景的态度。种族主义会左右街头官僚的认知，它不仅影响街头官僚认为的服务对象值得获得服务的程度，而且影响街头官僚依据服务对象的种族背景区分服务对象这种惯常做法的发展。

其次，在街头官僚机构所必须提供的服务与其意识到的成本之间的动态关系之下，更大的社会的政治将会影响街头官僚机构及其服务对象。政府所提出的社会服务和控制项目，究竟是扩张还是缩减，是快速发展还是缓慢增长，其实部分取决于对危机或控制的相对关注程度。在社会动荡或是社会大众普遍感觉到危机的时代（如 20 世纪 30 年代的大萧条、20 世纪 60 年代的贫民区动乱、20 世纪 50 年代在教育上的斯普特尼克危机），官僚机构提供给服务对象的福利，以及/或是用于培训和控制的经费会有所增加。而在相对安定的时期，有人通过种种方式向政府施加压力，要求政府重视并缩减各种成本以使效益比达到平衡。社会分析家可能对政府社会服务和控制政策的扩张和缩减的辩证的确切动态存在分歧，他们的观点各不相同。但是毫无疑问，公共官僚机构在处理服务对象事务时，对服务对象的慷慨程度经常是摇摆不定的。有时候，街头官僚机构在处理服务对象事务时具有如何对待服务对象较大程度的自由选择空间，但也有时候，街头官僚迫于种种压力，不得不限制服务对象的选择，并在较为狭小的范围内指定服务对象可以获得的福利。[1]

当前阶段，街头官僚承受着制定更严格、更规范化的实践模式的压力。迫于压力，他们必须增加所负责的案件数量，也必须承担起更多的责任，而且他们通常被要求在预算不变或下降的情况下扩展或维持服务范围。与任何一位社会工作者或公立学校教师交谈，我们都会发现，随着时间的推移，工作中对正式报告的要求会越来越高，以应对管理者为获取更大的控制权而做出的努力。然而，当相

---

① 关于公共服务福利之扩张与缩减的辩证动态，参见 Frances F. Piven and Richard Cloward, *Regulating the Poor* (New York: Panthcon, 1971)。另见 Michael Lipsky, *Protest in City Politics* (Chicago: Rand McNally, 1970), chap. 2; Murray Edelman, *Political Language* (New York: Academic Press, 1977), chap. 3。

关政策或计划是为了吸引更多服务对象时，我们就会发现完全相反的情况，即街头官僚被鼓励提供更多服务类别，并以更加开放和更具回应性的方式来为服务对象提供服务。①

显而易见的是，在理解美国街头官僚机构时，我们必须把它视为整个美国社会里各种矛盾倾向的组织体现。福利国家呼吁并要求社会项目解决经济体系的疏漏和其所带来的安全感匮乏问题，以使人们可以扮演好经济中的角色，或是处理他们偏离适当的预期行为的问题。② 在福利国家的意识形态中，人道主义的信念与维持系统的要求具有一致性。

当然，这也可以初步解释为什么具有人道主义信念的人，能够为没有人情味、具有家长作风的或是专制的公共服务机构工作。大多数人从不质疑国家的要求是否符合多数人的需求和利益。因此，同情穷人的社会工作者会参与向福利受益者分配不够好的福利的过程，同时希望自己能够为福利受益者做得更多。③

政治和经济制度的合法性在于，必须为那些无法自力更生的人提供服务，并且公开和公平地回应公民需求。公共服务供给人员会积极地将这一需求转化为具体的计划或项目。但实际上，至少存在两个相关的因素，致使政府政策在实际上无法完全回应公民的需求。④

首先，对于公民的需求究竟是什么尚未达成共识。"完全满足公民的需求"的含义是由社会决定的，定义过程更重视政策精英而不是服务对象的想法。正如在医疗保健、福利和法律服务等领域持续不断的争议所揭示的那样，公民的需求是无止境的，但项目成本必须控制在一定范围内。实际上，在制定社会福利政策时，这些边界的界定是基本的议题。

其次，十分有必要维持个人对社会需求的责任，并且利用福利、公立医院和贫民区学校来惩罚依赖性行为。尽管街头官僚机构存在于福利背景之外，并在某

① 据我所知，很少有研究对公共机构在不同条件下的行为予以探究，这些条件随着服务机构吸引服务对象的需要而有所差异。对这一问题的讨论，参见 Michael Lipsky and Morris Lounds, "Citizen Participation and Health Care: Problems of Government Induced Participation," *Journal of Health Politics*, *Policy and Law*, vol. 1, no. 1 (Spring, 1976), pp. 85 – 111。

② 对社会福利计划在当代美国社会中作用的启发性讨论，参见 James O'Connor, *The Fiscal Crisis of the State* (New York: St. Martin's, 1973)；Piven and Cloward, *Regulating the Poor*；Ira Katznelson, "The Crisis of the Capitalist City: Urban Politics and Social Control," in Willis Hawley and Michael Lipsky, eds., *Theoretical Perspectives on Urban Politics* (Englewood Cliffs, N. J.: Prentice-Hall, 1976), pp. 214 – 229。

③ 参见 Jeffry Galper, *The Politics of Social Services* (Englewood Cliffs, N. J.: Prentice-Hall, 1975)。

④ 也可参见唐斯（Anthony Downs）的讨论，详见 "Why the Government Budget is Too Small in a Democracy," *World Politics*, vol. 12, no. 4 (July, 1960), pp. 541 – 563。

些阶段或事项上会遇到财政预算的限制，但是，迄今为止仍不清楚，为何相较于其他发达工业国家，美国仍不可避免地要发展相对较低水平的社会服务和福利。①在对收入和服务供给情况的评估中，应该在决策精英中指派一个需求感知的独立角色，以限制街头官僚提供的福利和服务，据称这样可以增强个人和家庭的自立能力，并将失业和贫困的状态污名化。

简而言之，美国的政治系统当中，无论当前社会福利支出的水平如何，都必须象征性地向纳税人和中产阶级消费者展示充分的和合理全面的社会福利政策的图像，而事实上它在支持和帮助服务对象方面存在诸多限制。②像美国这样的系统会发展出各种维护其合法性的机制，并转移因没有为公民提供充分服务而遭受到的批评。街头官僚必须在公民和国家之间开展适度的调停工作，这是因为服务对象没有能力去申请福利或服务，或遇到资源分配不公平时，会将此解读为街头官僚个人的渎职情形，或者是行政机构的混乱。

街头官僚的调停有助于从几个方面构建城市冲突的本质。第一，作为政策的执行者，街头官僚必须在工作生活中对系统层面的决策做出反应。因此，当一位教师必须负责管理一个包含 40 名学生的班级时，他必须想方设法应对班级学生人数过多的问题。虽然教师没有决定要尝试以这样的师生比例开展教育工作，但他不得不面对并想办法应对这种情况。但是，家长和学生可能会从自己的角度来看待教师的应对措施，并将教学服务的质和量归因于教师的能力或他们自身利用教师教学服务的能力。家长和学生可能不会意识到的是，将学生纳入大班级的做法其实是系统层面做出的决定，而非教师的个人意愿，尤其是在一般的家长与学生通常都无法得知为何做出这种决定的时候。

街头官僚需要掌控自己的工作情况，这使他们不得不去捍卫自己和当前的安排。机构期望和职业规范杜绝了"不利的工作条件影响为服务对象办事的效率"的借口，尽管私下里大家都承认事实如此。这种防御性，将会使街头官僚与他们潜在的能提升工作条件以增进彼此利益的盟友渐行渐远。

第二，服务对象非常了解控制街头官僚的难度，因此服务问题被转化为控制街头官僚或让街头官僚对其工作表现负责的问题。机构可以通过转移注意力，将

---

① 关于各国在福利水平和行政组织方面的差异，参见 Harold Wilensky，*The Welfare State and Equality：Structural and Ideological Roots of Public Expenditures*（Berkeley，Calif.：University of California Press，1975）。

② 关于公共政策的象征性意义，参见 Edelman，*Political Language*。

社会大众的关注点引向个人服务供给的问题，以此来缓解潜在的各种重大需求问题，而不调查清楚这些关系的结构基础。

第三，改变街头官僚的行为或工作态度，比改变建构街头官僚工作的政治体系容易得多（虽然在现实中也许更难）。比起影响招聘的一般体制、预算制定和影响工作的政策制定，服务对象以及服务对象群体似乎更有机会影响在单个场所或服务站的街头官僚个人。街头官僚机构在决定服务的时间、地点等工作结构的其他方面时，其实并没有考虑到服务对象的不满。如果服务对象可以直接与街头官僚面对面沟通，并讨论他们在日常工作中需要改进的常规模式、工作程序和工作态度等，这样一定会比寻找同盟者合作进而改变政策体系容易得多。

因此，街头官僚这种居中斡旋的角色，不仅提供了面对面接触的机会，促进了街头官僚潜在的灵活性及合适的回应，也有助于明确将公民与公共服务组织打交道时所遇到的问题定义为与街头官僚有关的冲突。[①]

街头官僚除了扮演缓冲角色以缓和冲突外，还以其他方式协助服务对象和街头官僚塑造对公共服务的一般态度。[②] 首先，街头实践的结构在一定程度上影响群众对街头官僚能力的看法。街头官僚对服务对象的控制，使服务对象更加确信自己必须依赖街头官僚，而且是从属于街头官僚的。反过来，这种控制普遍影响着服务对象的自尊心和自我期望。[③]（详见第五章。）

其次，街头官僚机构并不鼓励公职人员去努力维护服务对象的权益。当机构为具有利他主义倾向的人提供加入街头官僚机构的途径时，这种阻止公职人员维护服务对象权益的过程就开始了。具有工作保障是进入街头官僚机构的一个重要考虑因素，而有机会帮助人们是进入这个系统工作的另一个具有吸引力的因素。教师、社会工作者、提供法律援助的律师和警察等街头官僚之所以选择这些公职，或多或少都出于一种为他人或社会做出贡献的愿望。社会工作者或许在私人单位

[①] 我一直都在强调街头官僚的缓冲作用，特别是在第五、六、九章。进一步的讨论，参见 Katznelson, "The Crisis of the Capitalist City"; James D. Thompson, "Organizations and Output Transactions", in Katz and Danet, eds., *Bureaucracy and the Public*, pp. 191 – 211。

[②] 贾诺维茨（Morris Janowitz）将注意力引向官僚机构与服务对象的互动方式上，这一方式是官僚机构帮助塑造而成的，详见 *Social Control and the Welfare State* (New York: Elsevier, 1976)。

[③] Ibid., p. 105. 贾诺维茨断言，这通常是福利国家中服务型官僚机构的特征。"无论是处理公共住房的形式，还是与家庭援助项目和社区发展相关的福利服务，对社会化进程的总体影响，都是将服务对象与更大的社会结构分开，事实上是将两者隔离开来，并尝试以相当零碎的方式满足他们的需求。虽然这些项目消除了压迫性贫困所带来的赤裸裸的苦难和对饥饿的恐惧，但它们包含着强大的内在限制，妨碍了受助者的自尊和能力。"

或公共部门都可以找到一份工作，但那些有志成为警察或甘愿投身于教育事业的年轻教师，必须在公共机构中求职。

但是，一旦进入这些行业，街头官僚机构中的各种力量就会凝结在一起，说服那些刚入职的人员，使他们认为自己所从事的行业并没有什么社会效益，个人的努力不可能让公民获益，并且很难有成功干预的条件。这些说法是有说服力的，因为至少在短时期内似乎真是如此。在目前的街头官僚机构中，存在着某些有关协助服务对象的理想化观念，但若以这种理想化的方式来服务群众是十分困难的，尤其是当经验最少的街头官僚要去面对最恶劣的工作环境时。

因此，一代又一代有思想、有潜在的自我牺牲精神的人，即便有造福社会的抱负，也不得不在现实中缴械投降。他们逐渐相信，他们不可能找到有利于更好的工作实践的工作环境，而且公共机构的结构也不可能发生改变。他们的选择所剩无几，要么离开公共机构另觅他处，要么顺从屈就随波逐流，以惯常的方式来对待服务对象，同时也将这种观念传递给下一代的理想主义者，告诉他们，一切试图改变当前工作环境或是提供人性化服务的愿望都是毫无意义的。

同样，街头官僚的实践进一步验证了他们本身与其服务对象的关系无从改变的自我预言。街头官僚的行为向服务对象证实，他们将继续受到往常的对待。这致使专业服务派不上用场的循环持续下去，并且增强了人们的绝望和街头官僚不作为的倾向。这是街头官僚与其原始目标越来越疏离中最令人痛苦的一点。这些取向加强了源于文化的某种趋势，即增强私人利益和放弃社会目的。

当然，如果完全没有可能实施更具有人性化的做法，那么我们的这些考虑都只是我们从现实中吸取的教训。但是，所有的经验并不是一成不变的，人们对于现实无希望的印象，既是社会建构的也是植根于事实的。街头官僚机构成长和改变的可能性，不仅依赖于能否认清关键问题，也依赖于能否认识到常规工作模式需要再造和重新建构。谈到这一点，我们要提及几个造成街头官僚组织重构困境的因素。

第一，相互竞争的利益之间的明显冲突会带来问题。街头官僚与服务对象、上级以及名义上所隶属的社会大众有着不同的利益。在当前财政危机中，这些关系之间的冲突尤其突出，因为财政危机会迫使相关人员在所需要帮助的各方中做出权衡取舍。相互竞争的利益之间引发的冲突或许不可避免（就定义而言），这种冲突也许是社会的产物①，但当其中一方的利益与其他强势社会群体的利益发生根

---

① 关于那些假定冲突无处不在的政治学方法，参见 Ralf Dahrendorf, *Class and Class Conflict in Indus-trial Society* (Stanford, Calif.: Stanford University Press. 1969); William Gamson, "Stable Unrepresentation in American Politics," *American Behavioral Scientist* (November-December, 1968), pp. 15 – 21。另参见 Lewis Coser, *The Functions of Social Conflict* (New York: Free Press, 1964)。

本性冲突时，我们就很难慎重地去思考如何改变机构制度。相互竞争的利益之间越是发生根本性的冲突，为相对力量较弱者的利益做出社会变革就越不可能。

举个例子来说，如果家长相信他们所支持的改革会与教师群体的利益相抵触，而且教师在学校中的地位极其稳固，那么他们就会打消这种试图改革的念头。同样，那些认为自己未能获得家长团体或学校当局（或广大公众）支持的教师，也不太可能会主动寻求工作条件方面超出正常劳动管理要求预期的改变。简而言之，某个群体越是意识到自己与其他各方的利益存在冲突，他们在目标中可选择的范围就越窄，也就越不可能致力于追求长期目标。

第二，从工作环境中发展出来的常规模式，其实是根植于基本的工作处理要求的。这种固定模式不会被轻易弃用或改变，因为它们作为一种实际上的工作要求被街头官僚和体系外的观察者体验过。人们不会轻易放弃他们赖以生存的各种机制。这也解释了为什么自上而下改变既定政策要比自下而上改变实践更容易进行。出自上层的政策不是以应付工作而形成的防御机制为根基，而实践中产生的政策却植根于人们为生存所做的努力。

第三，奇怪的是，人们难以想到改变街头官僚机构的因素与灵活性和创新性的呈现相关。街头官僚机构当中充斥着各种被合理化为与变革有关的动荡。公共服务机构的管理者、管理顾问、公共行政人员、基金会的官员以及学者都试图改善公共服务，论证了在公共服务的结构中，公众对街头官僚机构的看法就是不断变革。大量的试点计划、示范项目以及管理和人事实践等方面的创新，都给人们留下了公共组织频繁重组的印象。这种"肆意妄为"的改革给公众造成困惑，因为公众无法评估这些以改革名义开展的项目，也很少能直接体验到这种改革带来的结果。只要改革是有合法性来源的，公共服务的多元化就几乎倾向于褒扬任何形式的变革（不过其中很少包括被服务群体）。因此，改革的循环周期也会随之缩短。尽管改革方案建议多如潮水，但没有一个改革看起来优于其他任何一个改革。

第四，当我们试图为街头官僚工作做出重大改变时，其实就暗示着我们必须竭力去改变或改善街头官僚个人和其服务对象之间的关系。然而，当我们谈论人与人之间的关系时，我们深感羞涩并毫无经验。我们对配置资源的了解，要远远超过对影响工作关系的因素的了解。社区会议通常会讨论招聘、程序、激励机制、行政指挥系统等方面的议题，而不是正视那些影响真正能将人们聚集在一起的问题，像是一些教师、警察或社会工作者能力不足或麻木不仁。对于这些社区关系的核心问题，更简单的做法是回避，并把它们视为最好留给专家处理的专业问题。

无论如何，我们很难测量人际关系的质量，因此更好的做法似乎是关注更容易受行政管理操纵的维度。

总而言之，若把街头官僚机构比作一面可以反映社会发展的镜子，那么没有大幅度变革，就很难从根本上改变官僚机构的形式。尽管街头官僚机构经常会进行表面变革，例如，行政集权相对程度的变化，但就某种意义而言，仍然存在一种不太容易行政合理化的更深层次的组织关系结构。这也为我们坚持必须在工作场域研究街头官僚的政策执行，而不是通过官僚系统和组织间系统追踪相关政策提供了另一个理由。街头官僚可以行使极为广泛的自由裁量权，不会轻易被上层的政策表述所影响（正如我前面论述的那样）。不仅如此，无论相关的组织政策和行政指南中做出什么规定，街头官僚和被服务对象间的关系以及街头官僚与其上级行政领导间的关系的特点，都有可能反映出社会中主要的官僚关系。

街头官僚关系中的矛盾倾向

就其本质而言，政治制度是相对难以改变的。将一系列社会关系视为一个政治系统，就等同于将所有注意力放在构成这个政治系统的相互作用的模式的相对稳定性上。当我们竭力证明有强有力的力量维持现状时，我们不难发现，普遍的关系结构已经根深蒂固。

然而，正如社会大环境构建了官僚机构运作的环境，并大幅度影响官僚关系一样，它也制造了种种矛盾倾向，为人们挑战各种主流关系提供了机会。但由于这些矛盾倾向所造成的影响通常不太明显，因此这些倾向更难被明确，也更多是假设性的。尽管如此，当我们考虑到在政治体系中进行改革的前景时，我们必须明确可能引起或支持改革的各种倾向或趋势。

所有支持街头官僚机构变革的特质当中，我们至少应该明确了解五种特质。第一，公共项目的权力和控制，至少提供了一种动员服务对象和富有同情心的社会公众在实施和管理方面加强问责制的可能性。[①] 美国服务部门的矛盾之一，就是那些为管理和控制公众做出很大贡献的政策，本应反映社会大众的偏好。当然，这并不意味着民主理论要求公共机构的公民主体去操控公共服务部门。从理论上讲，服务和控制机构对一个更大的社会负责，被服务对象群体只是其中一个，而

---

① Margaret Levi, "Poor People against the State," *Review of Radical Political Economics*, vol. 6 (Spring, 1974), pp. 78-79.

且往往是全体选民中权力最小的一群人。虽然公共政策中包含了许多不同的群体，但这些政策或多或少表现出对被服务对象的偏好进行正式回应的可能性。问责制在理论上的要求使得被服务对象有实际能力去组织以改变公共机构，因为他们努力缩小问责制在理论上与实践上的差距。

这种想法的重要性可能与服务所覆盖的受益群体的人数成正比。其中一种可能是，公共机构简单地将服务对象划分为高、低两个阶层并区别对待。另一种可能是，若服务对象中包含了高阶层群体，街头官僚提供给所有服务对象的服务的水准将会一并提高。随着公共医疗保障服务普及程度的提高，低收入人群也不用担心不能获得医疗服务，此时的服务对象更有可能对公共服务质量造成影响。同样，一所没有种族隔离的学校的家长，要比一所实行种族隔离的学校的家长，对服务质量的影响力更大，因为后者的需求更容易被孤立。

伴随着社会公共服务部门的发展与成长，这种考虑的重要性随之增加。随着越来越多的人必须靠政府救济才能满足基本生存需求，他们越来越能通过比较真正能满足他们需求的项目和他们所享受的项目之间的差距，来提出要求。随着政府所承担的责任加重，它也更容易受到挑战。这也解释了为什么福利国家（福利国家已经逐渐渗透到私人生活的方方面面）中会存在一些与其实施的控制相互矛盾的因素。

第二，街头官僚对服务对象服务时的专业规范，提供了一种测量街头官僚对官僚化抗拒程度的标准。街头官僚声称自己是专业人员，这意味着他们将以被服务对象的利益为导向，为其提供服务。专业机构和社会之间存在的隐性协议，就是他们以不考虑私人利益，满足服务对象的要求，为服务对象的利益行事为条件，换取自我管理。简而言之，根据专业规范，代表服务对象进行利益表达的专业人员的目的必须是纯粹的。

但是，这并不代表街头官僚可以不依据上级指示行事。恰恰相反，街头官僚困境的本质，在于他们部分是专业的，部分是官僚的。然而，诉诸这些工作角色专业维度的潜力，意味着至少要尊重服务对象的个性，并以此作为行事准则。

即使在警察和法官的角色中，维护服务对象和代表他们的利益似乎也遥不可及，但我们可以看到，在这些职业中，适当地实施制裁的规范是街头官僚抗拒以官僚主义作风对待犯罪者的主要因素。虽然人们容易认为，教师、社会工作者和其他低阶公职人员经常会因为他们将社会服务惯例化而遭到抨击，但他们可以将人们的关注引向街头官僚抵抗官僚化的现象中（在他们能够抵抗的范围内），这种现象很大程度上源于他们认识到职业身份这一方面的重要性。（下一章将更详细地讨论专业人员在街头官僚机构改革中所扮演的角色。）

第三，从定义可以看出，街头官僚经常与其服务对象打交道。这为街头官僚必须一直关注他们应该服务的服务对象及其问题，提供了有利的条件。即使他们建立了周密的防御机制来抵御服务对象的巨大需求，他们仍认为公共机构并没有做到它们应该做的，没有为服务对象提供充分的服务。因此，我们可以推测，与其他组织员工相比，街头官僚更了解服务对象群体的需求与街头官僚机构实际提供的社会服务间的关系。这种残余感知也许可以提供一种可利用的资源。

第四，低阶公职人员一直都对自己的工作环境有一定的控制权。作为个体的街头官僚会行使自己的自由裁量权，从而掌控其工作环境。就集体而言，许多街头官僚都能对聘用他们的工作机构所制定的规则有重要的发言权。特别是在个人层面，只要街头官僚的工作要求他们做出自主判断，而这种自主判断不能被完全程序化，那么这种自由裁量权就不会受到严重侵蚀。

第五，一个十分明显但容易被人们忽视的实例是，有组织的公职人员支持服务对象的需求。一直以来，教师都想通过集体协商来达成限制班级规模的目标。教师们之所以要达成这个目标，除了想改善自身的工作环境外，也是为了创造一个能以最佳状态传道授业的环境。同样，社会工作者也为争取提升服务对象的福利水平而斗争。①

对此持怀疑态度的人也许希望指出，街头官僚在集体协商中，会以利他主义之名而占有策略性优势（尽管管理者也采取同样的策略，并坚称他们代表纳税人和社会群体的经济利益）。不过，无论我们对此是否产生怀疑，这种联合本身就是政治的产物，可能会被服务对象群体所利用，特别是在财政危机时期的集体协商中，改善工作条件的要求将优先于工资增长。

公开、充分、负责任地回应公众服务需求的意愿，会与限制、控制、合理化服务不足共存。这也是社会公共服务供给的主要矛盾之处。这不仅仅是成本支出和实际效益之间的拉锯战。至关重要的是，街头官僚必须一再向社会大众许诺，如果私人机构无法满足他们的基本需求，那么政府一定会对此关注，并通过转移政府的责任将其服务的不足合理化。

---

① 关于公职人员为公民寻求更好服务的一个例子，是服务雇员国际工会（Service Employees International Union）为在波士顿市立医院获得更好的病人护理和治疗设施所做的努力。详见 *Boston Herald-American*，May 25，1978，p. 7。

通过街头官僚机构，社会将控制、限制和维持相对弱势的群体。矛盾点和关注点将被引至社会服务和控制的代理人，而远离决定社会和物质价值分配的各种政治力量。因此，美国的公共服务供给和管理系统是由公众需求以及更大的政治和社会制度的要求所塑造的。从这个意义上说，美国政治系统无异于其他政治系统，赋予了公共官僚机构一种特殊角色。

第十三章

对人性化服务的支持：改革与重建的方向

我一直认为，街头实践的决定性因素深深植根于工作结构中。此外，我还指出，街头官僚机构并非孤立存在，而是反映了整个社会中普遍存在的组织关系的特征。反过来，作为政府与公民之间联系的主要纽带，街头官僚机构强化了公民——包括服务对象与公职人员——与国家之间的关系。上述观察有助于我们了解这些机构的稳定性，以及它们何以不太可能对重大改革活动做出回应。

尽管如此，考虑重大改革的可能性仍然是重要的，无论这种可能性多么渺茫。说机构是稳定的，并不意味着它们是惰性的，也不意味着没有变革的可能性。事实上，街头官僚机构不断面对人们对它们的改革建议。为了寻求效率、兼顾灵活性的公平以及干预的适当性，政府官员、以服务对象为导向的利益集团、有组织的公职人员和政策分析师们，从不同的角度不断地致力于公共服务改革活动。街头官僚理论应该有助于澄清各种改革视角的利害与可能性。

在任何给定的公共支持水平上，我们至少要从服务型官僚机构中寻求三种价值：一是与我们的处境或需求相适应的服务或福利；二是在公共福利的分配中伴有灵活性的公平；三是作为公民从政府那里获得的应有的尊重。许多对于街头官僚机构的批评，都集中在人们在某种程度上未能获得适当的、公平的或受尊重的服务上。以这些批评为出发点，下文将讨论三种主要的分析思路。

1. 鼓励服务对象自主并对政策施加影响。

2. 改进当前的街头实践。

3. 帮助街头官僚成为更有效的变革支持者。

既希望在短期内产生影响，又认识到问题不能简化为短期的渐进式操作，这两者之间存在着必然的、不可避免的紧张关系。此外，只有在社会变革支持必须建立的关系的背景下，街头官僚机构才可能实现重大变革。如果缺少这样的变革，这些分析思路只会成为关于公民与国家关系的持续斗争的争议点。

提升服务对象自主性的方法

要求给予服务对象更大自主性的提议，通常都会受到服务对象处于相对无能为力状态这一事实的影响。即使服务对象被赋予较大的集体影响力，他们也可能不具备在政策领域运作所必需的官僚技能，或者，他们可能获得对某些项目或设施的控制权，但这些项目或设施是如此衰败，以至于无法在管理上做出重大改进。例如，对资金不足、维护不善的公共住房的租户进行管理，可能会因资金和结构原因无法改善服务，这就不能归因于租户的能力。从这个意义上讲，让服务对象拥有公共设施控制权，或许有助于社会控制，因为租户之间会因稀缺的工作岗位和项目资源而展开竞争。

尽管如此，必须对提高服务对象自主性的建议加以积极研究，因为它们对改善街头关系具有潜在的贡献。街头官僚机构的一项改革举措，是消除公职人员作为政府与公民之间缓冲的角色。运用这种方法的一种典型提议，就是向公民发放代金券的计划。通过赋予服务对象选择公共服务机构或私人服务机构的权利，代金券提议的发起者希望各公私机构会更加积极地回应服务对象的偏好，以便吸引他们的光顾。代金券提议之所以获得支持，是因为该提议承诺将消费者主权引入社会服务的生产中。

在对教育券进行大量实验后，结果显示，要创造一种情景使教育服务对象充分了解各种教育选择，是极其困难的。与其说这些实验破坏了理论，不如说创造竞争雏形的希望破灭了，而这正是理论极为依赖之处。①

从表面上看，代金券提议是诱人的，因为它唤起了竞争市场的模式，即根据消费者需求来开发产品。遗憾的是，只要服务供给者垄断专业人员的稀缺技能，主宰服务供给的条件，能够限制消费者可获得的信息，那么，服务供给的市场模式将无法解决任何问题。此外，即便从理论上看，市场模式也只有在服务对象能够对服务质量发表意见时才是适切的。这在健康甚至教育等领域造成了混乱，在这些领域，服务对象并不总能评估服务的适切性。

这种向人们提供资金并让他们在开放市场购买服务的想法，必然有其诱人之处。但只要专业人员掌控消费者获得服务的机会，服务价格就会被抬高，新的官

---

① 参见 Murray Edelman，*Political Language：Words that Succeed and Policies that Fail*（New York：Academic Press，1977），Chap. 4。

僚机构就会滋生，以控制服务的资格和成本，或是确保最低的服务标准。此外，地域的差异性也是获得服务的一个关键因素，对某些消费者来说，这意味着巨大的隐性成本。除非找到方法来克服因地域分散造成的服务寻求上的成本问题，否则，按阶层来区别对待服务对象的情况将可能继续存在。

另一套改革建议，则要求取消某些服务情景中从事调解工作的公职人员，因为在适当的支持下，公民只需很少或最低限度的援助即可自行处理好。因此，法律改革者鼓励公众去尝试采取社区纠纷调解机制，简化法律程序，以使他们无需律师调解即可处理相关法律问题。社区纠纷调解机制可能使法院和其他法律机构从一些案件中解脱出来，这些案件可以通过其他方式得到处理。卫生领域的家庭护理项目也代表了一种避免机构化和最大限度地利用服务人员的努力。许多学校系统尝试在实验的基础上，利用社区资源来提供教育体验。一些社区发展了公民巡逻，以摆脱对警察的依赖或弥补警力不足。

并非所有支持自主性努力（以提供服务和取消调解性公职人员）的提议都能实现其目标。它们可能催生准公共机构，而这些机构有可能重蹈被它们所取代的机构的覆辙。它们可能发展成资格认证、监管或服务的官僚机构，从而延续官僚经验。例如，家庭护理项目能够让人们在某些情况下不必待在医院，但它仍需要一个官僚机构来审核服务对象的资格，颁布服务供给者的标准并对其加以监督，确保雇用服务人员来提供家庭护理。一般来说，只要政府保留最终责任，所有服务领域都会存在标准的供给与维护问题。

这些关于服务供给的替代性观点，表明有可能以不同的方式界定服务供给者与服务对象之间的关系。然而，在许多情况下，它们并没有从根本上重组对服务的需求，当街头官僚在（服务供给者与服务对象的）关系中仍然处于控制地位时，它们也提供不了指引。迫切需要继续提供一种更好的权力平衡，以调整街头官僚与服务之间的关系。若要实现更好的权力平衡，就必须鼓励如下发展方案。

只要有可能，就应抓住机会，揭开街头官僚机构及其所从事的业务的神秘面纱。公职人员应被教授如何用通俗易懂的语言与公众沟通，服务对象也应该要求得到他们能够理解的解释。服务对象的代表们应该获得资助和培训，以引导服务对象通过官僚机构获得他们原本无法得到的答复，并在他们原本可能受到恐吓的情境下代表他们去面对街头官僚。应编制服务对象权利指南和官僚体系示意图；更重要的是，街头官僚机构应简化程序，使服务系统在没有专家协助的情况下更易于操作。

应形成简单的做法，使街头官僚机构对服务对象更加负责。在某些地方，要求街头官僚向服务对象提供他们经历过但可能没有完全理解的业务的总结，将是向前迈出的重要一步。通过例行审查来确定服务对象是否获得了他们应得的全部福利，将使公职人员承担起为服务对象制订方案的责任。这些细节，会适度地有助于发展更多的互惠关系。

因为事关公共政策，我们应该欢迎公设辩护律师事务所、法律服务办公室、政府机构和其他机构进行调查，并对现行做法提出质疑，只要这些做法涉及不人道服务或系统性忽视服务对象权益方面的责任指控。我们应该认识到，街头官僚所拥有的自由裁量权，充其量只是受到不确定的监督，而创建这些官僚机构的政府可能通过鼓励服务对象和官僚机构开展监督，来适当地监管其方向。

应当尊重和鼓励服务对象为组织起来并获得对服务供给的某种控制权而进行的斗争。服务对象参与公共服务机构的治理，将有助于确保服务对象对街头官僚如何定义其角色产生影响。服务供给应该在很大程度上去中心化，彰显以地方能动性为导向的实践的优势。

20 世纪 60 年代，一些社区尝试让居民参与学校、社区健康中心、公共住房和其他公共服务机构的治理。从这些经验中，我们应该更好地认识到，在没有审查转移条件和控制程度的情况下，不应鼓励公民参与控制。20 世纪 60 年代的这些尝试，在很多时候，是在对缺乏财务可行性的项目施加控制，或是狭隘地限制服务对象或公民委员会的范围或权力，从而不恰当地败坏了公众参与的声誉。虽然我们要避免在财务不健全的公共服务机构中吸纳社区激进分子，或避免象征性参与，但服务对象对服务型官僚机构的控制，对于使官僚机构更好地回应服务对象来说，可能仍然是至关重要的。

在讨论服务对象控制服务型官僚机构的议题时，不能忽视大规模社会变革或公共服务组织变革的问题。考虑由社区代表委员会治理延展性医疗中心、法律服务项目和本地学校，比考虑由公民参与治理集中式医疗设施、市中心法律服务综合体和合并学校，要简单一些。如果由服务对象来实施控制代表了一种方式，即能使服务对象成为街头官僚工作的中心，并通过从根本上挑战服务供给的基础来促进进一步的变革，那么，就应该鼓励服务对象来控制复杂的系统和设施。

当前的实践方向

取消街头官僚的自由裁量权

管理自由裁量权是街头官僚机构问题的核心。在大多数情况下，社会不愿意完全限制街头官僚的自由裁量权。然而，在某些情形中，限制自由裁量权是可取的。很难说街头官僚所扮演的每一个自由裁量角色都应继续存在。如果街头官僚的自由裁量权导致服务对象受到不公平和不平等的待遇，且没有任何补偿性福利，就应该改革制度，消除这种无法弥补的不公平的根源。例如，如果教师体罚学生的权利在任何情况下都被判定为不可取，那么，断然禁止这种权利显然是适当的。

以往的实践中，可能出现或可发能发展出某些情形，在这些情形中，必须做出判断：街头官僚的干预是有害的或是浪费的。然而，要判定街头官僚的自由裁量权是不适当的，并不是件容易做到的事。

取消街头官僚拥有的相当大的自由裁量权的一个例子，是将公共福利中的社会服务职能与核定收入补助职能分开。其公开的意图，是限制街头官僚在决定是否补助时的自由裁量权，并使其在提供服务时，不必受累于服务对象的投诉或其旨在获取更多福利而设计出来的策略（或许这项"改革"最主要的吸引力，在于它也承诺减少福利工作人员的数量）。这种政策上的改变可能值得支持，因为社会服务工作者为服务对象提供有意义的援助的能力已经受到极大的限制，以至于他们的干预行动在很大程度上失去了以往社会工作者角色定义中可能存在的有益的潜能。此外，福利制度的家长式和有辱人格的假设，几乎保证了社会服务将在非互惠的背景下提供。在这种情况下，街头官僚的自由裁量机会已经受到提供援助的社会环境的极大限制，因此，将援助过程进一步常规化可能是有益的。①

不过，一些疑虑依然存在。人们对"改革"的意义仍有疑问。在何种程度上，采纳这项政策是为了削减社会工作者的权力，减少他们的作用和人数？在何种程度上，审核补助资格时动机的改变，是因为希望淘汰以服务对象为导向的社会工作者，转而支持有成本意识的会计师，从而降低补助水准呢？在何种程度上，改革确实取消了自由裁量权，或者仅仅是将自由裁量权转移到一批新的雇员手上呢？最后，通过消除受理环节的社会服务供给者，改革在多大程度上代表了一种隐含的决定：通过限制社会工作者在受理环节（此时人们往往最容易接受援助）发现相关问题的机会以降低服务水平？

在考虑将自由裁量判断予以常规化的时候，通常会出现上述某些问题。医院

---

①　在一次自然实验中，由于 1967 年的一次罢工，一个城市发现了它是否需要某种街头官僚服务，参见 Arnold Weber, "Paradise Lost：Or Whatever Happened to the Chicago Social Workers?" in Joseph Loewenberg and Michael Moskow, eds., *Collective Bargaining in Government* (Englewood Cliffs, N. J.：Prentice-Hall, 1973).

试图制定详细的规程，以帮助护士决定急诊室的医治优先序。这样做，名义上是为了最大限度地利用可用资源。但是，分配优先序也会限制护士对病人的观察力。对最明显的症状做出反应，可能意味着忽视病人的整体状况，或忽视其他需要论断的状况。

在法律服务领域，也可能看到类似的因分类而产生的问题。为了服务更多的服务对象，法律服务机构通常会对接待员进行培训，以使其快速地发现潜在的服务对象寻求咨询的原因，然后将该咨询者转介给受过培训的专业人员的助手。人们会精心设计各种系统，以帮助接待员稳妥地完成这项工作。为了使系统运转良好，接待员必须严格遵守转介指南。

然而，这样的系统会出现两个问题。第一，要对所有可能性做出限定，是极其困难的。因此，接待员需要有后备人员来处理那些不易归类的诉求。第二，也更难解决的是，当前的问题或许只是服务对象感觉最为迫切的问题。该服务对象可能有更为紧迫且可能容易解决的法律问题，但他没有意识到这些问题，也没有意识到这些问题是可以获得帮助的。这种提早将服务对象进行分类的系统，依赖于接待员的非随意安排，它可以有效利用专业人员助手的资源，但可能牺牲为服务对象全面服务的机会。

总的来说，我们可以做出这样的判断：将服务对象分类所产生的代价，可以由标准化带来的好处加以补偿。但做出这个判断的前提，是必须意识到所牵涉的责任。这种思维方式的逻辑延伸，是将人完全排除在这个判断之外。从技术上讲，可以通过计算机编程来做出分类的决定，甚至还能就人们在申请时可能犯下的错误提出建议。这种思维方式同样激励了计算机辅助教学机器的拥护者，他们相信，这些机器可以通过编程来提供机器所能提供的最接近一个温暖拥抱的东西（如以友好的语气与学生交谈，向他们询问个人问题，给予口头鼓励）。我们能制造教学机器和诊断机器，问题在于那种通过他人寻求帮助的重要性。很可能的情形是：当技术高度发达时，富人将选择为教师和医生付费，而穷人将接受机器教学，并从电脑终端获得医疗建议。

提高街头官僚的能力

在对街头官僚机构的批判中，似乎隐含着一些零碎的改革方案。如果自由裁量权受到限制，街头官僚就不那么需要惯例化和简化来应对不确定性。如果目标更明晰，公职人员就会少一些矛盾心理，集中精力投入目标。如果有适当的绩效评估标准，街头官僚就能对自己的行为更加负责。

在一定的范围内，这些观察也许是正确的，有时可能成为行动的依据。然而，由于以下几个原因，这些观察可能是非常有限的。

首先，街头官僚机构的境况构成了一种综合征。除了某些情形（即无需服务对象与街头官僚之间的互动），影响工作环境的各种状况会同时出现，不容易被合理化或简化。街头工作目标模糊，绩效评估标准难以获得，并且需要与人打交道，因此需要自由裁量权。明显宽松的官僚环境不太可能被收紧。如果组织能收紧的话，那么可能早就已经收紧了。如果说在服务供给中需要与人打交道，就意味着必须对可能出现的模糊情景做出判断。反过来，如果说街头官僚主义的状况是存在的，就意味着需要人性化的判断。如果不改变服务政策背后的基本假设，就不可能改变街头官僚机构综合征的任何一部分。

其次，即便有可能厘清低阶公职人员的决策情境，也不能确定综合征某一方面的改善是否会缓解整体状况。如果街头官僚机构的问题是叠加性的，因而每减少一个方面的问题都会带来相应的好处，那么情况就会有所不同。

这种批判似乎隐含着一个目标，即增加或改善街头官僚的资源。然而，正如第三章所表明的那样，我们应该对以增加资源的方式来解决街头官僚机构的问题的提议保持高度怀疑的态度。更多的资源，可能会在更高的数量级上重现服务质量问题。更多的资源意味着可以服务更多的服务对象——这是一个有价值的目标——但这项成就，就像在高峰时段，让长岛高速公路容纳更多动弹不得的汽车。此外，如果由于某种原因，机构能够守住服务对象数量，并将增加的资源用在当前服务对象上，那么，额外的资源可能不足以使街头官僚机构跨越一个理论上的门槛，而只有跨过这个门槛，这些资源才能开始发挥作用。例如，对一个大城市的学校系统来说，将班级人数从 30 人减少到 25 人，必须投入巨大的资源，但是，只有当班级人数减少到 15 人时，这种减少人数的做法才开始产生效果。①

另外，维持当前的资源水平，可能会是一个重要目标，即只是为了防止服务对象与公职人员之间的关系进一步恶化。就此目标而言，丹佛计划（Denver Plan）似乎是一个合理的做法。在这项计划中，每个儿童都被假定了一个教学难度，并

---

① Fred Hechinger，"Smaller Classes Found to Produce Subtle Changes," *New York Times*，April 10，1979，p. C5. 班级规模与成绩的关系可能取决于所讲授的科目。最近在南卡罗来纳州的一项实验发现，学生平均为 19.9 人的班级，阅读成绩明显高于平均 26.7 人的班级。但在数学成绩方面并无显著差异。参见 *New York Times*，June 22，1977，p. 35。

据此分配一个数字。教师在工作合同中获得保证，其班级不会超过相当于教授 25 名正常学生的规模。① 通过这种方式，如果某位教师班上有难于教导的学生（其班级人数就会相应减少），这对教师而言是一种奖励而不是一种惩罚。其他官僚机构也可以同样的方式分配工作量。

额外的资源可能不会改善工作环境，反而可能增加所服务的对象的数量，降低所提供的服务的水平，或者被划拨给公职人员发放薪酬。在公共服务领域，如果有的服务对象得不到服务，有的要求更多的服务，而有组织的公职人员感到委屈，就很难守住服务质量的底线。此外，在一定程度上，额外的资源意味着额外的员工培训，那么，这种投资能否克服工作环境的影响，是值得怀疑的。对实践来说，工作环境本身的性质比员工培训更重要。② 如果在同事关系中缺乏支持网络，那么，旨在提升员工服务能力的培训，就可能在工作环境的压力下无果而终。

当整个公共服务系统都支持公职人员维持高服务质量时，通过工作提升来影响工作绩效的最佳时机就到来了。如果支持街头实践的建议与工作具体相关，即有助于解决公职人员遇到的具体挑战，那么可能会有所帮助。因此，在职培训可能比课堂学习更有效，因为培训是在实际的问题解决情景中进行的。关于警察培训的一般做法，也适用于其他街头官僚机构。与警察可能的经历有关的教学内容得到保留；与直接解决问题无关的教学内容会被淘汰，因为它与警察的需求无关。从短期来看，协助解决工作中的问题，可能是提高街头官僚绩效的最有效方法。

这表明了在职培训的一些局限性。如果街头官僚只保留与解决当前工作问题有关的教学内容，那么，旨在使工作焕然一新的培训就可能是无效的。③ 因此，人们对主要通过培训来培养新型街头官僚的做法持怀疑态度。

专业主义的前景与问题

这些改革方向都有其局限性。对大多数的街头工作而言，限制自由裁量权、取消公职人员与服务对象的互动或适度改变官僚结构，都不能对其进行有意义的

---

① *Boston Globe*，September 11，1977，p. 10.

② 在决定医生的态度和执业特点方面，工作结构比培训更重要，关于这方面的讨论，见 Eliot Freidson，*Profession of Medicine* (New York：Dodd，Mead，1974)，chap. 5。

卫瑟利（Richard Weatherley）在一封信中提醒我说，对于当前的员工来说，培训往往具有使其从工作中解脱出来的隐性功能，是一种有助于提高员工士气的额外利益——不管其对实践的影响如何。

③ 参见 John H. McNamara，"Uncertainties in Police Work：The Relevance of Police Recruits' Backgrounds and Training，" in David Bordua, ed.，*The Police* (New York：John Wiley，1967)，pp. 163–252.

变革。在街头官僚机构中，有一项不可削减的要求，即公职人员要与公众互动，以决定后者应该接受的公共服务的性质和范围，并提供这些服务。如果是这样的话，当官僚机制不充分且不适当时，我们就很难对街头官僚进行问责。

官僚机构在这一领域的局限性，引起了人们对如下观点的关注，即街头官僚应该是专业人员，他们相对利他的行为、高标准和自我监督，可以替代社会无法预先规定的事情。谁来监督监督者？监督者会自己监督自己。这种专业化的论点，可简单地归结为如下认知：对职业群体的控制如果无法由外部来决定，就必须来自群体中的个体成员。如果不能限制街头官僚的日常运作，那么必须以自我监督取代官僚控制。就此而言，那些主张提高街头官僚机构专业化程度的人，似乎有一个无懈可击的观点。如下两者之间存在着强大的巧合：我们显然需要让街头官僚监督自己的表现，此其一；其二，街头官僚夸大其词，声称他们确实有足够的自主性和自我监督能力，至少可以获得一定程度的专业地位。[1]

一些分析家对街头官僚机构的职业化表示赞赏，因为在教学、护理、社会工作和其他街头职业中，大学的标准化正规培训、寻求培训以获取证书、控制职业准入等，都已取得相当大的进展。[2] 此外，似乎可以影响这些职业的专业化。影响专业化方向的公共政策通常包括：支付更高的工资，以使这些职业更受那些受过更高教育的人的欢迎；改善或资助通过大学开展的职前培训；申请由专业委员会实施的监督认证，以确保符合最低标准；至少在表面上，使升职和加薪取决于是否满足专业绩效标准。

专注于通过专业发展来解决服务困境，这种做法有一定的吸引力。如上所述，从理论上讲，专业人员致力于服务导向。这些专业领域不断地招聘那些在某种程度上怀有实现这些理想的初心的新员工。专业在理论上体现了服务理想，那些相信理论要应用于实践的人，会寻求进入该专业，以获得一份与他们有关服务和奉献的理念相一致的职业。

这种以"专业定位"来解决街头问责困境的做法，其问题在于专业人员理论

---

① 参见 Harold Wilensky, "The Professionalization of Everyone," *American Journal of Sociology*, vol. 70, no. 2 (September, 1964)；Amitai Etzioni, *The Semi-Professions and their Organization* (New York: The Free Press, 1969)。

② 通常，专业化的提高与社会对职业的尊重、自由裁量判断、公民的信任和互惠的利他主义，以及这里提到的特征有关。然而，在某些情况下，这个术语只是表示一个职业群体对公认的职业规范的遵守程度有所提高。因此，警察专业化程度的提高可能意味着更少的自由裁量权以及更多地遵守法律标准和警察行为规范。

上的服务导向与实践中的服务导向之间存在着巨大鸿沟。医学和法律这两个主要的专业领域，就没有很好地达到其自身的标准。这些标准包括：要为有需要的人提供服务；服务对象优先，而不是服从于专业人员的需要或偏好；鉴于专业人员对服务的垄断，需要发展出符合社区要求的实践。相反，对专业实践的研究表明：医生、律师和其他专业领域，倾向于努力为具有较高地位的服务对象服务，而以牺牲较低地位的服务对象为代价；忽视一些必要的服务，而青睐一些另类的或有利可图的专长；允许专家以市场的方式运作，从而在现有从业人员的分配上造成极端的不平等；仅仅略微地满足低收入人群的专业需求；当他们为穷人服务时，以控制和操纵的方式来回应穷人的需求。①

诚然，这些都是宽泛的概括，并且肯定在某种程度上忽略了一些相反的证据。尽管如此，一个人如果不承认这些观察是一种核心趋势，就很难声称自己熟悉专业实践，或读过专业应对社会问题的相关文献。至少，这些观察提醒我们，对那些想通过提高专业化程度来解决街头官僚机构问题的提议，要保持怀疑态度。

无疑，许多人进入专业领域，主要是为了追求较高的社会地位和收入，他们也一直相信自己会拥有这样的地位和收入。但是，那些原本渴望从事一定程度的服务导向的工作，却无法坚持初衷的人，又该怎么办呢？无论他们是偏离服务理想，还是在与自己或他人进行长期斗争后放弃这一理想，理想主义的新手专业人员的职业生涯，通常都会中止在确保其社会化为主导的职业价值观的过程中。当前组织起来的专业领域，至少在三个方面有助于削弱服务导向。

首先，根据定义，专业人员只对同行负责。这种同行导向，可以保护专业人员免受未经培训和缺乏经验的外行的批评，但也使他们听不到服务对象和代表服务对象利益的人的批评。众所周知，专业人员不愿意相互批评，最多只关注那些最极端的违反道德规范的行为。他们通常会避免非正式的同行评议，而正式的同行评议则重点关注那些与专业绩效或狭义的技术能力无关的不道德行为。正式的同行评议与指导正常的实践惯例或专业方向没有关联。②

总体而言，影响更大的是引导专业发展的非正式的同行压力（而不是同行评议）。与其他社会群体一样，通过鼓励与同行建立友好关系、保护社会成员和一般

---

① Deborah Stone, "Professionals and Social Services," (unpublished paper, March, 1976); Gideon Sjoberg et al., "Bureaucracy and the Lower Class," in *Sociology and Social Research*, vol. 50 (1966), pp. 325 – 337.

② 关于医学同行评议，参见 Freidson, *Profession of Medicine*, pp. 137ff。

性地理解其他专业人员的问题，甚至可能以牺牲服务对象的利益为代价，新手专业人员开始进入实践仪式。因此，医生要想维护病人的医疗需求，就必须理解医院的组织需求；律师要想维护服务对象的权利，就必须了解法庭规范。如果同行对专业规范的定义不加控制，就会极大地削弱专业人员在理论上所追求的服务对象导向。

其次，将专业主义作为街头官僚机构的一个模式，其主要问题在于，专业人员倾向于独立地工作。有效的专业规范要求相互尊重并表现出尊重的态度，除非其他专业人员严重违反这些规范，或威胁说要使本专业难堪。高素质的专业人员并非真的会尊重他们中笨手笨脚的人。然而，除非为自身利益所迫，他们不太可能采取措施帮助其进步（或者说，帮助热心但缺乏经验的新手）。从可以寻求帮助的专业人员的角度来看同样的问题，规范通常会阻碍专业人员在解决问题或为服务对象提供服务时寻求指导，因为寻求帮助等于承认自己某种程度上的无能。具有启发意义的是，那些认为自己的人身安全依赖于其搭档的警察，极度不能容忍某一搭档的业务缺陷。但是，在街头官僚机构中，同事的缺陷并不直接影响他人的利益（例如，建筑检查员），因而，缺陷可能会在相当长的一段时间内得到容忍。

最后，专业社会化中最强大的推手是工作环境。因此，能够坚守那些不受欢迎或不被认可的价值观的新人屈指可数。对新员工开展诸如什么是可接受的、什么是适当的以及什么会促进个人职业发展的教育，是决定未来专业行为的极其重要的因素。

总之，尽管从理论和实践上都有理由将专业化发展作为提升街头官僚绩效的一种方式，但各专业领域的记录表明，它们在实践中所提供的模式，不一定是提高街头官僚回应服务对象的能力的一种好的模式。

让新员工守住初心

在 20 世纪 60 年代，公共服务行业和专业似乎经历了某种程度的复兴，因为大量理想主义的新人与志同道合的专业人员一起，致力于新的实践，这些实践的基础是一些不同于当时主导原则的原则。这些不同的原则包括：将自己的技能用于为那些最需要的人（如穷人、少数群体和少数族裔）服务，致力于尊重服务对象的自主性，将专业力量用于帮助实现更大的社会和经济公平，以及当个人地位的提升与这些原则相冲突时，放弃提升个人地位。这些"新"专业人员是古典意义上的激进分子，他们寻求回归最初的原则。①

与其他时期相比，这一时期的理想主义浪潮只是在数量和大众关注度上有所不同。每个时期都会有认可这些原则的人进入公共服务领域，只是都被这份工作的社会结构给磨平了。如果说 20 世纪 60 年代有什么本质差异，那也是源于理想主义者人数的增加超过了临界值，足以将这些原则明确地表达出来，也源于那些提供了某种环境的社会运动，在这种环境中，这些理想被激发，并获得了关注和认可。

在每个时代，都至少有一些街头官僚机构的成员，倾向于按照其角色的理想标准来开展工作。如果我们必须依赖一群核心的街头工作人员，他们在行使自由裁量权时会努力保持正直，那么我们可能会问：我们能够做些什么，以支持并扩大这个核心群体呢？如果目前还没有这样一个核心群体，我们可能会问：我们能够做些什么，才能产生这样的核心群体呢？我们能够做些什么，才能使新的街头官僚在执行公共政策时，能在回应服务对象时保持灵活性，并能热切地维护服务对象的权益？在追求这些目标的同时，我们能做些什么，才能确保新的街头官僚掌握有效干预服务对象的技能？以上述方式提出上述问题是有益的，因为它们引导人们把注意力集中在当前存在的机会上。它们引导人们分析街头改革的一个可能方向，而不用直接面对试图对整个街头官僚机构进行根本性变革的艰巨性。

新的街头官僚已经存在于公共机构中，他们尽最大努力保持高标准，并抵制他们所担心的惯例化命运。新的街头官僚已经存在于职业学校里，他们正在寻找能够让他们的职业发展与当初激励他们选择公共服务的目标相一致的岗位。新的街头官僚已经存在于年轻后备队伍中，如果他们有可以效仿的有效服务的模式，就会投身于公共服务。

要发展这种潜力，需要做些什么呢？

为街头官僚机构的人力提供财务支持是一个必要条件，尽管不是充分条件。虽然额外的资源无法克服当前普遍存在的惯例化和简化模式，但除非有足够的物质支持，否则教师、法律服务律师、警察和其他街头官僚无力组织起来与服务对象进行更积极的互动。尤其重要的是，要扭转目前对人性化服务的支持不断下降的趋势，因为公职人员在组织对服务对象的处理活动时，他们对于困扰与资源短

---

① Ronald Gross and Paul Osternan, ed., *The New Professionals* (New York: Simon and Schuster, 1972).

缺的感觉，可能与事实一样重要。公共机构必须提供一种审慎的氛围，否则公职人员将无法摆脱一种根植于应对需求的信念，即他们必须将对服务对象的处理工作惯例化。这部分地解释了为什么个案数量逐渐减少但往往没有什么效果，因为当个案数量略有减少的时候（比如从 50 件减少到 45 件），困扰感依然存在。

对于提供激励措施来说，财政资源也是必要的，以使公职人员做出可能的职业承诺。这并不是说对新的街头官僚需要提供与私营部门的工作相同的经济回报。然而，这种公共服务工作在物质上（和目的上）的巨大不确定性，不利于建立一支投身人性化服务的工作者队伍。

对警察与教师这种建制化的半专业化领域来说，财政不是什么大问题，因为在这些领域，公务员制度与集体谈判已经促成相当高的工资。在这些领域，为职位竞争和目前劳动力的减少，是振兴的更大障碍。

在地位极高的职业中，问题有所不同。例如，法律服务部门只有极少数的高层岗位。因此，年轻律师必须迅速做出决定，是冒着职业生涯无前途的巨大风险留在这一行，还是转向经济机会更大的主流专业领域。

与系统收缩时期相比，系统增长时期更容易讨论职业阶梯和流动机会。因此，在当前时期，考虑在法律和健康服务领域的职业发展机会，要比在教育领域更容易，因为前者的劳动力可能会扩大，而后者的劳动力可能随着入学率的下降而萎缩。

新的街头官僚表现良好时需要给予奖励。目前，行业协会和公职人员工会都不鼓励基于"软"评估措施的绩效奖励。他们更喜欢所谓的绩优加薪，因为这是一种大多数成员都能够轻松获得奖励的方法。公务员制度中的晋升方式必须开始让位于能力评估，而能力评估的依据，不仅是工作量，也包括回应的适当性以及与服务对象互动的质量。反过来，这将意味着要寻找并采信公众对街头官僚的报告（与所有评估一样，应充分认识到潜在的偏见）。它也意味着在服务供给方面要开展同行评议，意味着公职人员要参与确定评估标准。最重要的是，这将意味着要在街头官僚与主管之间发展持续的协商互动，以便对个案处理工作进行系统的定性评估。

但是，如果仅仅是以更高程度的审查为名，来打破个体街头官僚间的孤立状态，那么这种做法通常是有破坏性的。在所有改革之中，最困难的就是在街头官僚机构中发展出支持性环境，在这种环境中，为了解决实践问题，同行评议与同行支持和帮助结合在了一起。目前，同行评议是在一种非系统性的文化中进行的，比如餐厅里闲聊、偶然的观察或来自第三人的声誉评估。同行指导则发生在对新手的教导中，告诉他们如何在街头、与主管的相处中或服务对象的骚扰下生存下来。换句话说，目前确实存在着同行评议和指导的情形，但这样做的结果是，要么迫使公职人员极度小心谨慎，要么助长了按常规处理的做法，而不是使公职人员针对不同的服务对象，采取适当的回应方式。

同行支持机制的发展，可以而且必须与工作流程相关。街头官僚需要因工作出色而获得认可；在遇到与工作有关的困难时，可以自由地寻求帮助，而不必担心自己的声誉受到损害。也许外部专家应该系统地审查街头官僚是如何与他们的服务对象打交道的。或许机构可以在没有外部帮助的情况下发展这种能力。无论采用何种机制，那些一直渴望提供适当社区服务的街头官僚，都对有机会在工作中成长持欢迎态度，而不希望在此过程中受到评判并处于风险境地。

一个已经制定员工成长和发展流程的街头官僚机构，也将制定小团体决策流程。负责街头决策的小团体（如学校里的年级或部门、警察部门中的分区单位、负责法律援助和健康维护的社区服务办公室），或许最适合决定在社会服务中，哪些方面应该惯例化，哪些方面应该保持非惯例化。社会生活中的惯例化或许不可避免，但由上层或不直接与服务对象打交道的管理机构来强推惯例化，并非不可避免。与远离现场的管理机构相比，分权化单元更有可能发展出对服务对象具有回应性和有效率的常规做法，尤其是在外部审计能够不断地引起人们关注服务质量问题的情况下。

从根本上说，问题在于充分利用这样一个现实：决定政策执行的主要是街头官僚，而不是上级领导。若如我所述，下层员工与上级主管之间的官僚链接确实是脆弱的，那么，也许最好的办法是顺应这些组织中政策执行的动态，而不是用官僚式的问题解决方式（即将员工偏离预期绩效定义为一种问题）来抵制它们。

在现实中，那些被授权全面负责街头实践的分权化单元，必须抵制日常职能重新集权化的趋势。让上级部门做出重要决定，从而免除下级员工的责任，这种趋向的拉力很强。然而，即便是为小型单元的自主决策创造机会，也有利于提供一个学习环境，并有可能实现更加以服务对象为导向的实践。

若有可能以这些方式重组街头官僚机构，怎样才能使人们不重蹈覆辙？如果我们认为官僚机构在某种程度上反映、强化并延续了流行的社会结构，那这个问题就尤为重要。有利于街头官僚对工作情境实施有效、负责任的控制的三个考虑因素，或许也有助于巩固街头官僚机构的变革，从而减少裁员的可能性。

第一，服务对象必须在街头官僚的参照群体中成为一股更为强大的力量。必须想方设法使下级员工的行为变得可见且易于理解，而那些可能受其行为影响的服务对象必须更多地参与对良好街头实践的定义。如果说同侪关系是专业部门所倡导的期望和价值观的主要来源，那么仍然会有制定一套评估实践的业内标准的诱惑。街头官僚的表现并不出色，人们对他们工作的信心也不足，如果建立常态化机制，让他们置于服务对象的监督之下，将会造成极大的危害。即便服务对象被专业化的外衣和言辞弄得不知所措，或对决策制定所造成的后果的理解有限，但将决策环境呈现在服务对象面前，就会使街头官僚机构更坚定以服务对象为导向的信念。此外，街头官僚机构也应着手开发一些技术，用以教导服务对象在寻求服务时做出更好的判断，并对服务供给做出更好的评估。研究和观察的结果显示，服务对象被专业人员弄得不知所措，这提醒我们要让服务对象参与决策，但对于服务对象的参与一直受到系统的培育这一经验，上述研究和观察未能予以反映。①

如果街头单位能够以集体的名义承担起责任，而不是将服务对象纳入个体公职人员的责任，那么，服务对象的贡献将得到强化。在许多街头官僚机构里，造成公职人员彼此孤立和有压力的一个主要原因，是公职人员个人要对服务对象负全责，无法寻求援助或建议，而且必须为了获得有利形势与其他同事展开竞争，以尽量减轻自己的负担。只要街头官僚独自对自己服务范围内的服务对象负责，他们在与同事或服务对象发展合作与支持关系时，就倾向于采取防御性态度。在不放弃专业效率和个人工作量所蕴含的最低限度的问责的情况下，也有可能发展出集体工作量或部门工作量的概念，这种概念使服务对象成为全体员工而不是员工个人的责任。②

第二，维持新的街头官僚机构，要让那些致力于新方向的人有热情和领导力。改革的方向不是自动调整的。它们只有在某种环境下才能存续下去，在这种环境中，人们献身于公共服务，并得到服务对象群体、同事和社区的支持。培养此类领导者的过程，最好从大学里的训练开始。在大学里，比较有远见的方向有时会获得奖励，并将通过一项公共政策传递下去。该政策重视这样的领导者，因为他

———————————————

① 关于提高服务对象在服务型官僚机构中参与度的讨论（与本章的观点大体一致），参见 Alan Gartner and Frank Reissman, *The Service Society and the Consumer Vanguard*（New York：Harper and Row，1974）。

② 关于医学界的团队实践相对于主流职业规范的局限性，参见 Eliot Freidson, *Doctoring Together：A Study of Professional Social Control*（New York：Elsevier，1975）。

们致力于以服务对象为导向的服务。如果发展不出这样的奖励结构，就有理由得出如下结论：这些改革没有支持者。

传统上，大学为一些不满当代实践的重要异议者提供了策略性的庇护所，但是，由于其所学都是来自象牙塔而不是街头实践，因而往往效果有限。这特别令人遗憾，因为这些教师可能会激励年轻的专业人员投身工作，但他们没有经历实践的困境，也没有帮助学生准备好融入这样的环境。如果能制定政策，让这一方向的支持者，在年轻专业人员的课堂学习和公共服务实践之间来回穿梭，新的街头官僚机构就会得到此类政策的极大帮助。他们的一些教学不应该在大学里进行，而应该在现场进行，那里才有机会不断遭遇实践中的现实问题。在一所警校里，学生半工半读，充当学徒警察，或者在一所社会工作学院里，学生从那些与学生分享其办公室实践经验的教师那里获得培训，这样就可以提供一个基于现实的环境，让师生在经验与理论之间找到恰当的平衡。

第三，支持街头官僚机构坚持以服务对象为导向，要发展持续的支持性批评与调查过程。在每周的实践中，都应有机会回顾个人的工作、分享批评意见，并寻求一种提高绩效的集体能力。这个方向对怀疑应保持开放态度，因为这种会议的目的，是在适当的情况下，抵制伴随着不可避免的惯例化实践过早地扼杀其他可能性。在部分警察部门，一旦有警察拔枪，就要接受调查。医院通常会对死亡事件进行调查。这些调查变得具有防御性，是因为渎职的后果非常严重。需要在日常实践中引入调查准则，以保持为服务对象提供服务的活力，并反对因日常的疏忽而造成漏洞。同时，如果潜在的后果不那么严重，而且全体员工都是被关注的对象，员工就更愿意学习。

这个一般命题假定：人们如果经常参与团体实践的规划、对自己的工作流程有一定的控制权，并把服务对象看作人而不是待处理的单元，就会发现，把工作做好所获得的回报，是令人欣慰且焕然一新的。当教师从教导学生中获得（或重新发现）成就感，当警察为严格根据个人遭遇来完成一项艰巨的工作而感到自豪，当社会工作者拥有资源且能自由地承诺帮助服务对象找到解决问题的方法时，我们社会的服务部门将发生重大变革。

面对当前社会服务领域的巨大困境、因个人遭遇而产生的对改善社会服务的矛盾心理以及官僚机构对回应性改革的明显抵制，勾勒新方法的轮廓存在着明显的智力风险。如果这些关于街头官僚机构新时代的文字，不至于因脱离现实而像是凭空而来，也不至于因远离人类潜能而显得牵强附会，我将认为这是一种成就。

考虑到这项任务的艰巨性，我以新手专业人员的贡献为基础展开了这次讨论。但是，如果没有一场广泛的争取社会和经济正义的运动，街头官僚机构的再造就不可能发生。正因为关于应对服务对象的改革，涉及更公平地分配作为公共产品的服务，更加重视个人在社会中的地位，并对公共服务的控制性与神秘化提出了挑战，因而难以达成目标，需要普遍的政治支持。如果街头官僚机构确实在政治结构中发挥着关键作用，就不能指望孤立的改革努力能承担起社会变革的全部重任。

当前，与改革相关的各种利益分散在具有缓冲关系的三方相关者之间。这三方相关者分别是：希望通过管理手段提高效率和效益的管理者；寻求改善工作条件但受限于保护工作福利的员工工会；寻求改善服务质量但在政策领域缺乏合法性的服务对象及其利益群体。只有建立一个有效的联盟，才能提升街头实践的质量。这个联盟要能驾驭公众对服务成本与有效性的关注，尊重服务对象参与服务流程的权利，承认工作场所的需求，而创新的命运最终将会由这些来决定。在这个利益受保护的社会里，这种情况不太可能发生，除非社会和政治运动把提供更人性化的服务置于关注的前列。如果这种关注能在未来显现出来，那一定是因为：在每个地方，对于每一个议题，人们实际上都要求获得尊重——尊重他们自己，尊重他们对政府的正当诉求，与此同时，他们能够探索如何支持街头官僚机构，以使街头官僚在不利的环境中也能体面地工作。

图书在版编目（CIP）数据

街头官僚：公共服务中的个人困境／（美）迈克尔
·李普斯基（Michael Lipsky）著；韩志明，颜昌武译
. --北京：中国人民大学出版社，2024.2
（公共行政与公共管理经典译丛）
ISBN 978-7-300-32532-3

Ⅰ. ①街… Ⅱ. ①迈… ②韩… ③颜… Ⅲ. ①官僚主
义－研究 Ⅳ. ①D630.1

中国国家版本馆 CIP 数据核字（2024）第 015543 号

公共行政与公共管理经典译丛

街头官僚：公共服务中的个人困境

［美］迈克尔·李普斯基 著

韩志明 颜昌武 译

Jietou Guanliao：Gonggong Fuwu Zhong de Geren Kunjing

出版发行	中国人民大学出版社				
社 址	北京中关村大街 31 号		**邮政编码**	100080	
电 话	010－62511242(总编室)		010－62511770(质管部)		
	010－82501766(邮购部)		010－62514148(门市部)		
	010－62515195(发行公司)		010－62515275(盗版举报)		
网 址	http://www.crup.com.cn				
经 销	新华书店				
印 刷	北京昌联印刷有限公司				
开 本	787 mm×1092 mm 1/16		**版 次**	2024 年 2 月第 1 版	
印 张	15.5 插页 2		**印 次**	2024 年 4 月第 2 次印刷	
字 数	334 000		**定 价**	88.00 元	